창원대도호부

김광철 | 동아대학교 사학과 명예교수

백지국 | 영남대학교 외래교수

안성현 | 중부고고학연구소 연구위원

남재우 | 창원대학교 사학과 교수

2022 창원문화원 학술총서

창원대도호부

초판 1쇄 인쇄   2022년 12월 13일
초판 1쇄 발행   2022년 12월 20일

지은이   김광철, 백지국, 안성현, 남재우
펴낸이   윤관백
펴낸곳   선인
등 록   제5-77호(1998. 11. 4)
주 소   서울시 양천구 남부순환로 48길 1(신월동 163-1) 1층
전 화   02)718-6252/6257 | 팩 스   02)718-6253
E-mail   sunin72@chol.com

정 가   17,000원
ISBN 979-11-6068-756-9 93900

2022 창원문화원 학술총서

창원대도호부

김광철, 백지국, 안성현, 남재우

선인

2022년 임인년(壬寅年) 한 해가 저물어가는 즈음에 우리 창원의 찬란했던 역사의 한 굽이를 정리한 「지역역사 연구 학술세미나 자료집」을 발간하게 된 것을 매우 뜻깊게 생각합니다.

우리 창원은 예로부터 수많은 유·무형의 문화유산을 간직해온 문화유적의 보고이며, 나라를 빛낸 뛰어난 선현들을 배출한 역사의 고장입니다.

특히 오늘의 창원을 있게 한 '창원대도호부'의 역사는 향토에 대한 긍지와 주인의식을 뿌리 내리게 하는 지역사 연구의 밑거름이라 할 수 있습니다.

그런 의미에서 지난 10월 12일 우리 창원문화원이 창원대도호부를 주제로 주최한 '지역역사 연구 학술세미나'는 창원의 어제를 뒤돌아보고 밝은 미래를 지향하는 새로운 계기가 되었다고 자평합니다.

이 세미나에서는 권위 있는 학자와 전문가들이 참여해 창원대도호부의 역사를 깊이 있게 재조명하고, 문화유산의 보존과 활용방안 등을 모색하는 뜻깊은 시간이 되었습니다.

이에 우리 창원문화원에서는 이날 세미나에서 발표한 내용들을 자료집으로 엮어 창원대도호부의 역사를 시민들과 후손에게 널리 알리고자 합니다.

선대의 빛나는 역사적·문화적 전통의 계발과 전승은 지역의 정체성을 정립하는데 무엇보다 중요한 일이 아닐 수 없습니다.

이번 자료집은 창원대도호부와 관련된 역사적 사실들을 보다 객관적이고 구체적으로 접할 수 있는 계기를 만들었다는 점에서 큰 의미가 있다고 생각합니다.

아무쪼록 이 자료집이 창원의 역사와 선현들의 발자취를 재조명하는 귀중한 자료로 널리 활용될 수 있기를 바라며, 더불어 새로운 향토문화 창달의 자양분이 될 수 있기를 희망합니다. 감사합니다.

창원문화원 원장
배원진

창원대도호부의 성립과 위상

김광철 | 동아대 사학과 명예교수

Ⅰ. 신라 의안군에서 조선 창원도호부까지

1. 신라통일기 의안군(義安郡)과 그 영현(領縣)

창원시와 마산시, 진해시를 통합하여 성립한 오늘의 창원시는 신라 경덕왕대 군현개편 시기를 기준으로 보면 의안군(義安郡)과 그 관할이었던 합포현(合浦縣), 웅신현(熊神縣), 그리고 칠제현(漆隄縣)의 일부를 합한 영역이다. 신라 경덕왕 16년(757)의 군현개편은 군현명의 개칭을 비롯하여 군현의 승격과 강등, 영속관계의 조정 등 군현질서의 개편을 포함하는 것이었다. 이 때 지방제 개편은 전국을 9주 5소경으로 편제하고 주 영역 내의 군은 몇 개의 현을 거느리게 하는 방식으로 편제하였다.

○ 겨울 12월에 사벌주(沙伐州)를 상주(尙州)로 고치고, 1주 10군 30현을 거느리게 하였다. 삽량주(歃良州)를 양주(良州)로 고치고 1주 1소경 12군 34현을 거느리게 하였다. 청주(菁州)를 강주(康州)로 고치고 1주 11군 27현을 거느리게 하였다. 한산주(漢山州)를 한주(漢州)로 고치고 1주 1소경 27군 46현을 거느리게 하였다. 수약주(水若州)를 삭주(朔州)로 고치고 1주 1소경 11군 27현을 거느리게 하였다. 웅천주(熊川州)

를 웅주(熊州)로 고치고 1주 1소경 13군 29현을 거느리게 하였다. 하서주(河西州)를 명주(溟州)로 고치고 1주 9군 25현을 거느리게 하였다. 완산주(完山州)를 전주(全州)로 고치고 1주 1소경 10군 31현을 거느리게 하였다. 무진주(武珍州)를 무주(武州)로 고치고 1주 14군 44현을 거느리게 하였다.【양주(良州)는 양주(梁州)로도 썼다.】(『삼국사기』권9, 신라본기 9, 경덕왕 16년 12월)

위의 내용을 정리하면 다음표와 같다.

	상주	양주	강주	한주	삭주	웅주	명주	전주	무주	합계
소경		1		1	1	1		1		5
군	10	12	11	27	11	13	9	10	14	117
영현	30	34	27	46	27	29	25	31	44	293

경덕왕 16년의 군현개편에서 오늘날 창원 지역인 의안군은 양주 영역으로 편제되었고, 3개의 현을 거느리고 있었다. 다음에서 이를 확인할 수 있다.

　○ 의안군(義安郡)은 본래 굴자군(屈自郡)이었는데, 경덕왕이 이름을 고쳤으며, 지금도 그대로 쓴다. 영현이 셋이었다. 칠제현(漆隄縣)은 본래 칠토현(漆吐縣)이었는데, 경덕왕이 이름을 고쳤으며, 지금의 칠원현(漆園縣)이다. 합포현(合浦縣)은 본래 골포현(骨浦縣)이었는데, 경덕왕이 이름을 고쳤으며, 지금도 그대로 쓴다. 웅신현(熊神縣)은 본래 웅지현(熊只縣)이었는데, 경덕왕이 이름을 고쳤으며, 지금도 그대로 쓴다(『삼국사기』권 34, 잡지 3, 지리 1, 신라 양주 의안군)

삼국시대 의창현과 회원현의 지명은 각각 굴자군과 골포현이었다. 굴자군은 『삼국유사』에서 구사군(仇史郡)이라고도 했다. 삼국시대 이들 창원의 군현명은 우리 말 지명을 한자로 음역 혹은 훈역하여 표기하였기 때문에 그 명칭만으로는 지니고 있는 의미를 이해할 수 없게 되었다.

신라 경덕왕 16년(757)에 대대적인 군현개편이 이루어졌다. 창원 지역도 예외는 아니어서 굴자군은 의안군으로, 골포현은 합포현으로 개칭되었다. 굴자군에서 의안군으로, 골포현에서 합포현으로의 개칭은 중국의 군현명을 차용한 결과이다. 여기에 어떠한 음운적 유사성을 발견할 수 없거니와, 경덕왕대 군현명 개칭방식을 고려할 때 더욱 그러하다. 경덕왕대 중국 군현명을 차용한 방식에 대해서는 다른 연구가 필요하지만, 우선 생각해볼 수 있는 것은 중국에서 상징성을 지니고 있던 지명을 빌려오고 있다는 점, 우리나라의 지역적 특성과 중국의 그것을 고려하여 군현명을 설정하고 있다는 점이다.

그것은 합포현으로의 개칭에서 잘 드러나고 있다. 지금까지 합포 지명에 대해서는 고증은 거치지 않은 채, 합포가 '합포(蛤浦)'라고도 쓰였다는 점을 고려하여 '포(浦)'를 강이나 내에 바닷물이 드나드는 곳이라는 의미의 '개'로 보고 조개 등 해산물 산지임을 상징하는 '합개'이지 않을까 추정하고 있는 정도에 그치고 있다. 합포의 지명유래와 관련해서 주목되는 것은 합포의 별호로 '환주(還珠)'가 사용되고 있었다는 점이며, 이는 합포가 중국의 군현명에서 유래한 것임을 시사하고 있는 것이다.[1]

오늘날 마산이 경덕왕대부터 '합포현(合浦縣)'으로 개칭된 것은 단순히 포구의 생김새나 물산을 감안하여 지칭된 것이 아니었다. 한(漢)나라 때 이래로 중국에서 청렴한 수령이 다스리는 고장으로 인식되어 왔던 합포의 상징성을 고려한 의미있는 결정이었다. 골포에서 합포로의 개칭은 지방관을 비롯한 관료의 선정(善政), 민생의 안정을 바라는 국가 염원이었다. 합포의 별호로 '환주(還珠)'가 사용된 것도 이러한 상징화 작업이었다.

경덕왕 16년의 군현개편에서는 군현간 영속관계의 조정도 이루어졌다. 이에 따라 의안군은 그 관할하에 합포와 오늘날 칠원지방인 칠제현, 웅천

---

1 이 점에 대해서는 김광철, 「고려시대 합포 지역사회」, 『한국중세사연구』 17, 2004 참조.

지방인 웅신현을 영속하게 되었다. 의안군은 3개의 현을 거느린 대읍으로서의 위상을 지니게 된 것이다.

이처럼 경덕왕대 이후 창원은 의안군으로 개칭되고 영역도 넓혀졌지만, 공식 기록에서 신라말까지 이전의 군현명인 굴자군을 같이 쓰고 있었다. 원성왕 14년(798) 6월에 굴자군의 대사(大舍) 석남오(石南烏)의 아내가 한꺼번에 아들 셋과 딸 하나를 낳았다[2]는 기록이나, 헌덕왕 14년(822) 3월에 김헌창(金憲昌)의 난이 발생했을 때 굴자군은 여기에 동조하지 않아 7년간의 조세를 면제해 주기로 했다[3]는 사실은 이를 말해주고 있다.

2. 고려시대 금주(金州)의 속읍에서 주읍 의창현(義昌 縣), 회원현(會原縣)으로

신라말 농민항쟁과 뒤이은 지방세력의 등장은 이 시기 마산·창원지역에도 영향을 미쳤다. 직접적인 관련 사료가 확인되지는 않지만, 최치원이 이곳 월영대(月影臺)에 은거해 있었던 사실이나 가까운 진례성(進禮城)을 중심으로 지방세력이 형성되고 있었던 점을 고려할 때 그 가능성을 짐작할 수 있다. 조금 이른 시기의 사례이기는 하지만, 창원의 백월산 남사(南寺)를 중심으로 미륵신앙, 아미타신앙, 관음신앙 등이 유행하고 있었다는 것, 그 중에서도 미륵신앙이 대세를 이루고 있었다는 점[4]도 시사하는 바 크다. 더욱이 구산선문 가운데 하나인 봉림산문이 이 지방을 중심으로 형성되어 있었다는 사실은 창원 지역사회도 이같은 사회변동의 조류에 무관할 수 없었음을 의미한다.

신라말 이 지역사회는 가까이에 있었던 김해와 진주지역에 강력한 호

---

2 『삼국사기』 권10, 신라본기, 원성왕 14년 6월.
3 『삼국사기』 권10, 신라본기, 헌덕왕 14년 3월.
4 『삼국유사』 권3, 탑상, 백월산 노힐부득 달달박박

족세력이 형성되고 미약하지만 여전히 신라 중앙정부의 통제가 이루어지는 현실 속에서 사회구성원이 그 진로를 모색하는 데 어려움이 있었을 것으로 짐작된다. 더욱이 후삼국이 정립되어 후백제가 진주, 합천지역을 거쳐 동진하는 가운데 창원지역은 신라와 후백제로부터 공략의 대상이 되어 세력을 유지하기 어려운 형편이었을 것으로 생각된다. 이곳 지역사회의 구성원들은 분립하거나 다른 지역으로 이동하였을 가능성도 배제할 수 없다. 이 과정에서 경덕왕대 군현개편 때 의안군에 소속되었던 합포, 칠제, 웅신 3개의 현도 영속관계가 해체되는 결과를 가져왔을 것이다.

이같은 나말여초 지역사회의 변동은 고려가 건국되고 체제가 정비되는 과정에서 군현영역의 조정을 가져왔다. 고려 현종 9년(1018) 군현체제의 대대적인 개편을 거쳐 확립된 고려시대 지방행정 체계인 군현체제는 크게 일반 군현제 영역과 향(鄕)·소(所)·부곡(部曲) 등 부곡제 영역으로 구성되어 있었다. 군현제 영역은 다시 지방관이 파견되는 주읍(主邑 ; 주군, 주현)과 지방관이 파견되지 않는 속읍(屬邑 ; 속군, 속현)으로 구분되어 주읍이 속읍을 관할하는 체계였다. 부곡제 영역은 주읍과 속읍의 구분없이 군현마다 분포되어 있었다. 『고려사』 지리지에 수록된 전국의 주·속읍 수를 통계하면 다음과 같다.

〈『고려사』「지리지」 전국 주·속읍 수〉

	주읍										속읍				총계
	경	목	大都護府	都護府	知事府	知事州	防禦郡	知事郡	縣令官	鎭	소계	屬府	屬郡	屬縣	소계	
왕경	1										1	1	12	13	14
양광도	1	3		1	1	5			3		14		22	75	97	111
경상도	1	2			2	5		1	3		14	1	24	89	114	128
전라도		2			2			5	8		17		13	74	87	104

주읍											속읍				총계
경	목	大都護府	都護府	知事府	知事州	防禦郡	知事郡	縣令官	鎭	소계	屬府	屬郡	屬縣	소계	
교주도						3					3		5	20	25	28
서해도		1	1			3			2	1	8		3	15	18	26
동 계			1	1	2		13		8	16	41			17	17	58
북 계	1	1			2		26		6	12	48			4	4	52
합 계	4	9	2	2	9	16	39	6	30	29	146	1	68	306	375	521

주읍은 전국 521개 군현 가운데 146개로 전체의 28%에 지나지 않으며, 그것도 군사 거점 지역인 동계와 북계에 집중되고 있었다. 양계지역과 왕경을 제외한 5도의 주읍은 56개에 지나지 않는다. 속읍 375개의 대부분은 5도 지역에 분포되었으며, 그것도 경상·양광·전라도에 집중되어 있었다. 주읍이 관할하는 속읍 수는 군현에 따라 최소 1개에서 20여 개에 이르기까지 편차가 있었다.

이같은 고려시대 지방편제 방식 속에서 신라통일기 3개의 현을 거느렸던 의안군은 그 영현들과 함께 금주의 속읍으로 편입되었다.

○ 의안군(義安郡)은 본래 신라의 굴자군(屈自郡)으로 경덕왕이 지금 이름으로 고쳤고 현종 9년에 내속(來屬)하여 뒤에 감무(監務)를 두었다. 충렬왕 8년에 다시 이름을 의창(義昌)이라 하고 올려 현령(縣令)으로 삼으니 원(元) 나라 세조(世祖)의 동정(東征)에 기여한 공로를 상주기 위한 것이었다. 별호(別號)를 회산(檜山)이라 한다(『고려사』 권 57, 지 11, 지리 2, 경상도 금주(金州) 의안군)

○ 합포현(合浦縣)은 본래 신라의 골포현(骨浦縣)으로 경덕왕이 지금 이름으로 고쳐 의안군(義安郡)의 영현(領縣)으로 삼았고 현종 9년에 내속(來屬)하여 뒤에 감무를 두었다. 충렬왕 8년에 다시 이름을 회원(會原)이라 고치고 올려 현령으로 삼으니 원나라 세조(世祖)의 동정(東征)

에 기여한 공로를 상주기 위해서였다. 별호(別號)를 환주(還珠)라 한다. 월영대(月影臺)가 있다(동상서, 경상도 금주(金州) 합포현)

○ 웅신현(熊神縣)은 본래 신라의 웅지현(熊只縣)으로, 경덕왕 때 지금 이름으로 고치고, 의안군의 영현(領縣)이 되었다. 현종 9년에 내속(來屬)하였다.【고려에 와서 성법부곡(省法部曲)을 승격시켜 구산현(龜山縣)으로 삼았고, 금주(金州)의 관할에 속하게 하였다. 공양왕 때 칠원(漆原)으로 옮겨 소속되었다.】가덕도(加德島)가 있다.(동상서, 경상도 금주 웅신현)

○ 칠원현(漆園縣)은【원(園)은 원(原)으로도 적는다.】본래 신라의 칠토현(漆吐縣)으로, 경덕왕 때 이름을 칠제(漆隄)로 고치고, 의안군의 영현(領縣)으로 삼았다. 고려 초에 지금 이름으로 바꾸고, 현종 9년에 내속(來屬)하였다. 공양왕 2년에 감무를 두었다. 별호(別號)는 구성(龜城)이다.(동상서, 경상도 금주 칠원현)

○ 회원고현(會原古縣) 부 서쪽 15리 지점에 있다. 우북지부곡(于北只部曲) 부 남쪽 11리 지점에 있다. 차의상향(車衣上鄕) 부 남쪽 10리 지점에 있다. 신소향(新所鄕) 부 북쪽 25리 지점에 있다. 동천향(銅泉鄕) 부의 북쪽 15리 지점에 있다. 내포향(內浦鄕) 부 서쪽 50리 지점에 있다. 안성소(安城所) 부 서쪽 30리 지점에 있다.(『신증동국여지승람』 권32, 경상도 창원도호부 고적)

고려 현종 9년(1018) 군현체제의 대대적인 개편에 따라 의안군과 합포현은 칠원·웅신·함안 지역과 함께 금주의 속읍으로 귀속되었다. 신라 경덕왕 16년 군현 개편 때 칠제현(漆隄縣)·합포현(合浦縣)·웅신현(熊神縣) 등 3개의 고을을 거느리고 있던 의안군이 현종 9년 군현개편에서 금주의 속읍으로 강등된 것인데, 그렇게 된 배경이 무엇인지는 분명하지 않다. 나말여초 김해 지역에 강력한 호족이 등장하여 진례성을 중심으로 의안군 지역까지 지배 영역을 확장해간 역사적 경험이 그 배경이 되었을 것으로 추측되지만, 한편으로는 나말여초 고려와 후백제의 쟁패 과정에서 의안군 지역의 대응방식이 현종 9년 군현 개편 때 금주의 속읍으로 편제되는 결과를 가져왔을 것으로 보인다.

　고려시대 금주의 속읍으로 있었던 의안군의 영역은 동서 22리 남짓, 남북 56~64리 남짓으로 남북이 긴 모습을 보이고 있었다. 반면에 합포현은 동서 27리, 남북이 21리 남짓으로 동서의 거리가 약간 긴 편이다. 월경지도 발생하여, 완포현의 일부가 의안군의 남쪽으로 들어와 있었고, 귀산현의 일부가 회원현과 진해현 사이에 끼어들어 있었다.

　면적으로 보면 의안군이 훨씬 넓은 영역에 걸쳐 있었으며, 인구 또한 상대적으로 많이 분포했을 것으로 보인다. 조선초기의 보고이기는 하지만 『경상도지리지』(1425)를 중심으로 고려시대 창원 지역사회의 규모를 보면 다음과 같다.

항목 / 군현		의안(의창)	합포(회원)	웅신
사방 경계	동	김해 연고개(椽古介) 17리 284보	의창현 적굴현(迪堀峴) 10리	천읍부곡 8리 60보
	서	회원현 적굴현(迪堀峴) 5리	함안군 이리현(伊里峴) 17리 32보	창원 매제(買梯) 14리 120보
	남	웅신현 며을제(旀乙梯) 32리	귀산현 적현(赤峴) 9리 275보	해변 3리
	북	칠원현 어랑현(於郎峴) 24리 110보	칠원현 말현(末峴) 12리 140보	대산(大山)
	동북	김해 대산부곡(大山部曲) 다례지(多禮旨) 32리 160보		
향·소·부곡		차의상향(車衣上鄕), 신소향(新所鄕), 동천향(銅泉鄕), 안성소(安城所)	내포향(內浦鄕), 우북지부곡(于北只部曲)	
토성(土姓)		박(朴), 황(黃), 공(孔), 현(玄), 구(仇), 정(丁)	감(甘), 유(俞), 정(鄭), 현(玄)	서(徐), 주(朱), 유(劉)
호		944호	150호	63호
인구	남	4,066명	889명	318명
	여	4,212명	1026명	323명
	계	8,278명	1,915명	641명

의안군이나 합포현은 고려시대 독자적인 지방관이 파견되지 않고 있었다. 주읍인 금주(지금의 김해시) 수령으로부터 통할받고 있었기 때문이다. 대신에 속읍은 향리들이 행정이나 수취업무를 담당했던 것으로 보아 의안군과 합포현의 토성으로 나오고 있는 성씨집단이 재지세력으로서 이곳 행정을 보조하고 있었을 것으로 짐작된다. 아울러 향·소·부곡이 설치되어 정부의 수취와 관련한 업무를 수행하고 있었다.

금주의 속읍으로 위상을 지녔던 의안군과 합포현에도 고려 중기 어느 시기가 되면, 임시 지방관인 감무(監務)가 파견되었다. 현종 9년 이후 '뒤에 감무를 설치하였다.[後置監務]'고만 되어 있어, 창원 지역에 감무가 파견된 시기가 언제인지 확실하지는 않다. 의안군과 합포현은 충렬왕 8년에 현령관으로 승격하여 주읍화되었고, 원종 12년 3월 삼별초가 합포를 공격하여 감무를 잡아가고 있다는 사실을[5] 고려하면, 의안군과 합포현에 감무가 파견된 시기는 이보다 훨씬 이전 시기일 것이다. 명종 2년 경상도 지역에 집중적으로 감무가 파견된 사실을 감안하면, 의안군과 합포현에 감무가 파견된 것도 이 시기일 가능성이 높다.

여원연합군의 일본정벌은 창원 지역사회의 변동, 특히 읍격의 변화를 가져왔다. 삼별초항쟁이 진압되고 원의 내정간섭이 본격화되면서 창원 지역사회는 여몽연합군의 일본정벌을 위한 전진기지로서 다시 주목받게 되었다. 일본정벌의 전진기지로서 합포가 선택된 것은 그 입지조건 때문이었다. 합포는 당시까지만 하여도 남해안에서 항구로서의 입지조건을 갖추고 있는 몇 안되는 고장이었다. 이곳은 포구가 길고 거제도가 앞을 가로막고 있어 태풍의 영향을 덜 받는 천연의 좋은 조건을 갖추고 있었다. 뿐만 아니라 일본과의 직선거리도 짧았기 때문에 발진기지로서 활용하기 좋은 조건을 지니고 있었다. 조류를 감안할 때, 합포에서 출발하여 거제(巨濟)를 거쳐 대마도—일본 본토로 들어가는 것이 지름길이었다. 이 때문에 정벌이

---

5 三別抄寇合浦, 執監務而去.(『고려사』 권29, 원종 12년 3월 9일 임신)

있기 전, 일본을 초유(招諭)하기 위한 사신들도 이 길을 따라 일본으로 들어가려 하였다. 게다가 합포에는 석두창이라는 조창이 있어서 인근 지역이 조세가 일단 이곳으로 수납되고 있었기 때문에 군량의 확보에도 다른 연안 지역보다는 훨씬 유리하였다. 이러한 조건들 때문에 합포를 일본정벌의 전진기지로 선택한 것으로 보인다.

여원연합군의 일본정벌은 두 차례에 걸쳐 추진되었다. 충렬왕 즉위년 (1274)의 제1차정벌과 충렬왕 7년(1281)의 제2차정벌이 그것이다. 대제국을 건설한 원나라 세조 쿠빌라이는 정벌에 앞서 여러차례 일본을 설득하여 무력 사용없이 종속시키고자 하였다. 초유를 위한 사신을 자주 파견했던 것은 이 때문이었다. 그러나 이것이 여의치 않자 원종 11년(1270) 경부터 정벌을 본격적으로 준비하기 시작하였다. 이미 흑산도를 비롯한 고려의 연해지역에 사신을 파견하여 지형을 정찰한 바 있고[6], 김해지방 등 10여 곳에 둔전경략사(屯田經略司)를 설치하여 군량을 안정적으로 확보하고자 하였다. 아울러 고려정부에게 군량을 보조하도록 하고 전함의 건조를 독촉하기도 하였다. 이 과정에서 창원 지역사회는 군량과 병력 징발의 대상이 되어 극심한 피해를 입었다. 일본정벌 기간 동안 이 지역이 당하고 있던 피해와 고통을 수선사(修禪社) 승려 원감국사(圓鑑國師) 충지(沖止, 1226~1292)는 다음과 같이 묘사하였다.[7]

嶺南艱苦狀 欲說涕將先	영남지방 간고한 모습, 말하려니 눈물이 먼저 흐르네.
兩道供軍料 三山造戰船	두 도에서 군량 준비하고, 세 곳의 산에서 전선 만드네.
征徭曾百倍 力役亘三年	부세와 요역은 백 배나 되고, 力役은 삼 년에 걸쳤는데.
星火徵求急 雷霆號令傳	징수는 성화같이 심하고, 호령은 우뢰처럼 전하네.
使臣恒絡繹 京將又聯翩	사신의 왕래 항상 계속되고, 서울의 장수는 잇따라 오네.
有臂皆遭縛 無胰不受鞭	팔은 있어도 모두 묶여 있고, 채찍 받지 않는 등심 없었지.
尋常迎送慣 日夜轉輸連	영송은 보통으로 익숙하고, 밤낮으로 수송이 이어지네.

---

6 『고려사』 권 26, 세가, 원종 9년 10월 기해
7 『원감록』 시, 영남간고상(嶺南艱苦狀).

牛馬無完脊 人民鮮息肩　우마의 등은 온전한 것 없고, 인민들 어깨는 쉴 틈이 없네.
凌晨採葛去 踏月刈茅還　새벽엔 칡 캐러 가고, 달빛 맞으며 띠풀 베어 돌아오니.
水手驅農畝 梢工卷海堧　어부는 밭고랑으로 몰리고, 목수는 해변으로 몰아가네.
抽丁擐甲冑 選壯荷戈鋋　일꾼 뽑아 갑옷 입히고, 장정 뽑아 창 메게 하네.
但促尋時去 寧容寸刻延　시간이 촉박할 뿐, 어찌 촌각이라도 지연이 용납되랴.
妻孥啼擗地 父母哭號天　처자식은 땅에 주저앉아 울고, 부모는 하늘보고 울부짖네.
自分幽明隔 那期性命全　유명이야 다르지만, 성명 온전함을 어찌 기약하랴.
子遺唯老幼 强活尙焦煎　남은 사람은 노인과 어린이뿐, 억지로 살자니 얼마나 고달플까.
邑邑半逃戶 村村皆廢田　고을마다 반은 도망간 집이요, 마을마다 황폐한 밭 뿐.
誰家非索爾 何處不騷然　어느 집인들 수색하지 않으며, 어느 곳인들 시끄럽지 않으랴.
官稅竟難免 軍租安可蠲　관세도 면하기 어려운데, 군조를 어찌 덜겠는가.
瘝痍唯日甚 疲瘵曷由痊　백성의 고통 날로 심하니, 피곤에 지친 병 어찌 회복되랴.
觸事悉堪慟 爲生誠可憐　접하는 일마다 모두 슬픔 견디려니, 삶이란 참으로 가련하구나.
雖知勢難保 爭奈訴無緣　형세 보존키 어려움을 알지만, 하소연할 곳 없음을 어찌하랴.

　　두 차례에 걸친 일본원정은 모두 실패로 끝났다. 합포를 비롯한 창원 지역사회는 원정에서 실패하고 돌아오는 고려와 원나라 군인들로 메워져 부상자들의 치료와 구제에 필요한 시설물이 요구되고 있었다. 합포는 일본 정벌 기간 동안 군사도시의 모습을 갖추었을 것으로 보인다. 전함 건조 등 요즘으로 치면 군수업체가 생겨났을 것이고, 이곳 저곳에 군사시설이 들어섰을 것이다. 게다가 각지에서 들어오는 군량이 집산되어 시장의 활성화를 가져오기도 했다.

　　2차 일본정벌이 실패한 후 다음해인 충렬왕 8년(1282)에 정부는 의안군을 '의창현(義昌縣)', 합포를 '회원현(會原縣)'으로 고치고 현령을 파견하여 주읍(主邑)으로 승격시켰다. 정벌 기간 동안 창원 지역사회가 담당했던 역할과 기능을 인정하고 피해에 대한 보상 차원의 승격인 셈이었다. 게다가 일본정벌 과정을 통해 남해 연안이 전략적 요충지로서 주요 국방선으로 부상하게 되면서 창원 지역사회를 군사적 거점 지역으로 편성하기 위한 목적도 있었을 것이다.

3. '창원(昌原)'의 탄생, 그리고 창원도호부로

고려 말까지 합포(회원)와 의안(의창)으로 분리되어 독자적 행정체계를 유지해 왔던 두 지역은 조선건국 후 하나의 행정구역으로 통합되었다. 두 곳은 '창원부(昌原府)'가 되었고, 이어서 '창원도호부(昌原都護府)'로 승격되었다. 다음 자료들이 이를 말해주고 있다.

    ○ 비로소 의창(義昌)과 회원(會原) 두 현(縣)을 병합하여 창원부(昌原府)라 하였다.(『태종실록』 권16, 태종 8년 7월 13일 기미)

    ○ 의창(義昌)은 옛날 굴자군(屈自郡)으로, 신라 때 의안군(義安郡)으로 고쳤다. 고려 때 의안군 감무(監務)를 두고 지원(至元) 임오년(충렬왕 8년, 1282)에 의창현령(義昌縣令)으로 승격시켰으니, 행궁(行宮)과 일본정벌 군사들을 잘 응대했기 때문이다. 본조(本朝) 태종 영락(永樂) 무자년(태종 8년, 1408)에 회원현(會原縣)과 합쳐 창원부(昌原府)라 하고, 을미년(태종 15년, 1415)에 도호부(都護府)로 고쳤다.(『경상도지리지』 창원도호부)

    ○ 옛 회원(會原)은 옛날 골포현(骨浦縣)으로, 신라 때 합포현(合浦縣)으로 고쳐서 의안군(義安郡)의 임내(任內)가 되었다. 고려 때에 따로 감무(監務)를 두고 지원(至元) 임오년(충렬왕 8년, 1282)에 회원(會原)으로 개칭하고 현령(縣令)으로 승격시켰으니, 행궁(行宮)과 일본정벌 군사들을 잘 응대했기 때문이다. 본조(本朝) 태종 무자년(태종 8년, 1408)에 의창현(義昌縣)에 합쳐 창원부(昌原府)라 하였다.(『경상도지리지』 창원도호부)

    ○ 의창현(義昌縣)은 본래 굴자군(屈自郡)인데, 경덕왕이 이름을 의안군(義安郡)으로 고쳤다. 회원현(會原縣)은 본래 골포현(骨浦縣)인데, 경덕왕이 이름을 합포(合浦)로 고쳐서 의안군(義安郡)의 영현(領縣)을 삼았다. 고려 현종 9년에 두 현을 모두 금주(金州) 임내(任內)에 붙였다가 뒤에 각기 감무(監務)를 두었다. 충렬왕(忠烈王) 8년에 의안(義安)을 의창(義昌)으로, 합포(合浦)를 회원(會原)으로 고쳐서 모두 현령관(縣令官)으로 승격시켰는데, 동정(東征) 때에 공억(供億)의 노고를 상준 것이다. 본조 태종 8년(1408)에 두 현을 합하여 창원부(昌原府)로 만들고, 을미년(태종

15년, 1415)에 예(例)에 의거하여 도호부(都護府)로 고쳤다. 【의창(義昌)
은 별호(別號)가 회산(檜山)이고, 회원(會原)은 별호가 환주(還珠)이다. 】
(『세종실록지리지』경상도 창원도호부)

태종 8년(1408) 7월, 의창(義昌)·회원(會原) 두 현은 창원부(昌原府)로 통합
되어 새로운 전기를 맞게 되었다. 두 현을 병합하여 부로 승격시킨 조치
는 조선건국 후 군현 통폐합 정책과 연관이 있다. 조선 태종대에 본격화
된 군현체제의 정비는 군현 병합과 속읍의 주읍화, 직촌화(直村化) 작업으
로 나타났다. 군현 병합은 국가 재정을 절감하면서 주민의 부담도 줄이고
행정의 효과를 거두기 위한 것이었다. 속읍의 주읍화는 규모가 큰 속읍을
대상으로 시행되었는데, 속읍 주민들의 요구와 정부의 지방관 파견을 통
한 일원적 지방지배의 목적이 그 배경으로 작용하였다. 직촌화는 속읍과
향·소·부곡을 해소하여 주읍의 하부 행정단위로 편제되었다.

고려후기에 이미 주읍으로 승격했던 의창과 회원은 군현 병합의 대상
이 되었다. 두 고을이 인접해 있는 데에다, 인구 규모도 그렇게 큰 편이
아니었으며, 역사적 동질성을 지니는 곳이었기 때문이다. 군현 명호(名號)
는 다른 지역 예와 같이 의창의 '창'과 회원의 '원'을 따서 '창원'으로 결정
되었다. 명호를 결정하는 과정에 의창과 회원의 재지세력 간에 갈등도 있
었을 법하지만, 의창의 면적이나 인구 면에서 월등했기 때문에 창원으로
결정된 것이다.

의창과 회원 두 지역이 창원으로 병합된 것은 단순한 군현병합 차원의
아니라 창원부로 승격 통합이었다. 창원부가 일반 군현보다 읍격에 있어
서 앞선다는 것은 다음의 예에서 확인할 수 있다.

   ○ 사간원(司諫院)에서 상소하여 부주군현(府州郡縣)의 이름을 정하
자고 청하였다. 상소의 대략은 이러하였다. "…밀성군(密城郡)은 승격
하여 밀양부(密陽府)를 삼으소서. 위의 부는 땅이 넓고 사람이 많아서

실로 경상도의 큰 고을[巨邑]이니, 마땅히 승격하여 부를 삼아야 합니다.…"(『태종실록』권6, 태종 3년 11월 임술)

즉, 당시 사간원에서 오늘날 밀양이 면적도 넓고 인구도 많은 거읍이기 때문에 '밀성군'에서 '밀양부'로 승격시키라고 요구한 것처럼, 의창과 회원을 병합하면서 창원부로 삼은 것은 병합한 두 지역이 면적이나 인구규모에 있어서 일반 군현으로 삼기에는 격이 맞지 않았기 때문일 것이다. 더욱이 이 지역은 이제 국방선이 남하한 시기에 국방의 요새가 된다는 점도 고려되었을 것이다.

창원부는 병합 출범한지 7년만인 태종 15년에 창원도호부로 다시 승격된다. 『세종실록지리지』에는 창원이 이때 예에 의거하여 도호부로 승격되었다고 하였다. 이 예란 것은 태종 15년 1,000호 이상의 인구를 보유하고 있는 현은 군으로, 군은 도호부로 승격하는 조치에 따라 원평(原平)·선산(善山)·평산(平山)·춘천(春川)·성천(成川)·숙천(肅川)·밀성군(密城郡) 등이 도호부로 승격된 사실[8]을 말한다. 물론 이 때 창원부에 대한 언급은 없다. 그러나 이 조치는 1,000호 이상의 인구 규모를 갖고 있는 전 군현에 해당된 것으로 해석된다는 점에서 창원부에도 적용된 것으로 볼 수 있다.

이처럼 고려시대까지만 해도 합포(회원)와 의안(의창)으로 각각 독립적인 행정단위로 자리잡아왔던 창원지역사회는 조선건국 후 창원부-창원도호부로 통합되어 규모와 읍격이 신장된 단일 행정단위가 되었다. 이제 두 지역의 주민은 동일한 행정편제 아래 사회경제생활을 영위하고 또 다른 지역문화를 만들어내면서 창원도호부의 시대를 열게 되었다. 『경상도지리지』, 『세종실록지리지』, 『경상도속찬지리지』, 『신증동국여지승람』에서 묘사된 창원도호부의 공간 및 시설과 경제관련 내용은 다음과 같다.

---

8 『태종실록』권 29, 태종 15년 3월 계해.

구분		주요 내용
사방경계		동: 김해 23리, 서: 함안 37리, 칠원 33리, 남: 웅천 33리, 북: 칠원 32리
향, 소, 부곡		우북지부곡(于北只部曲, 남쪽 11리), 차의상향(車衣上鄕, 남쪽 10리), 신소향(新所鄕, 북쪽 25리), 동천향(銅泉鄕, 북쪽 15리), 내포향(內浦鄕, 서쪽 50리), 안성소(安城所, 서쪽 30리).
읍성(邑城)		석축(石築), 둘레 4,920척. 우물 1, 못 1.
관방	右兵營城	서쪽 13리. 석성(石城), 둘레 4,291척, 높이 15척. 우물 5. 배극렴(裵克廉)이 축성.
	簾山古城	동23리. 석축(石築), 둘레 8,320척. 작은 도랑[小渠] 8, 큰우물[大井] 1.
	봉수	성황당봉수(城隍堂烽燧, 서15리), 여음포봉수(餘音浦烽燧)
역원	역	자여역(自如驛, 동19리, 속역14), 신풍역(新豊驛, 동4리), 근주역(近珠驛, 서16리), 안민역(安民驛, 남27리)
	원	선원(禪院, 부내 竹界方), 안민원(安民院, 南枝里), 임견원(臨見院, 동20리 曲木里), 감계원(甘界院, 북12리 감계리), 전현원(錢峴院, 북25리 茂洞리), 의장원(儀仗院, 북35리 乃谷리), 안성원(安成院, 서30리), 적옥원(迪屋院, 서10리 김溪리), 영빈원(迎賓院, 부내5리), 정수원(亭樹院, 안성리)
교육문화	학교	향교(북1리)
	누정	벽한루(碧寒樓, 객사서쪽), 벽허루(碧虛樓, 객관 동), 장성루(將星樓, 합포절도사영 안), 연빈루(燕賓樓, 동헌 小樓), 열례정(悅禮亭, 북문서쪽), 월영대(月影臺)
	사찰	봉림사(鳳林寺, 봉림산), 광산사(匡山寺, 두척산), 만월사(滿月寺, 두척산), 고산사(高山寺, 전단산).
	사묘	사직단(社稷壇, 서쪽), 문묘(文廟, 향교 안), 성황사(城隍祠, 북쪽檢山), 여단(厲壇, 북쪽)
경제	전결	4,663결(논이 조금 많음)
	제언	기제(機堤, 부내, 관개7결50부), 회제(廻堤, 1결81부), 동송정제(東松亭堤, 47결85부), 정며제(丁㒒堤, 36결30부), 남대제(南大堤, 44결80부), 성제(星堤, 27결30부), 용지제(龍池堤, 27결35부), 장칙제(狀則堤, 3결19부), 괴암제(槐岩堤, 28결39부), 상리제(上里堤, 부 서쪽, 2결85부), 수현제(愁峴堤, 부 북쪽, 14결80부)
	토의	벼·조·기장·콩·보리·뽕나무·삼
	토산	철(鐵, 佛母山에서 산출), 연동석(鉛銅石, 동북쪽 背寺洞에서 산출), 미역, 우무[牛毛], 세모(細毛), 굴[石花], 해삼(海蔘), 대[竹], 석류, 옻[漆], 왜저(倭楮), 오징어, 유자, 감, 가사리(加士里), 대구[大口魚], 청어, 황어(黃魚), 홍어, 숭어[秀魚], 조기[石首魚], 낙지[絡締], 웅어[葦魚], 붕어[鯽魚].
	약재	백견우자(白牽牛子), 흑견우자(黑牽牛子), 질리자(蒺莉子), 백편두(白扁豆), 흑편두(黑扁豆), 앵율곡(鶯栗穀), 생지황(生地黃)
	鹽盆	지이포(只耳浦), 사화포(沙火浦), 모삼포(毛三浦), 서내포(西內浦), 사율리(斜栗里)

II. 창원대도호부로 승격

1. 대도호부 승격 시기

도호부로서 읍격을 유지하고 있던 창원은 임진왜란이 마무리 될 즈음인 선조 34년(1601)에 대도호부로 승격한다. 그것은 『여지도서(興地圖書)』(1757-1765) 창원 건치연혁조에서, "신축년(선조 34년, 1601)에 체찰사(體察使)의 장계(狀啓)로 승격하여 대도호부(大都護府)라 하였다."는 내용을 근거로 삼는다.

창원도호부가 대도호부로 승격된 사실은 『선조실록』 등 왕조실록에서는 확인되지 않는다. 이는 창원이 도호부로 승격할 때에도 마찬가지였다. 태종 8년 '창원부'의 성립에 대해서는 『태종실록』에서 "의창(義昌)·회원(會原) 두 현을 병합하여 창원부(昌原府)를 삼았다."고 하여, 실록에서 그 사실을 밝히고 있지만, 도호부의 승격에 대해서는 『경상도지리지』와 『세종실록지리지』에서 "을미년(태종 15년, 1415)에 예에 따라 도호부로 삼았다."라고 전하고 있을 뿐이다.

『여지도서』를 제외하고, 창원의 읍격이 대도호부로 승격되었다는 사실을 처음으로 확인할 수 있는 자료는 창원부사를 역임했던 이정(李瀞)이 쓴 '함안향안중수서(咸安鄕案重修序)'이다.[9] 그 서문 말미에 찬자를 소개하면서 '癸卯至望鄕人通政大夫行昌原大都護府使李瀞謹識'이라 했는데, 계묘년, 즉 선조 36년(1603)에 쓴 이 서문의 찬자 이정이 자신의 직함을 '창원대도호부사'로 표기하고 있는 것이다. 이정은 1603년 9월에 부임하여 2년 남짓 재임하다가 1605년 겨울에 교체되는데, 창원대도호부사로 부임한 초기에 이 서문을 쓴 것으로, 이를 통해 적어도 1603년 당시에 창원은 대도호부로 승격되어 있었음을 알 수 있다.

---

9 『茅村先生文集』권2, 序, 咸安鄕案重修序.

창원도호부가 '대도호부(大都護府)'로 승격된 사실은 1617년 5월 창원부사 신지제(申之悌, 1562~1624)에게 내린 교지(敎旨)에서도 확인된다. 신지제는 명화적(明火賊) 정대립(鄭大立)을 체포하는 데 공을 세웠다 하여, 광해군 9년(1617) 5월 4일 형조의 건의에 따라 그에게 가자(加資)하는 것으로 결정되는데(『광해군일기』 권115, 광해 9년 5월 4일 정묘), 이로부터 이틀 뒤인 만력(萬曆) 45년(광해군 9년, 1617) 5월 6일자로 하사한 교지의 본문이 "申之悌爲通政大夫行昌原大都護府使者"로 되어 있다. 즉, 실록의 관련 기사에는 '창원부사'로 기록되어 있지만, 국왕이 내린 교지와 같은 공식문서에서는 '창원대도호부사'로 정식으로 표기하고 있는 것이다. 이를 통해 1617년 당시 창원은 대도호부로 승격되어 있었다는 것을 확인할 수 있는 것이다. 효종 1년(1650) 7월에 김중일(金重鎰)을 창원부사로 임명하는 교지에서도 "金重鎰爲通訓大夫昌原大都護府使者"라 하고 있어, 당시 창원이 대도호부로 승격되어 있었음을 확인할 수 있다.

점필재 김종직(金宗直)의 신도비(神道碑)가 1634년(인조 12)에 세워지는데, 비문을 짓고, 쓰고, 새긴 사람을 다음과 같이 소개하고 있다.[10]

資憲大夫 知中樞府事兼弘文館大提學藝文館大提學知春秋館成均館事 洪貴達 撰
通訓大夫 昌原大都護府使 金海鎭管兵馬僉節制使 吳汝撥 書
通訓大夫 行司諫院司諫兼春秋館編修官知製敎 金世濂 篆

즉, 비문의 찬자(撰者)는 홍귀달(洪貴達, 1438~1504)로, 그의 생전에 써두었던 것을 사용했고, 글씨는 오여발(吳汝撥)이 썼으며, 사간원 사간 김세렴(金世濂, 1593~1646)이 비문을 새겼다. 비문을 쓴 오여발의 직함 '통훈대부 창원대도호부사 김해진관병마첨절제사(通訓大夫昌原大都護府使金海鎭管兵馬僉節制使)'가 주목된다. 오여발은 1631년 2월에 창원부사로 부임하여 1635년 7월 재임 중

---

10 『점필재집』, 「문집」 부록, 신도비명(神道碑銘).

에 사망하는데, 당시 공식 직함이 '창원대도호부사'였음을 확인할 수 있다.

실록에 전하지 않는 창원의 대도호부 승격 사실은 『승정원일기』에서 몇몇 확인된다. 『승정원일기』 인조 13년(1635) 11월 24일조에는, "〇〇〇爲嘉義大夫行昌原大都護府使"라 하여 부사 이름은 확인되지 않지만 창원대도호부사로 발령한 내용이 처음으로 보이며, 현종 5년(1664) 7월 23일조에는 "又所啓, 昌原卽大都護也, 今雖降縣, 素稱難治, …"라 하여, 현종 2년 '현(縣)'으로 강등되기 이전에 창원은 '대도호부'였음을 확인시켜 주고 있다. 숙종 18년(1692) 11월 24일조에는 "以洪時亨爲昌原大都護府使"라 했고, 숙종 37년(1711) 1월 1일조에는 "昌原大都護府使閔遠重"이라 하여, 홍시형과 민원중이 '창원대도호부사'였음을 전하고 있다.

창원의 대도호부 승격 사실은 법령과 법전에서도 확인된다. 다음에 보이는 바와 같이 1698년(숙종 24)에 편찬된 『수교집록(受敎輯錄)』에서 이를 확인할 수 있다.

> ○ 풍덕군(豊德郡), 청풍군(淸風郡), 곡산군(谷山郡)을 부(府)로 승격시키고, 능성현(綾城縣)을 주(州)로 승격시킨다.【왕비(王妃)의 관향(貫鄕)이므로 읍호를 승격시킨다.】대흥현(大興縣)을 군으로 승격시킨다.【선왕(先王)의 태봉(胎峯)이 있는 고을이므로 읍호를 승격시킨다.】수원부(水原府)와 춘천부(春川府)를 방어사(防禦使)로 승격시키고 당상관으로 차출한다. 동래현(東萊縣)을 부사(府使)로 승격시키고, 길성현(吉城縣)을 주(州)로 승격시키며 당상관으로 차출한다. 창원부(昌原府)를 대도호부(大都護府)로 승격시킨다. 울산군(蔚山郡), 인동현(仁同縣), 장성현(長城縣), 무주현(茂朱縣), 장연현(長淵縣), 명천현(明川縣), 삼화현(三和縣), 철산군(鐵山郡), 용천군(龍川郡)을 모두 부사(府使)로 승격시킨다. 해미(海美), 김해(金海), 철원(鐵原), 이천(伊川)은 무신 당상관으로 차출한다. 장단(長湍), 경원(慶源), 온성(穩城), 경흥(慶興), 부령(富寧), 갑산(甲山)은 모두 당상관으로 차출하되 문신과 무신을 교대로 차출한다. 제주목사(濟州牧使)와 제주판관(濟州判官)은 모두 문신과 무신을 교대로 차출한다. 순흥부(順興府), 자인현(慈仁縣), 영양현(英陽縣)은 모두 다시 설치한다.(『수교집록(受敎輯錄)』 권1, 「吏典」, 除授)

『수교집록』은 1682년(숙종 8) 11월에 승지 서문중(徐文重)의 발의로 시작되어, 16년만에 완성된 법령집으로, 각 도 및 관청에 내려진 수교, 조례 등을 모아 편찬한 것이라는 점에서, 여기에 실린 '창원부(昌原府)를 대도호부(大都護府)로 승격시킨다.'고 한 창원의 대도호부 승격 사실은 비록 실록에는 수집되지 않았지만, 이미 교서의 형태로 확정된 내용이라 볼 수 있을 것이다.

『수교집록』에 창원의 대도호부 승격 사실이 기록되면서, 이 후 편찬된 법전의 「이전」 외관직조에는 그 사실이 반영되고 있다. 1707년(숙종 33)에 편찬된 『전록통고(典錄通考)』 이전(吏典) 하, 제수(除授)조에 위 『수교집록』의 내용이 그대로 소개된 데 이어, 1785년(정조 9)에 완성된 『대전통편(大典通編)』 「이전吏典」 외관직(外官職) 경상도조에는 '大都護府使二員【正三品】, 安東·昌原〈原〉都護府使.〈增〉陞]'이라 하여, 경상도에는 안동과 창원 두 곳에 정3품의 대도호부사(大都護府使)가 파견되는 것으로 기록하고 있다. 『경국대전經國大典』 「이전吏典」 외관직(外官職) 경상도조에서 '大都護府使一員【安東】'이라 하여, 경상도에서 대도호부는 안동 한 곳만 있었던 것으로 기록한 것과 비교하면 달라진 내용이다.

창원대도호부로 승격이 선조 34년에 이루어졌다는 사실은 이 해 5월에 문려(文勵, ?~1623)를 창원 판관으로 임명한 사실에서도 엿볼 수 있다. 조선시대 판관(종5품)은 유수부, 대도호부, 목 등에 파견되었는데, 조선전기 경상도에는 경주부, 안동대도호부, 상주목, 진주목, 성주목 등 다섯 고을에만 파견되어 있었다. 특히 도절제사 등이 대도호부사를 겸하고 있는 곳에 판관을 파견하고 있었는데, 겸무가 해제되어 대도호부사를 단독으로 임명했을 때에는 판관을 혁파하고 있다. 세종 28년 1월 평안도 영변대도호부가 도호부로 강등되고 도절제사가 겸임하지 않아서 판관을 혁파하고 있는 것은[11] 좋은 예이다. 창원의 경우도 처음 대도호부로 승격되었을 때, 경상

---

11 以寧邊大都護府爲都護府, 革判官, 以都節制使不兼任故也.(『세종실록』 권111, 세종 28년 1월 23일 신묘)

우도병마사가 이를 겸임했으므로, 판관을 파견했었는데, 경상우병영이 진주로 옮겨져 겸임이 해소되면서 창원 판관을 혁파하고 있다.

선조 34년(1601) 창원이 대도호부로 승격될 때, 칠원이 전난으로 쇠락하자 창원에 통합되었다가 광해군 9년(1617)에 분리된 적이 있으며, 인조 5년(1627)에는 함안에 통합되었던 진해현이 창원대도호부로 편입되었다가 2년 뒤 다시 분리되어 함안으로 이속되었다. 일시적이나마 창원대도호부의 권역에 변화가 있었던 것이다.

창원은 대도호부로 승격된지 60년 뒤, 현감이 파견되는 현으로 강등되었다. 현종 2년(1661) 12월에 창원에서 임금을 상징하는 전패(殿牌)를 훔쳐가서 잃어버리는 사건이 발생한 때문이었다. 전패를 잃어버렸을 경우, 그 책임을 무겁게 물어 고을 자체를 없애거나 읍격을 강등시켰는데, 이 때 정부는 창원을 현감(縣監)으로 강등시켰다. 창원의 경우와 비슷한 시기에 전패를 분실한 곳에서는 모두 읍격이 강등되었다. 현종 2년 윤7월 충청도 홍주목(洪州牧)은 전패사건으로 홍양현(洪陽縣)으로 강등되었고(『현종실록』 권4, 현종 2년 윤7월 10일 정해), 충청도 회덕현(懷德縣)에서 전패를 훔쳐 간 사건이 발생하자 아예 그 현을 혁파해버렸으며(『현종실록』 권6, 현종 3년 9월 23일 계사), 경기도 연천(漣川)은 전패 사건으로 현(縣)이 혁파되어 마전군(麻田郡)에 통합당했다.(『현종실록』 권6, 현종 3년 12월 21일 경신)

창원이 다시 대도호부의 지위를 회복하는 것은 그로부터 9년 뒤인 현종 11년(1670)의 일이다. 이 해 2월 19일에 김익후(金益厚)를 창원부사로 발령한 것으로 보아, 2월부터 대도호부로 복구된 것으로 보인다. 이 후 창원은 1895년 23부제 개편 때까지 220여 년간 창원대도호부로서 읍격을 유지한다.

고종 32년(1895) 5월 26일 박영효(朴泳孝, 1861~1939) 등 개혁파가 추진한 지방제 개편에 따라 칙령 제98호로 〈地方制度改正件〉이 반포되어, 8도를 23부(府)로 개편하고 부목군현을 '군(郡)'으로 개칭하여 전국 337개 군을 여기에 소속시켰다.(『고종실록』권33, 고종 32년 5월 26일 병신) 이에 따라 창원대도호부도 '창원군(昌原郡)'으로 개칭되어 '진주부(晉州府)' 관할 21개 군 가운데 하나가 된다.

23부제는 여러 폐단이 지적되면서 1년 여 만에 폐지되고 13도체제로 개편되었다. 13도제 하에서도 23부제 하의 군은 그대로 유지되다가 시기에 따라 군별로 승강이 이루어졌다. 창원의 경우 23부제가 폐지된 후에도 이전처럼 '창원군'으로 읍격이 유지되다가, 고종 36년(1899) 5월 '창원부(昌原府)'로 승격하지만(『고종실록』권39, 고종 36년 5월 6일), 4년 뒤 고종 40년(1903) 7월에는 인천(仁川), 동래(東萊), 덕원(德源), 경흥(慶興), 옥구(沃溝), 무안(務安), 평양(平壤), 삼화(三和), 길주(吉州) 등의 지역과 함께 부윤(府尹)에서 군수(郡守)로 개정되었다.

이로부터 3년 뒤 창원은 다시 부로 승격되었다. 고종 43년(1906) 9월 24일에 칙령48호로 인천, 옥구, 무안, 동래, 덕원, 성진, 삼화, 경흥, 의주, 용천 등과 함께 부윤으로 개칭한 것이 그것이다. 이어서 순종 1년(1908) 9월에는 웅천과 진해군을 혁파하여 창원부에 통합하였다. 이 때에 창원부의 권역이 지금의 창원시와 같은 규모로 확대된 것이다. 김해의 대산면(大山面)과 진주의 양전면(良田面), 칠원의 구산면(龜山面)도 이 때 창원부로 편입되었다.

2. 창원대도호부의 승격 배경, 임진왜란과 창원 주민의 대응

창원의 대도호부 승격 시기와 그 배경에 대해서는 지리서인 『여지도서(輿地圖書)』창원 건치연혁조에서 다음과 같이 확인된다.

ㅇ 선조(宣祖) 만력(萬曆) 을미년(선조 28년, 1595) 9월에 경상우도 병마사 김응서(金應瑞)가 창원부사를 겸임하고 있었는데, 임진왜란으로 왜구들이 창원을 함락하여 여러 해 동안 창원성에 주둔하고 있었지

만, 당시 창원도호부의 향리와 주민들은 처음부터 끝까지 종군하여 한 사람도 왜적에게 항복하지 않았다. 이에 신축년(선조 34년, 1601)에 체찰사(體察使)의 장계(狀啓)로 창원을 대도호부(大都護府)로 승격하고 판관(判官)을 설치하였다. 계묘년(선조 36년, 1603) 9월에 우병사 이수일(李守一)이 우병영(右兵營)을 진주로 옮김에 따라 판관을 혁파함으로써 이정(李瀞)이 처음으로 창원대도호부사가 되었다. 신유년(광해군 13년, 1621) 4월 창원대도호부사 금변(琴忭)이 읍성을 다시 쌓아 고을의 옛 모습을 회복하였다. 신축년(현종 2년, 1661) 12월 전패(殿牌)를 분실하는 사건이 발생하여 현감(縣監)으로 강등되었다가 강희(康熙) 9년 경술년(현종 11년, 1670)에 도로 대도호부로 승격시켰다.(『여지도서』 창원 건치연혁)

창원도호부가 대도호부로 승격된 배경은 임진왜란 때 왜적이 창원성을 장악하여 주둔하고 있었음에도 창원의 향리와 주민들은 한 사람도 투항하지 않았다는 점을 높게 평가한 결과였다. 전란 중 경상우도병마사 겸 창원도호부사를 역임했던 김응서(金應瑞, 1564-1624)를 언급하고 있는 것을 보면, 김응서의 의견도 참고했을 것으로 보인다. 김응서가 경상우도병마사로 활동하는 것은 선조 27년(1594) 11월 경부터이다.

『여지도서』에서 창원의 대도호부 승격 배경으로 임진 전란 중 창원 이민(吏民)이 투항하지 않은 사실을 언급하게 되면서, 이후 편찬된 창원읍지에서는 그 내용을 그대로 수용하였다. 『여지도서』와 비슷한 시기에 편찬된 것으로 보는 창원읍지 『회산지(檜山志)』 건치연혁조에서는 "宣廟朝, 萬曆乙未九月, 兵使金應瑞, 兼府使. 壬辰倭寇積年屯據于府城, 而惟府之吏民, 始終從軍無一人附賊故, 辛丑, 因體察使狀啓, 陞號爲大都護府, 又設判官." 이라 하여 『여지도서』의 '降倭'를 '附賊'으로 표현한 것이 다를 뿐 그 내용이 동일하다. 『경상도읍지』(1832)에 포함된 『창원부읍지』 건치연혁조에서는 "…故辛丑因體察使李元翼狀啓, 陞號爲大都護府, 又設判官." 이라 하여, 그 내용이 동일한데, 당시 창원의 대도호부 승격을 건의한 체찰사가 이원익(李

元翼)이었음을 추가하고 있다.

『여지도서』를 비롯해 창원의 읍지들이 대도호부 승격 배경으로 임진 전란 중 창원 주민 어느 누구도 투항하지 않았던 사실을 들고 있지만, 이를 배경으로 삼은 다른 기록은 잘 찾아지지 않는다. 다만, 후대의 기록이기는 하지만, 임진 전쟁에 참여해서 창원을 지킨 인물로 평가받는 감경인(甘景仁, 1569~1648) 관련 기록들 가운데 그의 묘갈명과 행장, '昌原士林呈本府狀' 등에서 같은 내용을 찾을 수 있다.

> ○ 이 때 왜적의 공세가 강성하여 창원이 더욱 극심했는데, 여러 명현과 공의 형제가 방어한 데 힘입어 왜적에게 항복하지 않을 수 있었다. 이에 따라 현을 대도호부로 승격시켰다.(『삼열당문집(三烈堂文集)』권하, 부록, 묘갈명)
>
> ○ 또한 창원은 왜적의 공격을 받았을 때 홀로 왜적에 붙지 않았으니, 공의 공로였다. 이로써 조정에서는 대도호부로 승격시켰다.(동상서, 창원 사림(士林)이 본부에 올린 장계[昌原士林呈本府狀])

이처럼 창원대도호부의 승격은 임진 전란 중 창원성을 함락하여 주둔했던 왜적(倭賊)에 대해 결코 투항하지 않은 창원 주민들의 대응을 높이 평가한 결과이다. 임진 전란 중에 왜적은 창원에 오래 주둔했고, 창원 주민들은 일치 단결하여 투항하지 않았던 것이 사실일까?

왜군이 창원 등지를 장악한 것은 부산을 침입한지 한 달도 채 되지 않은 시기였다. 『선조실록』에서는 선조 25년(1592) 6월 29일조에서 비변사는 '창원이 분탕(焚蕩)되었다.'고 보고하여, 이미 이전에 창원이 왜군 수중에 들어갔음을 시사하고 있다. 『난중잡록』에 따르면, 동래성을 함락시킨 왜적이 4월 18일에는 배 2백여 척으로 부산에서 이동하여 김해(金海)를 함락시키자 부사 서예원(徐禮元)은 성을 버리고 달아났다고 했는데, 왜적은 이어서 창원을 침탈한 것으로 보인다. 『난중잡록』에서는 4월 23일 김해(金海)에 머물러 있던 왜적도 이날 진격하여 창원(昌原)을 함락시켜 병영을 모두 불태워 없애고, 이어 칠원(漆原)으로 진격하여 함락시켰다고 하였다.

창원이 함락된 사실은 그로부터 두 달 뒤 경상우도 초유사 김성일(金誠一, 1538~1593)의 다음과 같은 보고에서 확인된다.

> ○ 경상우도 초유사(慶尙右道招諭使) 김성일(金誠一)이 치계하였다. …
> 또 한떼의 적들이 좌도(左道)의 경주·영천·신령(新寧)·의흥(義興)·군위·의성·안동 등지를 경유하면서 도처마다 함락하는데 감히 적의 예봉(銳鋒)을 감당할 수 없어 좌·우도의 길이 끊어졌으니 지금은 어느 곳으로 가고 있는지 모르겠습니다. 우도(右道)에 침범한 왜적의 한 패는 김해·창원·우병영(右兵營)·칠원(漆原) 등지를 약탈하여 소굴로 삼고, 또한 패는 연해(沿海)의 여러 섬에 출몰하니 여러 진보(鎭堡)의 모든 장수들은 왜적을 바라만 보고 겁을 먹어 앞다투어 도망하여 육지로 나왔으므로 바다의 군영이 일체 텅 비어 버렸습니다.(『선조실록』권27, 선조 25년 6월 28일 병진)

즉 김해성을 함락시킨 일본군은 창원과 우병영성을 함락시키고 칠원을 공략한 후, 북상하여 영산, 창녕, 현풍을 거쳐 4월 25일 경에는 성주 지역까지 진출하였다. 창원을 공격했던 일본군 3번대의 일부는 계속 창원 지역에 남아 주둔하고 있었다. 4월 27일 창원에 잔류하고 있던 왜적 40여 기(騎)가 피란하는 사람들을 추격하면서 강물을 거슬러 건너와 의령(宜寧)의 신반(新反)을 약탈하고 빈틈을 타 성으로 들어가서는 관아와 성문을 불사르기도 했다.(『난중잡록』1, 임진 상)

이렇게 왜적에게 점령당했던 창원 지역은 20여 일 뒤, 일시적이나마 아군에 의해 탈환된 적이 있었다. 5월 20일 경 적병이 고성에서 사천(泗川)으로 들어와 머무르면서 진주를 침범하려 하자, 초유사 김성일이 전 군수 김대명(金大鳴)을 도소모관(都召募官)으로 임명하여 생원(生員) 한계(韓誡)·정승훈(鄭承勳)과 함께 군사 6백여 명을 모집하여 고성의 의병장 최강(崔堈) 등이 거느린 군사와 함께 왜적을 공격했다. 아군의 야습으로 무너진 왜적이 웅천·김해 등지로 퇴각하자, 이에 김대명 등이 군사를 거느리고 창원의 마산포(馬山浦)로 들어가서 진을 침으로써 창원을 수복할 수 있었다.

창원이 다시 적이 수중에 들어가는 것은 같은 해 9월 말부터였다. 이때 창원 함락에 대해서는 『난중잡록』 등에서 다음과 같이 전하고 있다.

○ (9월) 24일. 부산에 주둔하던 왜적 등원랑(藤元郎)·평조신(平調信) 등이 동래·김해의 왜적 3만여 명을 거느리고 길을 나누어 진격했는데, 한 무리는 노현(露峴)으로부터, 한 무리는 웅천(熊川)으로부터 안민현(安民峴)을 넘어서 창원(昌原)을 침범하였다. 병사 유숭인(柳崇仁)이 관군과 의병을 거느리고 맞아 싸웠으나 불리하였다. 이때에 우도 몇 고을의 군사가 노현을 지키고 있었는데 적이 불의에 달려들어 남김없이 함부로 죽였다. 이튿날 유숭인이 흩어진 군사를 수습하여 또 싸웠으나 크게 패하였다. 왜적 80여 명이 바로 창원에 들어가서 읍내를 분탕질하고 물러나 사화촌(沙火村)에 주둔하였다. 유숭인이 여러 장사(將士)와 함께 마산포(馬山浦)에 진을 치니, 이튿날 적병은 세력을 합하여 함안(咸安)으로 진군하여 주둔하였다. 【원랑과 조신 이것들은 작은 적장이니, 이번에 온 대장 중에는 또 다른 장수가 있었을 것이나 미처 전해 듣지 못하였으므로 이와 같다.《경상순영록》에서 나왔다.】(『난중잡록(亂中雜錄)』 2, 임진년 하)

○ 김해(金海)에 머물러 있던 적 3만여 명이 한꺼번에 진격하였는데, 9월 24일에는 세 부대로 나뉘어 노현(露峴)에 있던 군대를 습격하고, 27일에는 또 창원부(昌原府)를 침범하였습니다. 병사(兵使)가 두 번이나 패하여 전후로 죽은 자가 무려 1400여 명이나 되었으므로, 군사들은 기운을 잃었으며, 사민(士民)들은 무너져 흩어졌습니다. 적의 무리는 이긴 기세를 타서 그 세력이 비바람이 몰아치는 것 같았습니다. 이달 2일에는 함안(咸安)을 함락하였고, 5일에는 선봉에 선 왜적의 기병 1000여 명이 곧장 진주 동쪽의 마현(馬峴) 북쪽 봉우리에 이르러, 형세를 살펴보았더니, 말이 마구 내달리고 칼날이 번쩍거렸습니다.(『학봉집』 권3, 狀, 馳啓 晉州守城勝捷狀)

왜적의 창원 공격은 1592년 9월 24일부터 시작되었다. 왜적의 규모에 대해서는 우리 측 자료에는 3만여 명으로 기록하고 있으나, 일본측 자료에 는 『일본전사 조선역』의 경우 2만여 명으로, 『풍태합정외신사(豊太閤征外新史)』 에서는 1만여 명이라 하였다. 창원을 공격한 왜적의 지휘관에 대해서는 『난 중잡록』에서는 등원랑(藤元郎)과 평조신(平調信)을 들면서 이들은 '小酋'에 지나 지 않고 다른 '大將'이 있었을 것이나 알지 못한다고 하여 애매하게 처리했 으나, 일본측 자료에는 다음과 같이 그 지도부가 상세히 소개되고 있다.

○ 나가오카 타다오키[長岡忠興]·하세가와 히데카즈[長谷川秀一]·키 무라 시게코레(사다아키)[木村重玆(定光)] 등 세 장수가 김해에 있으면 서 서로 의논하여 말하길, 경상도 의병[土寇]의 지휘부[首力]가 진주에 있으니 그 곳을 치면 그들은 따라서 궤멸될 것이라 하였다. 이에 마키무 라 세이겐(도시사다)[牧村政玄(利貞)], 카스야 타케노리[加須屋(糟屋)武 則], 오오타 카스요시[太田一吉], 아오야마 무네가츠[靑山宗勝], 오카모 토 시게마사[岡本重政], 카타기리 카츠모토(나오모리)[片桐且元(直盛)], 카타기리 사다타카[片桐貞隆], 후루타 시게카츠[古田重勝], 신죠 나오사 다[新庄直定], 후지카게 나가카츠[藤掛永勝] 등과 함께 13명의 將帥는 병사 약 2만을 거느리고 김해를 출발, 서쪽으로 진격하였다. 이 때에 경 상도우병사 유숭인(柳崇仁)은 수천명의 병사를 거느리고 창원성에 있었 는데, 이 소식을 듣고 창원성을 나와서 露峴에 진을 치고 방어했지만, 9 월 24일 아군이 공격하여 물리치자 유숭인 등은 후퇴하여 창원성으로 들어갔다. 27일에 아군이 공격하여 성을 취하고 적군 1,400여 명을 죽 이니, 유숭인은 도망하여 함안을 지켰다. 10월 2일 아군이 다시 공격하 여 함안을 장악하니 유숭인 등은 진주 방면으로 도망하였다.(참모본부, 『日本戰史 朝鮮役(本編, 附記)』, 偕行社, 1924, 208쪽)

나가오카 등 창원을 공격한 일본군 지휘부는 참전한 일본군 제2군 9 번대 소속 장수들이었다. 나가오카와 기무라는 각각 3,500명, 하세가와 는 5,000명의 병사를 거느렸고, 마키무라 이하 10명의 장수는 200명에서 700명의 병사를 각각 거느리고 있었다. 9월 24일 이들은 김해에서 출발하여 서쪽으로 40리 지점의 창원 경계에 있는 노현에서 경상도우병사 유숭인(柳崇仁, ?~1592)의 군대를 공격하고, 유숭인이 창원성으로 후퇴하자 9월 27일 창원성을 함락하여 1,400여 명을 살해하였다. 왜적은 진주성 공격을 목표로 이동하고 있었기 때문에, 노현에서 유숭인의 군대를 공격한 후, 지휘부에서는 이후 창원 공격에 대해서 이견이 있었던 것으로 보인다. 키무라는 창원성을 그대로 두고 바로 진주로 진격하자는 것이었고, 나가오카는 진주를 공격할 때 배후에 적을 둘 수 없다는 이유로 창원성 칠 것을 주장하였다. 결국 창원 공격으로 결정되어 창원성을 함락하고 카다키리 나오모리의 군대를 창원에 주둔하게 한 후, 10월 2일 다시 공격을 시작하여 함안을 장악하고 진주를 압박하였다.

이처럼 창원성은 일본군이 진주를 공략하기 위해 우선적으로 공격과 점령의 대상이 된 곳이었다. 9월 27일 창원이 함락된 후, 이 곳은 이 후 오랜 기간 왜적의 점령지가 되어 일본군이 주둔하고 있었다. 창원 함락에 이어 10월 초 진주성을 공격하다 패배한 일본군이 대거 창원으로 퇴각하여 이 곳을 점령하고 있었다.

1593년 2월 9일, 김해부사(金海府使) 서예원(徐禮元)의 동향 보고에 근거한 경상우도 관찰사 김성일(金誠一)의 급보에는 "창원에는 적이 성 안팎으로 가득 찼고, 김해에는 성내에 남아 있는 적이 많지 않은데 우리 나라 사람으로 왜적 모습을 한 자가 매우 많으며, 창원에 머무는 적은 바로 전일 진주성(晉州城)을 포위했던 자들이다."(『선조실록』 권35, 선조 26년 2월 9일 갑오)라고 하였다. 같은 해 5월 21일 비변사 보고에 따르면, "창원에 주둔하고 있는 왜적은 보리와 밀을 경작하여 이미 제초(除草)를 마쳤고 3월 그믐에는 모두 자기들이 수확한다고 합니다."라고 하여(『선조실록』 권38, 선조 26년 5월 21일 갑술), 왜적이 장기간 체류할 기세를 보이고 있었다.

초유사 김성일(金誠一)의 소모유사(召募有司)와 의병장 김면(金沔, 1541~1593)의 소모종사관(召募從事官) 등으로 활약한 바 있는 정경운(鄭慶雲, 1556~?)은 그의 1593년 10월 1일자 일기에서 "왕은 해주(海州)에 계신다. 적의 무리들이 고성(固城)·진해(鎭海)·창원(昌原)·김해(金海) 등지에 가득 몰려 있다. 산초를 심고 보리를 심는 등 도무지 돌아갈 뜻이 없으니, 그나마 남겨진 백성들은 어떻게 살아날 수 있을까."(『고대일록(孤臺日錄)』권1, 만력 계사 10월)라고 하여, 창원에 왜적이 계속 주둔하고 있는 상황을 우려하고 있다.

창원에 왜적이 주둔해 있다는 보고는 1593년 윤11월까지 계속 이어졌다. 윤11월 14일 영의정 유성룡(柳成龍)은 남별궁(南別宮)에서 국왕을 알현하는 자리에서 "이제 경상도에 적이 있는 곳으로는 울산의 서생포(西生浦)와 동래·부산과 양산(梁山)의 상용당(上龍堂)·하용당(下龍堂)과 김해·창원이며, 바다 안은 가덕(加德)·천성(天城)과 거제(巨濟)와 거제의 영등포(永登浦)와 장문포(場門浦)입니다."(『선조실록』권45, 선조 26년 윤11월 14일 갑오)라고 보고하여 창원에 아직 왜적이 주둔하고 있음을 전하고 있다.

1594년(선조 27) 말부터 1597년 4월 이전 시기에는 창원에 왜적이 주둔했던 흔적이 보이지 않는다. 선조 27년 11월 8일 고니시 유키나가(小西行長)에게 보낸 이빈(李薲)의 답서에는 "그런데 근자에 잔적이 출몰 횡행하여 창원·칠원·진해·고성 등의 인민을 살해하여 그 경내에 인적이 없도록 만들었다."(『선조실록』권57, 선조 27년 11월 8일 임오)고 하여, 왜적의 주력 부대가 퇴각한 사정을 말해주고 있다. 선조 28년 1월 26일, 영의정 유성룡이 올린 차자(箚子)에서도 "지금 경상우도의 해변으로 논한다면, 김해와 웅천은 현재 적의 소굴이 되었으니 모여살게 할 방안을 말할 것이 없고, 창원은 적의 소굴에서 매우 가깝기 때문에 역시 공허한 지대가 되었습니다.…"(『선조실록』권59, 선조 28년 1월 26일 기해)라고 하여, 김해와 웅천은 왜적의 소굴 즉 주둔지로 표현했지만, 창원은 그 곳과 가까운 곳으로 구분하였다. 왜적이 주둔하는 곳은 아니라는 것이다. 이렇게 이 기간 동안 창원에서 일본군이 철수한 까닭은 강화 교섭과 연관이 있는 듯하다. 당시 경상도 우병사였던 김응서(金應瑞)는 고니시 유키나가를 직접 만나는 등 강화 교섭에 적극 나서고 있었다.

○ 도원수 권율이 치계하기를, "우병사 김응서(金應瑞)가 행장(行長) 등과 지난 12일에 서로 만나자고 약속했는데, 행장이 멀리 함안(咸安)까 지 나오는 것을 꺼려하여 다시 창원·함안의 경계에서 만나기로 약속을 하였습니다.…병사가 22일에 서로 만날 것을 즉시 답해 보내고 신에게 치보하였습니다. 22일 새벽에 행장이 병사의 숙소로 사람을 보내와 문 안하였고 병사가 새벽에 약속 장소로 갔는데, 행장 등도 창원의 마산포 에서 자고서 조신(調信)·현소(玄蘇)·죽계(竹溪)가 먼저 당도하고 행장· 의지가 뒤따라 이르렀으며, 행장의 아우와 다른 왜장 3명도 들어와 참석 하였답니다. 그들의 각 장수가 거느린 군사는 거의 3천여 명이나 되었고 또 진해·마산포 등처에 진을 쳤으며, 병사가 거느린 병졸은 다만 1백여 명뿐이었답니다. 좌정하여 대화할 때는 행장 이하 모든 왜인들은 어깨 를 맞대고 몹시 의구(疑懼)해 하였으나 병사는 조금도 경동하는 기색을 않은 채 조용히 문답하고 석양에 각기 흩어졌다 합니다. 신이 전한 관문 (關文)과 의지 등의 걸항서(乞降書)를 동봉해 올려보냅니다. 소위 항서 (降書)라는 것은 단지 겉면에 '항(降)'자만을 썼을 뿐 내용의 조어(措語) 가 지극히 간만(簡慢)하니, 통분이 막심합니다. 항서에 의거하여 권변 (權變)의 계책을 잘 쓰는 것이 무방할 듯합니다. 조정에서 급히 상의하 여 시행하는 것이 어떻겠습니까?"하였는데, 비변사에 계하하였다.(『선 조실록』권58, 선조 27년 12월 7일 경술)

일본군이 다시 창원에 주둔하기 시작한 것은 정유재란 시기였다. 선조 30년 4월까지만 하여도 창원에는 아직 왜적이 주둔하고 있지 않았다. 이 는 다음의 명나라 병부(兵部)의 자문(咨文)내용에서 확인할 수 있다.

○ 병부(兵部)가 보낸 자문은 다음과 같다.…동쪽 일면은 경상도로서 본도 소속의 동래(東萊)·기장(機張)·서생포(西生浦)·두모포(豆毛浦)·안 골포(安骨浦)·죽도(竹島)·양산(梁山)·울산(蔚山)·가덕(加德)은 다 왜노 가 현재 점거하여 차지하고 있는 지역이고, 웅천(熊川)·김해(金海)·창 원(昌原)·함안(咸安)·진주(晉州)·고성(固城)·사천(泗川)·곤양(昆陽)도 왜노가 현재 횡행하며 유린하고 있는 지역이다. 경상도는 10분의 4는 잃어버렸는데 근일에는 어떻게 되었는지 모르겠다.(『선조실록』권87, 선 조 30년 4월 21일 신사)

동래 기장 지역은 이미 왜적이 주둔하고 있었고, 창원과 김해 등의 지역은 공격을 받고 있기는 하지만, 아직 완전히 장악하여 주둔하지는 않고 있었다. 그런데 1597년(선조 30) 6월 17일 권율(權慄)이 보낸 관문(關文)에는 "왜적의 통역 요시라(要時羅)가 말하기를, '일본의 대병이 이달 20일 후에 정말 나오는데 평행장(平行長)은 창원에서 청정(淸正)은 경주에서 일시에 나아가 진을 치고 제장(諸將)이 나오기를 기다렸다가 한꺼번에 진병할 것이다.' 라고 하였다."(『선조실록』 권89, 선조 30년 6월 28일 정해)는 내용이 들어 있어, 일본군의 창원 주둔은 예정되어 있었다. 실제 같은 해 12월 9일, 경상우도 절도사 정기룡(鄭起龍)의 보고에는, 경상우도 31개 고을 가운데 김해·웅천·거제·창원·칠원·진해·고성·함안·진주·사천·남해·하동·곤양·단성·산음 등 고을은 현재 흉적 일본군이 웅거하고 있어 인민이 사방으로 흩어졌으므로 군병을 조발할 길이 전혀 없다는 사실을[12] 전해주고 있다.

이처럼 창원 지역은 왜란이 발발한 이후 오랜 기간 일본군의 점령지가 되었다. 일본군의 공격을 받았거나 점령된 지역들이 당했던 피해 상황은 다양했다. 그 가운데 지역주민들의 대처 방식은 심각한 것이었다. 충절을 다하여 뒷날 충신, 효자, 효녀, 열녀로 평가받아 정려를 받은 경우는 『읍지』 등 지리서에 이름을 남겼지만, 대다수 지역 주민은 산 속으로 들어가 처참한 피난 생활을 하거나, 강압에 못이겨 일본군을 돕는 처지가 되었다. 이들 일본군을 도운 부류들을 기록에서는 '부왜인(附倭人)', '부적인(附賊人)', '반민(叛民)' 등으로 불렀다. 이들 반민의 발생은 전쟁 초기부터 시작되었다.

1592년(선조 25) 6월 28일, 경상우도 초유사 김성일의 보고서에는 경상우도 지역의 '부왜인' 발생 사례가 여럿 언급되어 있다.[13] 김성일은 이 보고서에서 먼저 "본도(本道)에 함락되어 패전한 뒤에 무너져 사방으로 흩어진 자들이 도망한 군사나 패전한 병졸만이 산속으로 들어간 것이 아니라, 대

---

12 『선조실록』 권95, 선조 30년 12월 9일 을축.
13 『선조실록』 권27, 선조 25년 6월 28일.

소 인원들이 모두 산속으로 들어가 새나 짐승처럼 숨어 있으니 아무리 되풀이해서 알아듣도록 설득해도 응모하는 사람이 없었다."고 한탄하였다. 아울러 왜적들이 연해(沿海)의 여러 섬에 출몰하니 여러 진보(鎭堡)의 모든 장수들은 왜적을 바라만 보고 겁을 먹어 앞다투어 도망하여 육지로 나왔으므로 바다의 군영이 일체 텅 비어 버렸다고 하였다.

이 보고서에 따르면, 함락되었던 고성(固城) 지역의 경우 수사가 지난 19일 성으로 들어가 지킬 계획으로 고성현 지경에 배를 대자 전날의 왜적 1백여 명이 배반한 백성들[叛民]을 거느리고 재차 와서 성을 점거하였는데, 고성현령 김현(金絢)이 부임한 지가 7년인데 형벌이 너무 가혹하여 민심을 잃은 지 오래이므로 진해에 적이 들어온 뒤에는 배반한 백성들이 사방에서 일어나 현령을 죽이려고 하였다고 한다. 진주, 사천 지역의 아군이 고성을 탈환하고자 공격할 때, 왜적은 배반한 백성을 거느리고 현성(縣城)에 웅거하여 철환(鐵丸)을 많이 쏘고 또 배반한 백성을 시켜 활을 마구 쏘도록 하니 관군이 접근할 수 없었다고 한다. 김성일은 이렇게 부왜인, 반민이 발생한 배경을 다음과 같이 지적하였다.

○ 근래에 부역(賦役)이 번거롭고 무거워 백성들이 편히 살 수 없는데다가 형벌마저 매우 가혹하므로 군졸이나 백성들의 원망하는 마음이 뱃속에 가득한데도 호소할 길마저 없어 그들의 마음이 이산된 지 벌써 오래입니다. 그러므로 왜국은 정수(征戍)나 요역(徭役)이 없다는 말을 듣고 마음속으로 이미 그들을 좋아하고 있는데 왜적이 또 민간에 명을 내려 회유(誨誘)하니 어리석은 백성들이 모두 왜적의 말을 믿어 항복하면 반드시 살고 싸우면 반드시 죽는 것으로 여깁니다. 그러므로 연해의 무지한 백성들이 모두 머리를 깎고 의복도 바꾸어 입고서 왜적을 따라 곳곳에서 도적질하는데 왜적은 몇 명 안되고 절반이 배반한 백성들이니 매우 한심합니다.(선조실록 27권, 선조 25년 6월 28일)

『난중잡록』에서는 김해, 동래 등지의 사람들은 다 왜적에 붙어서 사람을 죽이고 재물을 약탈하며 여인을 더럽히고 하였는데 왜적보다 심하였다고 지적하였다. 김해의 경우에 도요저(都要渚) 마을은 낙동강 연변의 큰 고장인데, 왜란 초기부터 왜적에 붙어서 도적질을 하고 혹은 지난날의 원수를 갚기도 했다고 한다.[14] 김해 지역의 부왜에 대해서는 원균(元均)의 보고서에서도 구체적으로 묘사되어 있다.

○ 비변사가 아뢰었다. "원균(元均)의 계본을 가지고 온 도사(都事) 원전(元㙉)을 불러 물으니, 적선의 원수(元數)가 거의 1만여 척에 이르고 웅천(熊川)에 머무르고 있는 적들은 채소를 심고 꽃을 가꾸면서 스스로 오래 머물 계획이라고 한다 하며, 도망쳐 나온 여자의 공초(供招)에는, 그들의 처자 및 원병(援兵)과 군기를 수송해다가 호남을 침범한 뒤에야 회군할 것이라고 했다 합니다. 창원에 주둔하고 있는 왜적은 보리와 밀을 경작하여 이미 제초(除草)를 마쳤고 3월 그믐에는 모두 자기들이 수확한다고 합니다. 김해에는 촌민들이 모두 왜적에게 부역하여 영남의 크고 작은 도로에 모두 향도가 되어 있고, 향리(鄕吏)인 김변호(金變虎)와 서자(書者)인 배인(裵仁) 등은 왜적의 장수가 되어 매번 분탕질할 때마다 반드시 앞잡이가 되니, 적중에 머물고 있는 백성들은 이들의 소행을 보고는 모두 왜복(倭服)을 입고, 다시 도망쳐 나오려는 뜻이 없다고 합니다. 또 왜구가 연전에는 매번 나와서 약탈을 자행했었는데 지금은 소굴에만 들어앉아서 출입하지 않는다 합니다.…『선조실록』 권38, 선조 26년 5월 21일 갑술)

정유재란을 겪으면서 다시 부왜인이 발생하였다. 1597년(선조 30) 11월 12일, 전라우수사(全羅右水使) 이시언(李時言)은 왜군 앞잡이인 향리 사노 등의 실상을 다음과 같이 보고하였다.

○ 해남(海南)·강진(康津)·장흥(長興)·보성(寶城)·무안(務安) 등의 고을은 인민이 거의 다 적에게 붙어 사족(士族)의 피난처를 일일이 가르쳐 주어, 거의 다 살육되었습니다. 해남의 노직 향리(老職鄕吏) 송원봉(宋

---

14 『난중잡록』 권1, 임진 상, 5월 20일.

元鳳)과 가속서리(假屬書吏) 김신웅(金信雄) 등은 혹은 좌수(座首)라느니 혹은 별감(別監)이라느니 하면서 우리 나라 사람들을 제멋대로 살육하였으며, 육방(六房)을 차정(差定)하는 데 있어서도 사노(寺奴) 심운기(沈雲起)는 이방(吏房), 향리 송사황(宋士黃)은 호방(戶房), 사노 서명학(徐命鶴)은 예방(禮房), 사노 박인기(朴麟奇)는 병방(兵房), 향리 차덕남(車德男)은 형방(刑房), 사노 박희원(朴希元)은 창색(倉色), 사노 다물사리(多勿沙里)·줏돌이(注叱石乙伊) 등은 도장(都將), 사노 윤해(尹海)는 각처의 정탐, 사노(私奴) 언경(彦京)은 응자 착납(應子捉納)으로 각각 차정하여, 왜노가 하고자 하는 일이라면 모든 성의와 힘을 다하여 왜노에게 아양을 떨었습니다. 또 왜진(倭陣)이 철수하여 돌아갈 적에 뒤떨어진 적에게 머물기를 정하여 세 곳에 주둔시켜 놓고서, 그를 빙자하여 온갖 흉악한 짓을 다 하였다고 합니다.(『선조실록』권94, 선조 30년 11월 12일 기해)

경상우도 수사 이순신(李純信, 1554~1611)은 남해(南海) 주민들이 적에게 빌붙어 서로 통하면서 향도 노릇을 하였고, 그 중에서도 도장(都將)이라 칭하는 정육동(鄭育同)과 권농(勸農)이라 일컫는 정기생(鄭起生)은 소서행장이 회군했을 때 주민들을 거느리고 주육(酒肉)으로 성대하게 맞이하였다고 보고하였다. 이순신은 이들을 효수하면서, 이외에도 극심했던 자들이 많이 있을 것이지만, 지금은 백성들을 불러 모아 안무해야 할 때이므로 진정시키는 일에 힘써 편안한 마음을 갖게 할 것이라고 하였다.[15]

이렇게 일본군 점령지에서 부왜인이 발생하는 가운데, 창원 지역에서는 이렇다할 부왜 현상이 드러나지 않고 있다. 다만, 창원에 주둔했던 왜적이 전라감사를 자칭했을 때, 향리(鄕吏) 현호준(玄虎俊)이 전라감사의 배리(倍吏)라 자칭한 바 있고(『난중잡록』 1, 임진년 상, 5월 20일), 1599년(선조 32) 6월 29일 경리도감(經理都監)의 보고에 따르면, 수병수비(水兵守備) 이응창(李應昌)이 잡아보낸 가왜(假倭) 2명을 조사해 보니 이들은 수영에서 활동하였고 출신지는 창원과 양산 등지였다고 한다.(『선조실록』권114, 선조 32년 6월 29일 병오)

---

15 『선조실록』권107, 선조 31년 12월 22일 계유.

부왜인의 발생에 대해 정부에서도 심각하게 여기고 있었다. 특히 아전이나 관리의 부적 행위를 심각하게 받아들여, 이런 사태가 발생했을 때 즉시 효수하는 강공책을 구사하였다. 안악(安岳)의 율생(律生) 김여영(金呂永)이 적에게 빌붙어 곡진히 인도한 데 대하여 즉시 머리를 베어 효시(梟示)하도록 했으며,[16] 적에게 붙은 자는 반역(叛逆)으로 논하여 군문(軍門)에서 단죄(斷罪)해도 불가할 것이 없다고[17] 인식하고 있었다.

한편, 왜적에게 침탈당했지만, 주민들이 고을을 지켜내고 부왜(附倭)하지 않은 지역은 포상을 받았는데, 그 포상은 주민들에게는 조세 감면 등의 조처와 읍격(邑格)을 승격시키는 것이었다. 그 단적인 예가 중화군의 경우이다.

○ 윤두수(尹斗壽)가 아뢰기를, "중화(中和) 사람들은 죽은 자가 3천여 명인데 죽지 않은 사람들이 지금 모두 다시 모여들어 헝클어진 머리와 귀신같은 얼굴로 부지런히 공봉(供俸)하기 때문에 중국군들도 이를 탄복했다고 합니다. 또 적의 형세가 한창 성할 때에도 적에게 붙좇은 자가 한 사람도 없었다 합니다. 그러니 지금 만약 하서(下書)하여 '적과 서로 버틴 지 반 년이 넘었으되 끝내 왜적에게 붙지 않은 것을 내가 매우 가상하게 여긴다.' 하고, 또 본군(本郡)의 명호(名號)를 승격시켜 백성들을 격려한다면 사방에서 보거나 듣고 고무될 것입니다."하였다.(『선조실록』권35, 선조 26년 2월 27일 임자)

○ 비변사가 아뢰기를, "중화(中和) 한 고을은 한 사람도 적에게 붙은 자 없이 전사한 자가 수천에 이른다고 합니다. 위령제는 벌써 거행하였지만 본읍을 2년 동안 복호(復戶)시켜주고 모든 요역(徭役)을 일체 감면해 주며, 전사한 자의 처자들에게는 3년 동안 복호시켜 주소서. 그리고 본읍은 봉산(鳳山)과 땅이 서로 닿아 있는데, 봉산은 적에게 붙은 자가 매우 많았으나 중화는 의리로 항거하여 적을 토벌하면서 죽어도 후회하지 않았습니다. 본군을 부(府)로 승격시켜서 착한 자를 표창하고 악한 자를 죄주는 의리를 보이소서."라고 하니, 상이 이르기를, "승격시키

---

16 『선조실록』권29, 선조 25년 8월 15일 임인.

17 附賊之人, 論以叛逆, 斷於軍門, 固無不可.(『선조실록』권33, 선조 25년 12월 23일 기유)

는 일은 가벼이 처리할 수 없으니 천천히 의논하여 처리하라."고 하였다.(『선조실록』 권36, 선조 26년 3월 5일 경신)

윤두수(尹斗壽)의 이같은 건의에 따라, 3월 5일 비변사에서는 중화군 주민들에게 2년 간 복호(復戶)와 요역의 일체 감면, 사망자의 처자들은 3년 간 복호하고 중화군은 부로 승격시키도록 건의하였다. 이에 대해 국왕은 복호 문제는 모두 수용하면서 부로 승격하는 문제는 좀 더 논의가 필요하다고 하였다. 이 후 3개월 뒤인 6월 15일 임금은 정원에 전교하여 감사 이원익(李元翼)에 대한 가자(加資)와 중화군(中和郡)과 의주(義州)의 승격문제를 논의하도록 했다. 정원의 보고를 받아 비변사에서는 이 문제를 논의했는데, 그 논의 결과는 다음과 같다.

　ㅇ "감사 이원익이 직무에 마음을 다한 것은 중외의 사람들이 모두 알고 있는 바인데, 성상께서 특별히 그의 충성을 살피시니, 이른바 신하를 아는 사람은 임금만한 이가 없다는 것입니다. 신들이 어찌 감히 이의가 있겠습니까. 작상(爵賞)은 임금의 권한이니, 성상의 재량에 있다고 봅니다. 중화라는 한 읍은 오래도록 적중에 빠져 있었음에도 불구하고, 외롭게 남은 백성들은 날마다 혈전을 일삼아 한 사람도 적에 부역한 자가 없어 마침내 여염은 빈터로 변모하고 밥짓는 연기조차 끊어졌으니, 그곳에 거주하는 백성은 참으로 애처로우나 그 일은 가상한 일이니 참으로 충의의 고을이라 할 수 있습니다. 감사 이원익도 일찍이 말한 바 있으니, 특별히 읍호를 승격함으로써 애국심을 권장하는 것이 격려하는 도에 합치될 듯합니다. 의주는 곧 중흥의 근본 지역입니다. 비록 물력이 풍부한 소치라지만 백성들이 위를 섬기는데 독실하여, 공궤(供饋)에 분주하던 노고는 오래도록 생각하여도 속일 수 없습니다. 탕목읍(湯沐邑) 고사에 따라 부(府)로 특별히 승격하여도 안될 것이 없을 듯합니다."(『선조실록』 권39, 선조 26년 6월 15일 무술)

이처럼 중화군이나 의주의 사례에서 보듯이 임진왜란 시기 군현 단위 지역에 대한 최고의 포상은 읍호의 승격이었다. 그리고 포상의 기준은 지역을 사수하거나, 점령당했더라도 투항자나 부왜인이 나타나지 않는 것이었다. 창원은 비록 지역을 사수하지는 못했지만, 왜적에게 투항하거나 부적(附賊)하지 않았다는 점이 높이 평가되어 대도호부로 승격될 수 있었다.

창원도호부의 승격이 당시 도체찰사였던 이원익(李元翼)에 의해 주도되었다는 점도 시사하는 바 크다. 이원익은 앞에서 보았듯이 중화군의 도호부 승격을 적극 주장했던 경험이 있었다. 아울러 정유재란 시기 도체찰사로 있으면서 창원 지역 전투에서 승리한 사실을 직접 보고한 바 있다.[18] 도체찰사로서 임진왜란 시기 군현의 정세와 동향을 면밀히 살폈고, 왜적에 붙지 않았던 지역을 높이 평가했던 그의 인식이 창원대도호부로 승격시키는 데에도 크게 작용한 것으로 볼 수 있다.

그런데 창원대도호부로의 승격 배경에는 임진왜란 시기 공적에 대한 포상적 의미 외에 다른 요소도 있을 것으로 보인다. 승격이 이루어지는 시기가 임진왜란이 종식된 뒤 선조 34년(1601)에 이루어졌고, 창원이 승격되기 이전 대도호부는 경상도의 안동대도호부, 강원도의 강릉대도호부, 평안도의 영변대도호부, 함경도의 경흥대도호부와 안변대도호부 등 전국에서 5곳 밖에 없었다는 점에서도 창원대도호부의 승격 배경을 전국 차원의 행정과 국방 문제 차원에서 바라볼 필요가 있다.

또한 창원대도호부의 승격 배경을 경상우도의 행정운영과 연관지워 이해할 필요가 있다. 임진왜란이 발발하면서 경상우도와 좌도에 각각 관찰사를 임명하여 운영하다가, 종전 무렵 다시 하나로 통합되고 감영이 좌도 지역에 설치되는데, 이로 말미암아 경상우도 지역의 효과적인 행정 운영을 고려할 수밖에 없었다. 그것은 곧 경상우도를 대표할 수 있는 수부(首府)를 설정하는 것으로 나타났고, 창원도호부를 대도호부로 승격시키는 것으로 귀결되었다.

---

18 都體察使李元翼馳啓, 八月二十八日別將李魯、岳堅山城將李瀞、別將金時若等, 接戰于昌原、沃川地, 斬二十四級上送事. 啓下備邊司.(『선조실록』 권92, 선조 30년 9월 10일 정유)

Ⅲ. 창원대도호부의 규모와 행정편제

1. 창원대도호부의 공간과 시설

조선후기 창원대도호부의 공간은 도호부 시절의 그것과 크게 다른 것이 없었다. 조선전기 창원도호부는 이전의 의창과 회원 지역에다 4개의 향, 1개 부곡, 1개 소로 구성되었다. 조선건국 후 향·소·부곡이 혁파되는 경향이 있었지만, 일부는 여전히 남아 있으면서 행정단위로 작동하고 있었다. 그러나 대도호부로 승격한 이후, 창원 지역의 향·소·부곡은 모두 해체되어 면리로 편제되었다.

인조 5년(1627) 11월부터 7년까지 인근의 진해현이 창원에 합속된 적이 있었고, 칠원현의 속현이었던 구산현(龜山縣)이 창원과 진해현 사이에 들어와 있는 월경지(越境地)가 존재하므로, 사방경계가 일정치 않지만, 창원대도호부의 규모는 동서 60리, 남북 73리 정도로 남북이 조금 긴 공간구조를 갖고 있는 지역이었다. 창원대도호부의 이같은 사방경계 안에 일찍부터 형성되어온 산과 바다, 그리고 포구 등 자연 환경이 자리잡았고, 각종 다양한 시설물들이 들어섰다.

『신증동국여지승람』 창원도호부 산천조에는 창원 소재 여러 산과 바다, 포구가 소개되고 있다. 먼저 산으로는 첨산(檐山, 북쪽 1리), 청룡산(靑龍山, 서쪽 1리), 봉림산(鳳林山, 남쪽 15리), 불모산(佛母山, 남쪽 30리), 염산(簾山, 동쪽 25리), 백월산(白月山, 북쪽 25리), 전단산(栴檀山, 동쪽 25리), 반룡산(盤龍山, 남쪽 7리), 장복산(長福山, 남쪽 20리), 두척산(斗尺山, 월영대(月影臺) 북쪽 5리), 광산(匡山, 두척산 서쪽) 등이 수록되었고, 고개로는 부 남쪽 30리 지점 웅천현(熊川縣) 경계에 자리잡았던 사현(私峴)이 소개되었다.

바다[海]는 옛 회원현에 있다고 하였으며, 섬으로는 유일하게 저도(猪島, 월영대 남쪽)가 수록되었다. 나루터로는 칠원현(漆原縣) 매포(買浦) 하류의 주물연진(主勿淵津, 북쪽 40리)이 소개되었고, 포구로는 지이포(只耳浦, 북쪽 10리), 사화포(沙火浦, 지이포에서 5리), 마산포(馬山浦), 합포(合浦, 서쪽 10리), 여음포(餘音浦, 회원현 서쪽 15리) 등이 수록되었다. 부 북쪽 20리 지점에 온정(溫井)도 하나 있다고 하였다.

1656년 편찬된『동국여지지』창원도호부 산천조에는 위『신증동국여지승람』의 산천조 내용에 낙동강(洛東江)이 하나 추가되어 있다.『여지도서』를 비롯해 이후 편찬된 창원의 읍지가 들어 있는『경상도읍지』(1832)와『영남읍지』(1895) 산천조의 내용은『신증동국여지승람』산천조에 수록된 내용과 동일하다. 조선후기 군현지도에도 산천을 표시하고 있는데, 창원관련 지도별 산천의 표시 내용은 다음과 같다.

분류	산천명	해동지도	영남지도	여지도	지승	조선지도	광여도	여지도서 지도
산(21)	구룡산(九龍山)	●	●				●	●
	두척산(斗尺山)	●	●		●	●		●
	두역산(斗亦山)						●	
	만월산(滿月山)						●	●
	무릉산(武陵山)	●	●	●	●		●	●
	무적산(茂積山)					●		
	반룡산(盤龍山)	●	●	●	●		●	●
	백월산(白月山)	●	●		●		●	●
	불모산(佛母山)			●		●	●	●
	전단산(栴檀山)	●	●		●		●	●
	봉림산(鳳林山)					●		
	염산(簾山)		●			●		●
	장백산(長白(福)山)	●		●	●			
	천주산(天柱山)		●		●		●	●
	철마산(鐵馬山)	●			●	●		
	생동산(生董山)					●		
	광려산(匡廬山)		●			●		
	웅산(熊山)	●			●			

분류	산천명	해동지도	영남지도	여지도	지승	조선지도	광여도	여지도서 지도
산(21)	첨산(檐山)		●			●	●	●
	청룡산(靑龍山)		●			●	●	
	선두산(船頭山)					●		
고개(10)	사현(私峴)		●					
	굴현(掘峴)	●		●	●	●	●	
	노현(露峴)	●		●	●			●
	송현(松峴)						●	
	율현(栗峴)		●				●	●
	안민현(安民峴)	●	●			●		
	이리현(伊里峴)	●		●	●			
	두칙현(斗尺峴)	●		●				
	우항치(牛項峙)							●
	대치(大峙)					●		
강	낙동강(洛東江)		●				●	
나루(3)	손진(孫津)	●	●	●	●		●	
	신촌진(新村津)		●				●	●
	주물연진(主勿淵津)	●	●	●			●	●
포구	합포(合浦)					●		
섬	저도(楮島)	●	●	●		●	●	●
계	37	17	20	12	13	18	21	18

이상과 같은 자연환경과 지리적 조건을 갖춘 창원 지역사회에는 8,000여 호, 3만여 명에 달하는 인구의 주거 공간이 자리잡았고, 4,100여 결의 논과 2,400여 결의 밭이 넓게 펼쳐 있었다. 아울러 이들 호구와 경지를 관리하는 행정기관, 관방시설, 도로 교통, 교육문화 공간이 들어서 있었다.『여지도서』(1759),『경상도읍지』(1832)에 포함된『창원부읍지』,『영남읍지』(1895)에 포함된『창원대도호부지』에서 당시 창원의 공간과 시설을 찾아보면 다음 표와 같다.

〈창원대도호부의 공간과 시설〉

구분		주요 내용
사방경계		동 : 김해 23리, 서 : 함안 37리, 남 : 웅천33리, 북 : 영산40리
행정 기관	관아	客舍(관아 동쪽), 門樓(객사 앞), 四美堂(객사 앞 蓮塘가, 1620년 부사 鄭文孚건립, 今無), 六閣亭(사미당앞), 衙舍(처음 東門 안, 1738년 서문 안으로 이건) 鄕射堂(관아동쪽, 座首1, 別監1), 軍官廳(軍官90), 將官廳(別將1, 把摠1, 哨官6), 人吏廳(鄕吏52, 假吏30), 通引房(향리통인9, 가리통인11), 使令房(사령22), 軍牢房(군뇌13), 官奴房(관노23), 官婢房(妓10, 婢6), 校奴婢房(노7, 비3).
행정 기관	관원	府使(정3품), 座首1, 別監2, 軍官90, 人吏49, 知印17, 使令22, 軍牢14, 官奴37, 官婢16, 自如察訪(종6품), 驛吏37(64), 知印15(14), 使令8(10).
	창고	司倉(府衙동쪽), 大同庫, 海倉(서20리), 賑倉(府衙동쪽), 官需庫(府衙동쪽), 陸軍器庫(府衙동쪽), 水軍器庫(서20리), 漕倉(海倉곁), 迎送倉(府衙동쪽), 差役庫(府衙동쪽), 迎送廳(府衙동쪽), 惟正堂, 均濟庫(부사 鄭彦衝건립, 今廢)
관방 시설	邑城	石築, 둘레 2,004척, 曲城 18, 擁城 4, 女堞 600, 南門(鎭南樓), 東門(向陽樓), 西門(望美樓), 北門(拱北樓), 井2, 池1.
	右兵 營城	서쪽 10리, 石城, 둘레 4,291척, 井 5. 배극렴 축조. 兵使李守一移營晉州廢堞猶存
	簾山 古城	동15리, 石築, 둘레 8,320척, 小渠 8, 大井水 1
	待變 所	馬山앞바다 20리. 戰船 1척, 兵船 1척, 伺候船 2척. 代將 1명, 兵船將 1명, 兵船監官 1명, 水軍器監官 1명, 舟師旗牌官 5명. 軍粮米 37석 9두 6승. 津船 1척(동30리 新村津), 津船 1척(북40리 主勿淵津)
	봉수	城隍堂絳燧(서15리), 餘音浦烽燧(서60리)
교통	역	自如驛(동19리, 屬驛14), 新豊驛(동10리), 近珠驛(서15리), 安民驛(남27리)
	원	禪院(남1리, 今無), 安民院(安民驛傍), 臨見院(동20리, 今無), 甘界院(북15리, 今無), 錢鼎院(북25리, 今無), 儀仗院(북35리, 今無), 安城院(서30리, 今無), 廸屋院(서10리, 今無), 迎賓院(부내5리,今無)
교육문 화시설	학교	鄕校(동1리), 檜原書院(서20리, 鄭逑, 許穆), 雲巖書院(沙火鄕賢祠, 남5리, 朴身潤), 孔夫子影殿(동20리), 道峯書院(동20리, 金命胤), 月影書院(서30리, 崔致遠)
	누정	講武亭(西門밖, 기묘년(1759) 부사鄭肅良 건립), 風化樓(동1리, 문묘 앞, 신사년(1761) 부사任益昌 건립), 觀海亭(회원서원 내), 育英齋(향교 곁, 계해년(1803) 새로 건립), 碧寒樓(今無), 碧虛樓(今無), 將星樓(今無), 燕賓樓(今無), 悅禮亭(今無).
	사찰	鳳林寺(봉림산, 今無), 匡山寺(광려산), 滿月寺(두척산, 今無), 熊神寺(불모산), 南白寺(今無), 靈巖寺(今無), 牛谷寺(전단산)
	사묘	社稷壇(서2리), 文廟(향교 안), 城隍壇(북1리), 厲祭壇(북1리)

창원대도호부의 관청 시설로는 객사(客舍)를 비롯해 사미당(四美堂), 아사(衙舍), 향사당(鄕射堂), 군관청(軍官廳), 장관청(將官廳), 인리청(人吏廳), 문루(門樓), 육각정(六閣亭), 통인방(通引房), 사령방(使令房), 군뢰방(軍牢房), 관노방(官奴房), 관비방(官婢房), 교노비방(校奴婢房) 등이 확인된다. 『여지도서』(1759-1765)에서는 객사에서부터 인리청까지 7곳만 소개되었는데, 『경상도읍지』(1832)에 포함된 『창원부읍지』에는 문루 이하 8곳의 관청 시설이 추가되어 있다. 『신증동국여지승람』 단계까지는 소개되지 않았던 관청 시설이 『여지도서』에서부터 소개됨으로써 창원대도호부 시기 창원 관아의 모습을 엿볼 수 있게 되었다.

창원의 행정을 담당했던 관원에 대해서도 『신증동국여지승람』에서는 부사 1인, 교수 1인만 소개하였는데, 『여지도서』에서는 부사와 좌수(座首), 별감(別監), 군관(軍官), 인리(人吏), 지인(知印), 사령(使令), 군뢰(軍牢), 관노, 관비 등과 자여역의 찰방(察訪), 역리(驛吏), 지인, 사령 등을 소개하고 있다. 한편 관청 시설로 볼 수 있는 창고도 많이 보인다. 사창(司倉), 대동고(大同庫), 해창(海倉), 진창(賑倉), 관수고(官需庫), 육군기고(陸軍器庫), 수군기고(水軍器庫), 조창(漕倉), 영송창(迎送倉), 차역고(差役庫), 영송청(迎送廳), 유정당(惟正堂), 균제고(均濟庫) 등이 그것이다. 『여지도서』에는 사창에서 조창까지 8곳이 소개되었는데, 『창원부읍지』(1832) 이후에는 영송창 이하 5곳이 추가되어 있다.

창원대도호부에 자리잡았던 성곽 시설은 읍성(邑城)과 우도병마절도사영성(右道兵馬節度使營城, 이하 右兵營城), 염산고성(簾山古城)이 있었다. 대도호부 시절의 읍성은 1621년(광해군 13) 당시 부사였던 금변(琴忭)이 주관하여 돌로 쌓은 것으로, 둘레는 2,004척에 곡성(曲城) 18곳, 옹성(擁城)이 4곳, 여첩(女堞)이 600곳, 성문이 4개로 안에는 우물 2개와 못 하나가 있었다. 성문은 남문을 진남루(鎭南樓), 동문을 향양루(向陽樓), 서문을 망미루(望美樓) 북문을 공북루(拱北樓)라 하였다. 임진왜란을 겪은 뒤, 다시 쌓은 것으로 성종대에 축성한 창원읍성의 규모가 둘레 4,920척이었던 것에 비하면 그 규모가 축소된 것으로 보인다.

창원의 관방 시설로서 우병영성은 고려 우왕 4년에 축조되어 병영성으로 기능하다가 임진왜란 직후 우병영이 진주로 이설됨에 따라 기능은 상실하지만 성곽은 창원대도호부 시기에도 그대로 남아 있었다. 그래서『신증동국여지승람』에서는 관방조에 '우도병마절도사영(右道兵馬節度使營)'이라는 이름으로 실려 있고,『여지도서』(1759)에도 '관애(關隘)'조에 실려 있지만, 그 호칭을 '우병영구성(右兵營舊城)'이라 하였다가,『창원부읍지』(1832) 단계 부터는 고적조에 수록되고 있다.

『신증동국여지승람』에 실린 이첨(李詹)이 쓴 우병영성 기문(記文)에 따르면, 당시 문하평리(門下評理)와 도순문사(都巡問使)를 역임한 바 있는 조민수(曹敏修)가 우병영 성터를 잡은 후, 정사년(우왕 3년, 1377) 봄에 지문하사(知門下事)로서 경상도도순문사(慶尙道都巡問使)를 겸하고 있던 우인열(禹仁烈, 1337~1403)이 축성을 시작하지만, 얼마 안 있어 병으로 사직하여 서울로 돌아감으로써 일시 중단되었다.

우병영성의 축성은 배극렴(裵克廉, 1325~1392)이 우인열을 대신하여 경상도도순문사로 임명되면서[19] 본격적으로 시작되었다. 배극렴은 우왕 3년 5월에 부임하자마자 곧 군영(軍營)의 보수공사를 마친 후, 군영의 장수들에게 "지난 4년 동안에 군영을 세 번이나 옮긴 것은 영 바깥쪽에 성곽이 없어서 민중의 마음을 굳게 하지 못했기 때문이다. 나는 여기에다 성을 쌓고 깊은 도랑과 높은 보루(堡壘)를 세워 뜻밖의 변란에 대비하고자 하는데, 그대들의 뜻은 어떠한가?"하면서 의견을 모으고, 인근 주민들을 동원하여 석성을 축조할 성터를 다지는 일은 마쳤으나, 흉년으로 성 쌓는 일은 일시 중단했다.

우병영성의 축조는 다음 해인 우왕 4년(1378) 9월부터 시작하여, 같은 해 11월에 완공하였다. 성의 높이는 한 길하고도 4척이 넘고, 두께는 1장

---

19 慶尙道都巡問使禹仁烈病辭, 以裵克廉代之.(『고려사절요』 권30, 우왕 3년 5월)

(丈) 7촌(寸), 둘레는 594보(步) 3척이었다. 성 위에는 2척 간격으로 여장(女墻)을 설치하였고, 성벽 밖으로 해자(垓子)를 두르고 조교(釣橋)를 만들었다. 4개의 성문은 동문(東門)을 원인(元仁), 남문을 회례(會禮), 서문을 회의(懷義), 북문을 용지(勇智)라 하였고, 성안에는 의만창(義滿倉)과 회영고(會盈庫)를 설치하여 군량을 저장하였다. 이렇게 완공된 우병성의 규모에 대해서는 각종 지리서 등에 그 모습을 전하고 있는데 이를 표로 제시하면 다음과 같다.

시기	둘레	높이	시설
우왕 4년(1378)	594보 3척	1仞4척	2척 간격의 여장(女墻). 4개의 성문. 해자와 조교(釣橋). 의만창(義滿倉)과 회영고(會盈庫).
경상도지리지(1425)	588보 4척		우물 3
문종 1년(1451) 정분 (鄭苯) 조사보고	3,775척	12척 6촌	1척 8촌 높이의 여장(女墻) 635개, 적대(敵臺) 12개소, 옹성이 있는 문(門) 4개소, 해자(海子 ; 둘레 4,060척), 우물 7개소
세종실록지리지(1454)	588보		우물 3
경상도속찬지리지 (1469)	4,291척	15척	우물 5, 군창(軍倉)
신증동국여지승람 (1530)	4,291척	15척	우물 5
『여지도서』(1759)	4,291척	15척	우물 5
『창원부읍지』(1832)	4,291척		우물 5

창원대도호부의 역(驛)과 원(院) 시설은 조선전기와 비교해 보면 역 시설은 변함이 없는데, 원 시설에 큰 변화가 있었다. 『신증동국여지승람』에 실려 있는 창원의 역은 자여역, 신풍역, 근주역, 안민역 등 4곳인데, 『여지도서』나 『창원부읍지』(1832) 등에서도 그대로 소개되어 있다. 창원의 원 시설로는 『신증동국여지승람』에 선원(禪院), 안민원(安民院), 임견원(臨見院), 감계원(甘界院), 전현원(錢縣院), 의장원(儀仗院), 안성원(安城院), 적옥원(迪屋院), 영빈원(迎賓院) 등 9곳이 소개되어 있으며, 『여지도서』와 『창원부읍지』에도 이들을 모두 수록하고 있으나, 안민원을 제외하고는 주석으로 '금폐(今廢)' 또는 '금무(今無)'라고 표기하고 있어 그 기능이 상실되었음을 전하고 있다.

이처럼 창원 지역의 교통 숙박시설이었던 9곳의 원은 창원대도호부 시기인 조선후기에는 안민원을 제외하고 모두 제 기능을 하지 못하고 있었다. 이는 16세기 이후 전국의 원 시설이 쇠락하고 있었던 전국적 추세를 그대로 반영하고 있는 것이기도 하다. 인근 김해도호부의 경우도 『신증동국여지승람』에 황산원(黃山院)을 비롯해 12곳에 원이 설치되었던 것으로 전하고 있으나, 『여지도서』에서는 황산원, 냉천원, 노현원 3곳을 제외하고는 9개의 원을 '금무(今無)'로 표현하고 있어, 김해 지역의 원 시설도 쇠락하고 있었음을 알 수 있다.

『대동지지(大東地志)』「정리고(程里考)」 첫머리 '10리마다 작은 장승[堠]을 세워 리(里) 수를 새기고, 30리마다 큰 장승을 세워 역을 설치했다.'의 주석에서 "각 역로(驛路) 주변에 국가가 여행자들의 숙식을 위하여 원(院)을 세웠으나, 임진 병자 전란 이후 원우(院宇)는 거의 문을 닫고 주막[店舍]이 새로이 일어났다. 혹은 원 이름은 그대로 쓰고 주막으로 사용하는 곳도 많다."고 하여, 원은 쇠락하고 주막이 이를 대신하고 있음을 전하고 있다.

창원대도호부의 교육 문화시설로는 학교와 누정(樓亭), 사찰, 사묘 시설이 있었다. 학교 시설로는 조선 전기에 향교 한 곳만 있었던 데 비해, 조선후기에는 여기에다 몇몇 서원(書院)이 설립되어 추가되었다. 회원서원(檜原書院), 운암서원(雲巖書院), 공부자영전(孔夫子影殿), 도봉서원(道峯書院), 월영서원(月影書院) 등이 그것이다.

향교는 본래 관아 동쪽 1리 지점에 있다가, 영조 24년(1748) 부사 이윤덕(李潤德)이 관아 서쪽 10리 지점으로 옮겨 지었다. 창원은 대도호부였기 때문에 향교에 90명의 학생을 가르칠 수 있었고, 종6품의 교수와 정9품의 훈도(訓導)가 배치되었다.

창원대도호부의 서원들이 지리서에 처음 소개되는 것은 1656년에 편찬된 『동국여지지(東國輿地志)』에 회원서원(檜原書院)이 소개되면서 부터이다. 『여지도서』(1759)에는 학교조에서 향교 한 곳만 소개하고 서원은 수록되지 않았으며, 『경상도읍지』(1832)의 『창원부읍지』에는 회원서원과 함께 사화향현사(沙火鄕賢祠)가 수록되었고, 1895년 편찬된 『영남읍지』의 『창원대도호부지』에서는 회원서원, 운암서원, 도봉서원, 월영서원 순으로 수록하고 있다. 1899년의 『창원읍지』에는 회원서원과 함께 사화운암사(沙火雲巖祠), 도봉사(道峯祠) 등 3곳이 실려 있다. 이 외에 창원대도호부 시기에 건립된 서원으로 『교남지(嶠南志)』(1934)에서는 회원서원, 운암사(雲巖祠), 삼열사(三烈祠), 도봉사, 화산사(花山祠), 월영서원(月影書院), 구암서원(龜巖書院) 등이 소개되어 있다. 이들 서원의 건립 시기와 배향 인물 등은 다음과 같다.

순서	서원이름	건립시기	배향인물	위치
1	회원서원	인조12년(1634)	정구(鄭逑), 허목(許穆)	서쪽 20리
2	운암서원	숙종28년(1702)	박신윤(朴身潤)	남쪽 5리 사화
3	삼렬사	숙종조	감경인(甘景仁), 감경윤(甘景倫)	남쪽 내동
4	도봉서원	숙종39년(1713)	김명윤(金命胤)	동쪽 12리
5	화산사	정조10년(1786)	김윤종(金胤宗), 김상정(金尙鼎)	동쪽 화목리
6	월영서원	헌종12년(1846)	최치원(崔致遠)	서쪽 20리
7	구암서원	철종9년(1858)	정이오(鄭以吾), 정분(鄭苯)	

　　창원 지역의 누정은 『신증동국여지승람』에 벽한루(碧寒樓), 벽허루(碧虛樓), 장성루(將星樓), 연빈루(燕賓樓), 열례정(悅禮亭) 등 5곳이 소개되어 있다. 『여지도서』에서는 이 가운데 장성루를 제외하고 모두 '今廢'라 표기하여 폐기되어 있음을 보여주고 있으며, 강무정(講武亭)이 새로 소개되어 있다. 『창원부읍지』(1832)에서는 장성루도 폐기된 것으로 기록하였으며, 당시 남아 있는 누정으로 강무정과 함께 풍화루(風化樓), 관해정(觀海亭), 육영재(育英齋) 등 네 곳만 누정으로서 기능하고 있었다. 『신증동국여지승람』에 수록되었다가 이후 폐기된 창원의 누정들은 임진왜란을 거치면서 소실된 것으로 보인다.

　　조선전기에 남아 있던 창원 지역 사찰들도 조선후기에는 대부분 폐사된 것으로 보인다. 『신증동국여지승람』에는 창원의 사찰로 봉림사(鳳林寺), 광산사(匡山寺), 만월사(滿月寺) 등 3곳을 소개하고 있는데 이 가운데 만월사는 폐사된 상태였다. 『여지도서』에서는 이들과 함께 웅신사(熊神寺), 남백사(南白寺), 영암사(靈巖寺)를 추가 소개하여 당시 5개의 사찰이 남아 있었던 것으로 전하고 있다. 『창원부읍지』(1832)에서는 이들 가운데 광산사와 웅신사만 남아 있고 모두 폐사되었으며, 전단산에 우곡사(牛谷寺)가 있었던 것으로 전하고 있다.

그런데 조선후기에 제작된 채색 군현지도의 창원지도에는 창원지역 사찰로 관문에서 남쪽 33리 정도에 위치한 웅신사(해동지도에는 聖住寺), 서쪽 40리 지점의 광산사, 동쪽 16리 지점의 봉림사, 동북쪽 20리 지점 백월산의 남백사, 북쪽 25리 지점 무릉산의 영천(암)사(靈泉(岩)寺), 김해 경계의 우곡사(牛谷寺) 등을 그려 넣거나 주기에 수록하고 있다.

이상과 같은 창원대도호부 시기 창원 지역의 공간 구성과 시설물 배치 현황은 조선후기 군현지도에도 묘사되어 나타나 있다. 이들 군현지도의 제작 시기가 대체로 1750년대서부터 1800년 이전이라는 점에서 창원대도호부 시기 공간구성을 잘 보여주는 것이라 할 수 있다. 각 군현지도별 창원대도호부 시설물 표현 양상은 다음과 같다.

분류	시설명	해동지도	영남지도	여지도	지승	조선지도	광여도	여지도서지도
행정구역 (2)	5面 또는 16面	●	●	●	●	●	●	●
	내포향(內浦鄉)	●		●	●	●		
관청 (7)	객사(客舍)	●			●			
	아사(衙舍)	●		●	●			
	창사(倉舍)				●			
	사미당(四美堂)	●						
	회산루(檜山樓)	●						
	연당(蓮塘)	●		●	●			
	읍치(邑治)		●			●	●	●

분류	시설명	해동지도	영남지도	여지도	지승	조선지도	광여도	여지도서지도
창고 (3)	조창(漕倉)			●	●	●		●
	해창(海倉)		●			●	●	●
	반창(盤倉)					●		
관방 (5)	읍성(邑城)	●		●	●			
	우병영(右兵營)	●	●	●	●	●		
	선소(船所)	●		●	●		●	●
	성황당봉대(城隍堂烽臺)	●	●	●	●		●	●
	여포봉대(餘浦烽臺)	●	●	●	●		●	●
역원 (6)	근주역(近珠驛)		●			●	●	●
	신풍역(新豊驛)		●			●	●	●
	안민역(安民驛)	●	●			●	●	●
	자여역(自如驛)	●	●	●	●	●	●	●
	안민원(安民院)		●		●		●	●
	자여원(自如院)		●				●	●
학교 (3)	향교(鄕校)	●			●		●	●
	향현사(鄕賢祠)		●				●	●
	회원서원(檜原書院)	●	●	●	●	●	●	●
누대 (2)	월영대(月影臺)	●	●	●	●		●	●
	고운대(孤雲臺)	●			●			
사찰 (6)	광산사(光山寺)	●	●	●	●		●	●
	남백암(南白菴)	●	●	●	●		●	●
	봉림사(鳳林寺)	●	●	●	●		●	●
	영천암(靈泉菴)	●	●		●		●	●
	우곡암(牛谷菴)		●				●	●
	웅신사(熊神寺, 聖住寺)	●	●	●			●	●
계	34	23	22	18	23	14	22	22

2. 창원대도호부의 면리제(面里制)

창원대도호부의 행정은 면리제로 운영되었다. 창원의 면리제는 대도호부 성립 이전 조선초기 창원부 시절부터 성립된 것으로 보인다. 조선초기 군현체제의 개편은 군현의 하부단위인 촌을 면리제로 정비하는 방향으로 진행되었다. 태조 2년부터 리(里)와 이정(里正)의 역할이 강조되는 가운데, 조선초기 지리서인 『경상도지리지』와 『세종실록지리지』 등에는 군현의 하부 행정단위로 '면'과 '리'의 칭호가 나타나고 있다.

조선전기 창원 지역사회의 면리제 등 하부 행정편제를 확인할 수 있는 자료는 찾을 수 없다. 다만 『경상도지리지』와 『세종실록지리지』, 『경상도속찬지리지』 등에서 리(里)의 존재 등 그 편린을 확인할 수 있다. 그 내용은 다음 표와 같다.

면명		소속 리
경상도지리지	월경처	부남 조답촌(助畓村), 분덕촌(分德村), 좌을포촌(左乙浦村)
세종실록지리지	토산	악상리(岳上里), 배사동(背寺洞)
	자기소	산북촌리(山北村里)
경상도속찬지리지	제언	동송정(東松亭), 용지(龍池), 괴암(槐岩), 상리(上里), 수현(愁峴)
	염분	지이포(只耳浦), 사화포(沙火浦), 모삼포(毛三浦), 서내포(西內浦), 사율리(斜栗里)
	사묘 정표	부북 대산리(代山里), 감계리(甘界里)
	자기소	부북 구질포리(仇叱浦里)
	공철	부북 북자리(北自里)
	관방	사율리(斜栗里)
	원우	부내 죽계방(竹界方), 부남 남지리(南枝里), 부동 곡목리(曲木里), 부북 감계리(甘界里)·무동리(茂銅里)·내곡리(乃谷里), 부서 소계리(김溪里)·안성리(安城里)

위의 표에 보이는 창원의 리는 실재했던 리의 극소수에 지나지 않을 것이다. 뒤에 검토하겠지만, 1789년에 작성된 『호구총수』에서 창원의 리수가 106개로 집계되고 있다는 점에서 조선전기에도 창원에는 상당 정도의 리가 존재했을 것이다. 물론 그 명칭은 리 혹은 촌, 포 등으로 기록되었을 것으로 보인다. 문제는 면인데 조선전기 기록에 나타나는 '부내(府內)' 등 5개의 면이 면리제 하의 방위면을 지칭한 것인지, 아니면 단순히 방향을 표시한 것인지는 확실하지 않다. 그러나 조선후기에 면리제가 본격적으로

실시될 때 창원에서는 이 명칭 그대로 면을 설정하고 있다는 점을 고려하면 단순히 방향표시로만 보기는 어렵다.

창원대도호부의 면리제 내용은 1789년에 편찬된 『호구총수』에서 기록되기 시작하여 『경상도읍지』에 포함된 『창원부읍지』(1832) 등 이후에 편찬된 『읍지』의 방리(坊里)조에 수록되어 있다. 『여지도서』(1757-1765)에서는 리는 생략되고 면과 운(運), 그리고 위치를 관문에서부터 거리로 표시하고 있다. 『호구총수』와 『창원부읍지』에 수록된 창원대도호부의 면-운-리의 내용은 다음 표와 같다.

면	운運	위치	소속 리		
			『호구총수』(1789)	『경상도읍지』(1832) 『창원부읍지』	『영남읍지』(1895) 『창원대도호부지』
府內面	一運	서10리	동상(東上), 동하(東下), 중동(中洞), 서상(上上), 서하(西下), 황동(黃東), 정계(井界), 소계(召界), 천주(天柱), 평산(坪山)	중동, 서부(西府), 황동, 동정(東井), 서정(西井), 평산, 용산, 차상(車廂), 봉암.(9)	서상, 서하, 중동, 동정, 서정, 소계, 평산, 죽전, 덕산(德山), 용산, 용주(用珠), 내동(內洞), 서용(西用), 봉암.(14)
	二運	동5리	죽전(竹田), 용산(龍山), 차의상(車衣上), 봉암(鳳巖), 성암(星巖), 사화(沙火), 남정(南井), 죽계(竹界), 소답(召沓), 도계(道溪), 명곡(明谷)(21)	동상, 동하, 남정, 죽계, 도계, 명곡, 사화.(7)	동상, 동하, 북동(北洞), 남정, 백천(栢泉), 소답, 도계, 명곡, 사화. (9)
南面	道下一運	15리	지이(只耳), 봉림(鳳林), 반송(盤松), 퇴촌(退村), 신(新), 고산(高山), 사파(沙杷), 가응정(加應亭), 대파쌍정자(大把雙亭子), 불모산(佛母山), 천선(遷善), 안민(安民), 남지(南枝), 진목(眞木), 완암(完巖), 덕곡(德谷), 와곡(瓦谷), 당북(堂北), 내모삼(內毛三), 외모삼(外毛三), 해정(海亭), 두대(頭大)(22)	두대(斗大), 해정, 내모삼, 외모삼.(4)	두대(豆大), 상동(上洞), 해정, 외모삼, 내동(內洞).(5)
	二運	30리		완암, 연변(淵邊), 와곡, 진목정(真木亭), 안민.(5)	안민, 남지, 진목정, 완암, 와곡, 덕곡, 연변.(7)
	道上一運	10리		지귀(知歸), 봉림, 반송, 퇴촌.(4)	지귀, 봉림, 반송, 퇴촌, 상림(上林).(5)
	二運	20리		남신(南新), 신덕(新德), 고산, 사파정(沙芭丁), 가음정(加音亭), 대방(大舫), 대범(大帆).(7)	괴정(槐丁), 신덕, 남신, 사파정, 가음정, 대방, 대덕(大德).(7)
	三運	30리		삼정자(三亭子), 불모산, 천선.(3)	남산(南山), 삼정자, 불모산, 천선, 이천(利川). (5)
東面	一運	20리	일신풍(一新豊), 이신풍(二新豊), 우항(牛項), 불천(佛川), 일자여(一自如), 이자여(二自如)	일신풍, 이신풍, 남산(南山), 덕산(德山), 덕천(德川), 일자여, 이자여, 둔지.(8)	용강(龍岡), 신풍(新豊), 남산, 덕산, 덕천, 일자여, 이자여, 서산(西山). (8)
	二運	20리	둔지(芚旨), 가(加), 산(山), 가월(嘉月), 다호(茶戶), 화목(花木), 고양(高陽), 석산(石山), 봉	용잠(龍岑), 신방(新榜), 다호, 가월, 곡목(曲木), 두고산(頭高山), 고양, 석산, 금산.(9)	용잠, 신방(新方), 다호, 가월, 화목, 두고산, 고양, 석산, 금산.(9)
	三運	30리	곡(鳳谷), 산남(山南), 신초(新村), 본포(本浦), 북배(北背), 금산(琴山).(20)	봉곡, 칠전(柒田), 북계(北桂), 본포, 신촌, 노촌(蘆村), 신현(身峴), 산남.(8)	봉곡, 칠전, 용연(龍淵), 용남(龍南), 노촌, 옥정(玉井), 본포, 북계(北溪). (8)

면	運	위치	소속 리		
			『호구총수』(1789)	『경상도읍지』(1832) 『창원부읍지』	『영남읍지』(1895) 『창원대도호부지』
北面	一運	15리	지계동(芝界洞), 대산(垈山), 반야동(班也洞), 원지(院旨), 외감계(外甘界), 중방(中坊),	지개(芝介), 고암(高巖), 대산, 남백(南白), 반야동.(5)	지개동(芝介洞), 고암, 대산, 남백(南栢), 반야동, 화원(花院).(6)
	二運	20리	내감계(內甘界), 동전(東田), 무동(茂洞), 덕천(德川), 내곡(乃谷), 신(新), 신목(新木), 마	화원(花園), 외감(外甘), 중방, 내감(內甘), 대천(大川), 동전, 무곡(茂谷).(7)	외감, 감호(甘湖), 중방, 내감, 대천, 동전, 무동, 무곡. (8)
	三運	40리	산동(馬山洞), 신천(新川), 하실천(下家川), 상실천(上家川), 내오례산(內吾禮山), 외오례산(外吾禮山).(19)	내곡, 덕계(德溪), 신, 마산동, 신목(新目), 하천(下川), 상(上), 장수동(長水洞), 내산(內山), 외산(外山), 상천(上川).(11)	내곡, 신, 마산동, 하천, 장수동, 상천, 양지, 외산.(8)
西面	一運	15리	구암(龜巖), 내상(內廂), 외상(外上), 율(栗), 근주(近珠), 두척(斗尺), 안성(安城), 여불(余佛), 호계(虎溪), 이연(伊淵), 중	구암, 신성(新城), 내상, 용계(龍溪), 양춘덕(陽春德), 사율(斜栗), 근주, 두척, 안성, 평성(平城).(10)	구암, 신성, 내상, 외상(外廂), 양춘덕, 사율, 근주, 두척, 두곡(斗谷), 안성, 평성. (11)
	二運	20리	(中), 상곡(上谷), 삼계(三溪), 감천(甘泉), 회원(檜原), 교방동(校防洞), 상남(上南), 구강촌(舊江村), 마산포(馬山浦),	예곡(禮谷), 평촌(平村), 호계, 중(中), 상곡, 신감(新甘), 원계(元溪), 감천, 삼계, 용담(用潭).(10)	예곡, 호계, 중, 용담(龍潭), 상곡, 삼계, 원계, 감천, 신감. (9)
	三運	30리	성산(城山), 완월(翫月), 월영(月影), 두릉(杜陵), 내포(內浦).(24)	구강, 회원, 교방동, 상남, 오산(午山), 성산, 서성(西城), 완월, 월영, 두릉, 내포. (11)	회원, 교방동, 부남(孚南), 산호(山湖), 오산, 성산, 서성, 완월, 월영, 두릉, 내포. (11)
5	16		106	118	130

창원대도호부의 면리제는 면(面)-운(運)-리(里) 체계로 운영되었다. 운은 『여지도서』 경상도 창원 방리조에서 "본 부에서는 방(坊)을 운(運)이라고 한다."고 하여, '방(坊)'에 해당하는 것이었다. 부내, 동서남북면 등 방위면 체제를 유지하고 있던 고을에서는 면과 리 사이에 '운'이나 '방'과 같은 중간기구를 두고 있었다. 경상도 고성이 면-운-리 체제였으며, 진주의 경우는 면-리-방 체계로 운영되어, 리가 중간기구인 셈인데, 그 명칭은 지역에 따라 차이가 있었다.

면-운-리체계로 운영되던 창원의 면리제는 어느 시기부터 운이 면으로 설정되면서 면-리(동)체계로 자리잡은 것으로 보인다. 1904년에 간행된 『경상남도창원군가호안(慶尙南道昌原郡家戶案)』과 『경상남도창원군각면공토성책(慶尙南道昌原郡各面公土成冊)』에 수록된 창원의 면은 부내면1운이 부내면(府內面)으로, 부내면2운은 부이면(府二面), 남면도하1운은 하일면(下一面), 도하

2운은 하이면(下二面), 남면도상1운은 남상일면(南上一面), 도상2운은 상이면(上二面), 도상3운은 상삼면(上三面), 동면1운은 동일면(東一面), 동면2운은 동이면(東二面), 동면3운은 동삼면(東三面), 북면1운은 북일면(北一面), 북면2운은 북이면(北二面), 북면3운은 북삼면(北三面), 서면1운은 서일면(西一面), 서면2운은 서이면(西二面), 서면3운은 서삼면(西三面)으로 기록하고 있다.

이렇게 면-운-리 체계가 면-리 체계로 전환되는 것은 이 보다 훨씬 이전부터인 것으로 보인다. 그것은 18세기 말까지 제작된 군현지도를 통해 엿볼 수 있다. 군현지도에 표기된 창원의 면들을 지도별로 찾아보면 다음과 같다.

〈조선후기 군현지도 속 창원의 면〉

여지도, 지승	여지도서 창원부지도, 조선지도	청구도, 청구요람	해동지도, 광여도, 영남지도
府内面	府内一運	府内一運面	府一面
	府内二運	府内二運面	府二面
	道下一運	道下一運面	下一面
	道下二運	道下二運面	下二面
南面	南一運	南一運面	上一面
	南二運	南二運面	上二面
	南三運	南三運面	上三面
東面	東一運	東一運面	東一面
	東二運	東二運面	東二面
	東三運	東三運面	東三面
北面	北一運	北一運面	北一面
	北二運	北二運面	北二面
	北三運	北三運面	北三面
西面	西一運	西一運面	西一面
	西二運	西二運面	西二面
	西三運	西三運面	西三面
5	16	16	16

『여지도』와『지승』에서는 5개의 면으로 표시하고 있지만, 실제는 16개 면 체제였던 것으로 보인다. 그것은『해동지도』에서 지도 상에는 5개 면만 표기하였으나, 그 주기에서는 16개 면을 열거하고 있는 데서 알 수 있다. 모든 지도에서 면 이름을 붙여 표기하였으나,『조선지도』에서는 면 이름을 붙이지 않았는데, 이 같은 형식은『여지도서』「창원부지도」의 형식을 따른 것으로 보인다.

이처럼 면-운-리체계로 운영되던 창원대도호부의 면리제는 면-리체계와 함께 운영되는 시기를 거쳐 19세기 후반부터는 면-리체계로 정착된 것으로 보인다. 그리고 1908년 진해현과 웅천현, 칠원의 구산면, 진주의 양전면, 김해의 대산면이 창원에 편입된 이후, 창원의 면은 부내면(府內面), 상남면(上南面), 하남면(下南面), 북면(北面), 동면(東面), 외서면(外西面), 내서면(內西面), 구산면(龜山面), 대산면(大山面), 웅중면(熊中面), 웅서면(熊西面), 웅읍면(熊邑面), 웅동면(熊東面), 천가면(天加面), 진동면(鎭東面), 진서면(鎭西面), 진북면(鎭北面), 양전면(良田面) 등 18개 면이 되었다. 일제강점기인 1914년 지방행정구역 개편에 이르기까지 창원의 면 변천과정은 다음 표와 같다.

면이 관할하는 리(里)의 수는 시기에 따라 조금씩 차이가 있다.『호구총수』(1789)에서는 운을 구분하지 않고 면별 소속 리를 소개하고 있는데, 부내면 21, 남면 22, 동면 20, 북면 19, 서면 24개 리 등 총 106개 리가 소개되었다. 면별로 큰 차이 없이 20개 내외의 리가 편제되어 있었다.『경상도읍지』(1832)에 포함된『창원부읍지』방리조에서는 면-운별로 모두 118개의 리가 소개되었다. 부내면 2개 운에 16개 리, 남면 5개 운에 23개 리, 동면 3개 운에 25개 리, 북면 3개 운에 23개 리, 서면 3개 운에 31개 리이다. 1895년에 편찬한『영남읍지』에 포함된『창원대도호부지』에 실린 리의 수는 더 증가하여 모두 130개이다.『창원부읍지』(1832) 단계에서『호구총수』(1789)에 비해 12개 리가 증가했고,『창원대도호부지』(1895) 단계에서『창원부읍지』보다 다시 12개의 리가 증가한 셈으로 100여 년 경과하는 사이에 리의 분화가 있었음을 말해주고 있다.

군현	면	여지도서-창원 부읍지	군현지도	공토성책 (1904)	민적통계표 (1910)	1914년 이후
창원대도호부	府內面	府內一運	府一面	府內面	府內面	昌原面
		府內二運	府二面	府二面		
	南面	道下一運	下一面	下一面	下南面	熊南面
		道下二運	下二面	下二面		
		南一運	上一面	南上一面	上南面	上南面
		南二運	上二面	上二面		
		南三運	上三面	上三面		
	東面	東一運	東一面	東一面	東面	東面
		東二運	東二面	東二面		
		東三運	東三面	東三面		
	北面	北一運	北一面	北一面	北面	北面
		北二運	北二面	北二面		
		北三運	北三面	北三面		
	西面	西一運	西一面	西一面	內西面	內西面
		西二運	西二面	西二面		
		西三運	西三面	西三面	外西面	(馬山府)
김해	大山面				大山面	大山面
칠원	龜山面				龜山面	龜山面
진해	東面				鎭東面	鎭東面
	北面				鎭北面	鎭北面
	西面				鎭西面	鎭田面
진주	良田面				良田面	
웅천	邑內面				熊邑面	熊川面
					天加面	天加面
	東面				熊東面	熊東面
	中面				熊中面	鎭海邑
	上西面				熊西面	
	下西面					熊南面
계		16	16	16	18	16

면별로 보면, 부내면은『호구총수』21개 보다『창원부읍지』단계 16개로 5개 리가 줄어들었다가『창원대도호부지』단계 23개로 2개의 리가 증가하였고, 남면의 경우『창원대도호부지』(1895) 단계에 이르러 22개에서 29개로 7개의 리가 증가하였다. 동면의 경우『호구총수』20개에서『창원부읍지』(1832) 단계부터 25개로 증가하였고, 북면의 경우 19개에서 22개로 증가하였으며, 서면의 경우는 24개에서 31개로 7개나 증가하였다. 동면과 서면의 리 분화의 폭이 컸던 것인데, 이는 두 개 면에서 경지면적과 인구의 증가가 두드러졌다는 것을 말해주는 것이기도 하다.

Ⅳ. 창원대도호부의 인구와 경제

창원대도호부의 인구와 경제생활을 엿보기 위해『여지도서』(1757-1765),『호구총수』(1789),『창원부읍지』(1832) 등 조선후기에 편찬된 지리서에서 인구와 경제 관련 기사를 모아 정리해 보았다. 그 내용은 다음 표와 같다.

구분		주요 내용
성씨		義昌 촌성 : 朴, 黃, 孔, 玄, 具, 丁. 래성 : 金, 許, 鄭 合浦 촌성 : 甘, 鄭, 俞, 玄, 諸. 래성 : 金.文 金(延安), 曺(夏山), 金(盆城), 盧(交河), 金(商山), 李(全義), 安(順興), 張(昌寧), 鄭(東萊), 李(星山), 鄭(晉州), 李(仁川), 河(晉州), 禹(丹陽), 成(昌寧), 柳(文化), 趙(巴山), 鄭(首陽), 郭(玄風), 姜(晉州), 朴(密陽)
호		7,344호(기묘식, 1759)
구	남	11,718명
	여	16,591명
	계	28,309명

구분		주요 내용
경제	전결	한전(旱田) 2,670결 11부 3속, 수전(水田) 3,622결 60부 6속
	제언	기제(機堤, 서2리, 둘레335척, 수심3척), 성산제(城山堤, 남20리, 둘레830척, 수심4척), 고산제(高山堤, 남20리, 520척, 3척), 용지제(龍池堤, 남15리, 1,744척, 5척), 회원제(會原堤, 서20리, 496척, 4척), 자여제(自如堤, 동20리, 656척, 5척), 이현제(伊峴堤, 서30리, 460척, 4척)
	토산	철(鐵, 出佛母山, 今無), 연동석(鉛銅石, 出北背里, 今無), 굴[石花], 해삼(海蔘), 죽(竹), 석류, 칠(漆), 왜저(倭楮, 今無), 청어(靑魚), 홍어(洪魚), 황어(黃魚), 숭어[秀魚], 조기[石首魚], 낙제(絡蹄, 今無), 웅어[葦魚], 즉어(鯽魚, 今無), 시어(矢魚), 오징어[烏賊魚, 今無], 유(柚, 今無), 감[柿], 가사리(加士里, 今無), 대구어(大口魚, 今無)
	약재	인삼, 시호(柴胡), 백작약(白芍藥), 천문동(天門冬), 맥문동(麥門冬), 오매(烏梅), 포황(蒲黃), 연교(連翹, 今無), 복령(茯苓, 今無), 감국(甘菊)
	시장	읍장(부내, 2일7일), 자여장(동20리, 1일6일), 마산장(서20리, 5일10일), 신촌장(동30리, 4일9일), 안민장(남30리, 1일6일), 모삼장(완암으로 이설, 4일9일

먼저 창원 지역 거주 성씨의 추이를 보기로 하자, 『경상도지리지』(1425) 와 『세종실록지리지』, 그리고 『신증동국여지승람』에서 전하는 창원의 성씨 는 의창(義昌)의 토성(土姓)으로 공(孔)·황(黃)·박(朴)·현(玄)씨 등 4개 성씨, 내성(來姓)으로 김(金)·허(許)·정(鄭), 3개 성씨, 촌성(村姓) 정(丁)·구(仇), 2개 성씨를 소개하고 있고, 회원(會原)의 토성으로 감(甘)·유(兪)·정(鄭)·현(玄), 4개 성씨, 내성(來姓)으로 김(金)·문(文), 2개 성씨, 촌성으로 제(諸)씨를 들고 있어, 조선 전기 창원 지역의 성씨는 16개 성씨였던 것으로 전하고 있다. 물론 이 외에 수록되지 않은 성씨가 더 있었을 터이지만, 『창원부읍지』(1832) 단계가 되면, 이들 성씨외에 32개 성씨가 추가로 소개되어 있다. 金(연안), 曺(창녕), 金(분성), 盧(교하), 金(상산), 李(전의), 安(순흥), 張(창녕), 鄭(동래), 李(성산), 鄭(진주), 李(인천), 河(진주), 禹(단양), 成(창녕), 柳(문화), 趙(파산), 鄭(수양), 郭(현풍), 姜(진주), 朴(밀양)씨 등이 그것이다.

1904년에 작성된 『경상남도창원군가호안(慶尙南道昌原郡家戶案)』은 당시 창원군 16개 면의 각 동별 호수와 가옥수를 통계하고 각 호의 집 주인의 성명을 기록하고 있어, 동별 인구와 가옥의 현황을 파악할 수 있을 뿐만 아니라, 당시 창원 거주민들의 성씨 분포를 이해할 수 있는 자료이다. 본

래 상하 두 책으로 펴낸 것이었는데 현재 하책만 전하고 있어, 창원군 16
개 면 가운데 북일면(北一面) 231호, 북이운면(北二運面) 263호, 북삼면(北三
面) 345호, 서면일운(西面一運) 390호, 서이면(西二面) 572호, 서삼면(西三面)
1,242호 등 6개 면의 통계만 남아 있고, 책 말미에는 16개 면의 총계로 전
체 호수 6,021호와 총 가옥수 와가 24간과 초가 15,246간을 표시하고 있
다. 그 내용은 다음 표와 같다.

〈『창원군가호안』(1904) 호수 가옥수 성씨표〉

면명	동수	호수	가옥수	호주의 성씨
北一面	9	231	533	甘2, 高1, 孔1, 郭1, 權4, 金61, 南12, 劉4, 明1, 文1, 閔1, 朴12, 裵1, 白1, 徐7, 薛11, 孫3, 宋1, 申2, 辛2, 安1, 楊1, 吳5, 元1, 尹5, 李60, 張3, 鄭12, 曹3, 趙1, 車1, 崔6, 秋2, 河1, 許1, 黃5. (36)
北二運面	7	263	633	甘15, 姜9, 郭2, 權3, 金42, 南2, 柳2, 朴22, 方1, 白1, 徐2, 宣2, 孫9, 申1, 辛21, 沈21, 安4, 吳2, 元2, 尹2, 李45, 張3, 全2, 鄭15, 曹12, 趙3, 周1, 池1, 陳1, 車6, 崔3, 許1, 黃5. (33)
北三面	8	345	1,047	甘1, 姜3, 高2, 郭1, 具1, 金110, 南3, 盧1, 梁1, 柳3, 劉4, 林1, 文1, 朴48, 裵4, 卞2, 徐15, 薛2, 孫2, 宋1, 申10, 辛2, 沈2, 吳3, 俞1, 尹13, 李13, 張4, 全1, 田4, 丁5, 鄭5, 曹1, 趙6, 陳4, 車4, 崔7, 河4, 韓5, 黃19. (40)
西面一運	16	390	1,083	甘1, 姜6, 高1, 具4, 鞠1, 吉2, 金88, 南2, 盧2, 都1, 梁1, 劉4, 林2, 文2, 朴35, 潘1, 裵4, 卞5, 徐11, 薛1, 成1, 孫2, 宋4, 辛52, 申3, 沈1, 安16, 嚴1, 吳4, 俞2, 尹3, 李57, 張12, 田7, 鄭68, 丁2, 趙9, 朱1, 陳10, 崔12, 秋1, 表1, 韓4, 許3, 洪1, 黃6. (46)
西二面	10	572	1,423	甘5, 姜3, 高11, 郭1, 具4, 權1, 金141, 羅1, 南1, 盧14, 梁1, 呂1, 柳3, 林21, 文2, 朴65, 裵3, 白26, 卞3, 徐28, 石2, 宋30, 辛13, 沈4, 安10, 余3, 吳1, 禹1, 俞1, 尹12, 李94, 張13, 田2, 丁2, 鄭8, 曹6, 趙7, 周1, 池17, 陳19, 車4, 千2, 崔21, 秋1, 表1, 河1, 韓5, 咸2, 洪2, 黃10. (51)
西三面	17	1,242	2,974	甘3, 姜41, 康1, 高11, 孔7, 郭1, 具11, 權7, 吉1, 金353, 羅3, 南4, 盧9, 都1, 梁14, 呂1, 廉1, 柳2, 劉2, 林4, 明4, 文7, 朴97, 方1, 裵21, 白8, 卞1, 徐16, 石1, 宣1, 薛1, 孫9, 宋60, 申5, 辛14, 沈20, 安7, 魚1, 廉1, 吳10, 玉3, 王1, 禹3, 俞2, 尹22, 李186, 任1, 張20, 全7, 田5, 丁12, 鄭71, 諸1, 曹9, 趙15, 周5, 朱1, 池4, 陳8, 秦1, 車1, 蔡1, 千4, 崔47, 秋2, 太1, 彭6, 河10, 韓20, 咸1, 玄2, 洪21, 황32. (73) 일인 迫間, 일인 山野, 牧野, 中上, 坂田, 청인, 阿人 莫甚於

창원군 6개면의 성씨 수는 81개 성씨나 된다. 면별 성씨 수는 대체로

호구수에 비례하여 서삼면의 호수가 1,242호에 달해 성씨 수도 73개 성씨나 된다. 6개 면의 성씨 수가 이 정도이면, 창원 16개 면의 성씨는 이 보다훨씬 많았을 것이다. 성씨 별로 인구수가 가장 많은 성씨는 김씨이고, 이씨와 박씨, 정씨, 강씨, 조씨, 윤씨 등이 그 뒤를 잇는다. 성씨가 이렇게 많아졌다는 것은 조선초기 이래 창원 지역으로 인구이동이 끊임없이 이루어졌다는 것을 의미한다.

1934년 조선총독부가 펴낸 『조선의 성』에는 전국 군현 단위 거주 주민의 성씨가 군현 단위로 조사되었고 집성촌도 소개하고 있다. 여기에서 창원지역의 성씨로 조사된 것은 다음과 같다. 괄호 안의 앞은 창원군의 인구이고 뒤는 마산부의 인구이다.

金(7296+1,279), 李(3,905+665), 朴(2,483+399), 鄭(1,234+216), 崔(1,073+181), 姜(755+151), 尹(436+76), 趙(397+70), 徐(483+87), 張(430+80), 黃(669+78), 安(384+39), 河(105+47), 孫(260+63), 林(382+44), 裵(559+59), 宋(376+64), 吳(304+48), 文(317+31), 曺(288+33), 權(401+45), 韓(264+63), 許(259+30), 柳(92+18), 白(185+41), 全(205+33), 申(286+33), 辛(187+38), 梁(148+20), 盧(216+18), 成(46+15), 具(347+39), 洪(245+45), 沈(140+60), 陳(161+25), 劉(82+16), 田(113+18), 車(59+12), 高(110+38), 南(131+30), 郭(65+24), 朱(225+13), 千(45+11), 卞(226+10), 禹(173+15), 丁(128+32), 孔(91+12), 愼(6+2), 閔(31+9), 兪(57+13), 嚴(90+6), 諸(50+5), 玉(17+16), 池(112+20), 秋(49+11), 周(66+8), 方(90+9), 余(19+2), 薛(55+8), 廉(16+6), 羅(37+12), 石(7+5), 都(18+9), 元(33+5), 表(13+5), 蔡(20+2), 楊(5+0), 蔣(5+0), 章(1+0), 潘(15+5), 任(5+4), 王(3+0), 呂(10+4), 甘(140+5), 卓(1+2), 玄(18+2), 魯(3+1), 魚(31+2), 房(1+0), 蘇(10+1), 宣(16+4), 馬(1+0), 芮(4+0), 明(99+9), 康(2+0), 賓(0+1), 咸(7+8), 吉(9+2), 彭(71+10), 牟(3+2), 邊(1+0), 董(2+0), 琴(3+0), 奇(2+0), 片(14+0), 睦(32+4), 陸(4+1), 昔(1+0), 秦(1+0), 太(13+1), 史(17+2), 延(0+1), 魏(0+1), 葛(3+0), 鞠(5+1), 庾(1+1), 晋(2+0), 昇(10+0), 麻(2+0), 雍(8+0), 錢(0+1), 公(2+0), 諸葛(0+1), 于(1+0), 莊(1+0)

당시 창원지역에서 창원군은 111개 성씨에 인구 28,137명, 마산부는 92개 성씨에 인구 4,683명으로 창원지역 전체 성씨는 115개에 인구는 32,820명이었다. 이들 성씨는 조선 후기부터 창원에 거주했던 성씨가대부분일 것이다. 성씨별 인구 분포는 가호안의 추세와 비슷하여, 김, 이,

박, 정, 최, 강, 윤, 조씨 등의 순서이다. 창원지역에서 집성촌을 이루고 있는 성씨가 45개 정도인데, 이들 성씨집단은 조선시대에 창원의 토착세력으로 자리했을 것으로 보인다. 『조선의 성』에서 조사된 창원의 집성촌은 다음표와 같다.

성 씨	집성촌과 세대수
창원감씨	북면 무곡리(30)
진양강씨	진전면 봉곡리(21)
곡부공씨	동면 덕천리(31)
창원구씨	동면 단계리(17)
안동권씨	진전면 오서리(137)
김해김씨	마산 신월동(47), 북면 마산리(20) 내곡리(38) 월백리(26), 동면 화양리(64), 상남면 지귀리(45) 용동리(45) 가음정리(23) 불모산리(32), 진전면 창포리(21) 時洛리(67), 웅천면 연도리(57), 천가면 성북리(23) 13
김녕김씨	마산 월영동(30), 북면 하천리(39), 대산면 갈전리(41), 상남면 사파정리(35), 웅남면 완암리(21) 5
광산김씨	진전면 곡안리(46)
상산김씨	북면 화천리(20), 동면 석산리(41) 금산리(21) 봉곡리(41) 4
선산김씨	진전면 근곡리(62)
연안김씨	동면 다호리(15), 창원면 반계리(21) 2
교하노씨	상남면 지귀리(15), 내서면 삼계리(28) 2
연안명씨	웅남면 삼동리(58)
남평문씨	대산면 갈전리(32), 상남면 용지리(19) 2
밀양박씨	마산부 표정(20), 동면 남산리(25), 웅남면 안민리(23) 상복리(31), 창원면 사화리(60), 진동면 동전리(45), 웅동면 남양리(44) 7
능주박씨	진전면 봉암리(15)
온양방씨	대산면 가술리(31)
분성배씨	웅남면 목리(25), 진해읍 석리(53), 웅동면 두동리(41) 3
초계변씨	진전면 양촌리(53) 일암리(71) 2
달성서씨	내서면 원계리(35)
밀양손씨	웅남면 정리(40)
은진송씨	웅남면 안민리(28)

성 씨	집성촌과 세대수
영산신씨	북면 동전리(25)
평산신씨	상남면 서곡리(33)
청송심씨	마산부 월영동(29)
순흥안씨	상남면 퇴촌리(46)
광주안씨	웅천면 제덕리(23)
해주오씨	동면 용강리(27)
파평윤씨	대산면 우암리(21)
경주이씨	마산부 萬町(23), 북면 대산리(30) 외감리(35), 동면 무성리(31) 신방리(23), 웅남면 창곡리(41), 웅천면 명동리(53) 7
성주이씨	북면 고암리(26) 월촌리(30), 창원면 반계리(37) 3
성산이씨	진전면 곡안리(45)
인천이씨	웅동면 마천리(31)
전주이씨	동면 봉강리(32), 진해읍 비봉리(57), 진북면 이목리(91), 진동면 신기리(46), 진전면 창포리(20) 5
인동장씨	동면 노연리(23)
동래정씨	진해읍 행안리(43)
진양정씨	마산부 완월리(38), 내서면 석전리(37) 구암리(44) 3
창녕조씨	북면 감계리(30), 상남면 남산리(17) 2
신안주씨	웅천면 북부리(28)
충주지씨	대산면 북부리(22)
경주최씨	내서면 두척리(32)
청주한씨	대산면 북부리(23), 진전면 이명리(20) 2
김해허씨	진전면 일암리(20)
창원황씨	북면 신촌리(30) 북계리(20) 2
회산황씨	상남면 토월리(33), 진전면 임곡리(30) 2

창원 지역 유력 성씨의 집성촌은 김해 김씨 집성촌이 가장 많아서 북면 내곡리 등 13개의 동리에 집성촌을 형성하였다. 다음이 밀양박씨와 경주 이씨로 밀양박씨는 동면 남산리 등 7곳에, 경주이씨는 북면 대산리 등 7곳에 집성촌을 형성하였다. 이 외에 3곳 이상 집성촌을 형성한 성씨는 김녕

김씨, 상주김씨, 분성배씨, 성주이씨, 전주이씨, 진양정씨 등이다.

이처럼 많은 성씨가 분포되었던 창원대도부의 호구수는 어느 정도였을까?『경상도지리지』(1425)에 따르면 조선초기 창원의 인구수는 회원(檜原)이 150호에 남자 889명, 여자 1026명으로 합계 1,915명, 의창(義昌)이 944호에 남자 4,066명, 여자 4,212명으로 합계 8,278명이다. 조선초 창원의 전체 호구는 1,094호에 10,193명이었다. 의창이 호수로는 6배, 인구수로는 4배 상회하고 있다. 호당 평균 인구는 회원이 13명, 창원이 9명을 넘고 있는데, 단혼소가족의 구성으로는 많은 편으로, 이는 호 구성의 특수성으로 이해된다.

『경상도지리지』창원도호부의 인구규모는 조선초기의 현황이다. 임진왜란 직전인 16세기 말 창원의 인구현황을 전해주는 관련 기록은 전하지 않는다. 다만 1587년에 간행된 함안의 읍지『함주지』에 함안의 인구를 기록하고 있어서 이를 통해 임진왜란 직전 창원의 인구를 추정해볼 수 있다. 『경상도지리지』단계에서 함안의 인구는 6,687명이었던 것이 선조 20년 (1587)년의『함주지』에서는 15,960명으로 162년 간 139% 증가하고 있다. 이 증가율을 창원도호부에 그대로 적용해보면 임진왜란 직전 창원의 인구는 24,361명 정도로 추계된다. 대체로 조선전기 창원도호부의 인구는 이 정도의 규모였다고 보아도 좋을 것이다.

『여지도서』에 수록된 창원대도호부의 호구통계는 기묘식, 즉 1759년 통계로, 7,344호에 남자 11,718명, 여자 16,591명, 총 28,309명이었다. 호당 평균 4명 정도이다.『경상도지리지』의 통계와 비교하면, 호수는 7배 가까이 증가한 반면, 인구수는 2.8배 가까이 증가하였다. 호수 증가율이 높은 것은 두 시기 간 호 구성의 차이에서 비롯된 것으로 보인다. 임난 직전 추계 창원인구 2만 4천여 명과 비교하면, 약 180년 간 4천여 명 증가에 그치고 있다. 전난으로 인명의 살상과 인구 이동이 극심했음을 보여주고 있는 것이다.

창원대도호부의 면별 인구 분포는 『호구총수』(1789)에 자세하게 나타나 있다. 이를 표로 작성하면 다음과 같다.

『호구총수』(1789) 창원의 면별 인구통계

면(面)	리수	호	구		
			남	여	계
부내면(府內面)	21	1,131	2,110	2,276	4,386
남면(南面)	22	1,519	2,412	3,647	6,059
동면(東面)	20	1,549	2,500	3,553	6,053
서면(西面)	24	1,871	3,158	4,740	7,898
북면(北面)	19	1,194	2,036	3,020	5,056
총 계	106	7,264	12,216	17,236	29,452

위 표에 보이듯이 1789년 당시 창원대도호부의 전체 인구는 5개면 106개 리에 7,264호 29,452명이다. 1759년 통계에 비해 30년 간 호수는 80호 줄어든 반면, 인구는 1,143명 증가하였다. 남자는 498명, 여자는 645명 정도 증가한 셈이다. 영조 40년(1764) 10월에는 창원 지방에서 불이 나 5천여 호나 불타는 큰 화재가 발생했다.(『영조실록』권104, 영조 40년 10월 23일 신축) 창원 전체 호수의 2/3나 불타버린 것이다. 이에 정부에서는 휼전(恤典)을 시행하여 창원에서 내야할 환곡(還穀)의 징수를 중지한 바 있다. 대화재를 겪은 뒤라서 인구의 이동 등 인구 감소가 있었을 터인데, 그 폭은 크지 않지만, 오히려 인구의 증가 추세를 보이고 있는 것이다.

면 별 인구분포를 보면, 오늘날 마산 지역에 해당하는 서면의 인구 규모가 가장 커서 전체 인구 대비 27%이다. 그 다음은 남면이 21%, 동면이 20%, 북면이 17%, 부내면이 15% 순으로 계산된다. 리별 평균 호수는 69호, 평균 인구는 278명인데, 면별로는 조금씩 차이가 있다. 부내면의 경우 리당 54호에 209명, 남면은 69호에 275명, 동면은 77호에 303명, 서면은 78호에 329명, 북면은 63호에 266명이다. 리별 평균 호구수로는 서면, 동면, 남면, 북면, 부내면 순이다. 서면의 리들이 인구가 조밀하고 부내면의 리 인구가 상대적으로 덜한 편이었다.

한편 『창원부읍지』와 조선후기 각종 군현지도에 기록된 창원의 인구는 『호구총수』의 그것과 차이가 있다. 그 내용은 다음표와 같다.

읍지와 지도	연도	호	구		
			남	여	계
『여지도서』	기묘식(1759)	7,344	11,718	16,591	28,309
『경상도읍지』	신묘식(1831)	7,290	11,434(?)	11,079(?)	29,509
『영남읍지』	갑오식(1895)	7,314	13,047	16,596	29,643
『창원읍지』(1899)	기해식(1899)	4,878	9,536	7,242	16,778
『창원군가호안』	1904	6,021			
『해동지도』	1724-1776	7,386	11,632	16,107	27,739
『영남지도』	1745-1760	7,486	11,632	16,107	27,739
『광여도』	1800년 이후	7,486	11,632	16,107	27,739
『지승』	1776-1787	7,704	11,890	16,938	28,828
『여지도』	1736-1767	7,995			30,702

읍지와 창원지도에 기록된 창원의 호구는 최저 『창원읍지』(1899) 4,878 호에서 최고 『여지도』 7,995호에 이르기까지 차이가 크다. 『창원읍지』나 『창원군가호안』(1904) 6,021호의 호구수는 늦은 시기의 통계임에도 감소의 폭이 큰데, 이 시기 인구 감소 현상이 두드러지지 않았다는 점에서, 조사 통계의 문제로 볼 수밖에 없다. 『경상도읍지』(1832)의 호구 통계에서 인구 29,509명의 남녀 인구수 합계는 맞지 않는데, 기록이 잘못된 것으로 보인 다. 『영남읍지』(1895)의 인구 29,643명과 비교하면 전체 134명이 적은 규 모라는 점에서, 이 읍지의 남녀 인구수를 참고하여 추계할 수 있는 바, 남 자 인구는 12,988명, 여자 인구는 16,521명 내외였을 것이다.

조선초 창원의 경지면적은 『세종실록지리지』 단계에서 4,663결로 인근의 김해(7,809결), 밀양(10,285결)지역에 비해서는 적은 편이다. 바다를 끼고 있어서 간전의 확보가 상대적으로 취약했기 때문일 것이다. 이 당시 호수가 1,094호 정도이기 때문에 호당 평균 4결 남짓이 된다. 물론 당시 호의 구성이 단혼소가족의 형태가 아니기 때문에 이것으로 계산하면 4결 이하로 집계될 터이지만, 조선초기 소농민의 토지보유 면적을 1결 정도로 보는 견해에 따르면 평균을 상회하는 토지보유 면적이다. 물론 이들 토지가 생산자 농민이 소유하고 있는 토지라고만은 볼 수 없고, 재지세력의 대토지 소유를 고려해야 할 것이다.

창원대도호부 시기 창원의 경지면적은 『여지도서』와 『창원읍지』 전부(田賦)조에 기록되어 있다. 『여지도서』(1759-1765)와 『경상도읍지』(1832)에는 창원의 경지면적을 한전(旱田) 2,670결 11부 3속, 수전(水田) 3,622결 60부 6속으로 기록하였고, 『영남지도』를 비롯한 조선후기 군현지도의 창원지도 주기에서도 창원의 전답 면적을 이와 동일한 내용으로 기록하고 있다.

한편 『영남읍지』(1895)에 포함된 『창원도호부지』에는 총 전답 6,581결 68부 1속으로 한전이 2,413결 32부 2속, 수전이 4,168결 35부 9속으로 기록하고 있어, 60년 정도 경과하는 사이에 한전은 250여 결 줄어든 반면, 수전은 500여 결 증가한 것으로 전하고 있다. 조선초기 한전 수전 합하여 4,663결이었던 것에 비해 2,000결 가까이 증가하고 있다. 한전과 수전의 비중도 조선초기에는 논이 조금 많은 정도였는데, 대도호부 시절의 창원에는 수전이 63%로 수전 비중이 더 높아졌다.

창원대도호부에는 둔전과 같은 공토(公土)도 상당 정도 분포되어 있었던 것 같다. 1904년에 작성된 『경상남도창원군각면공토성책(慶尙南道昌原郡各面公土成冊)』에는 당시 창원군 16개 면 가운데 15개 면에 산재해 있던 공토를 소재지 별로 소개하고 있다.

면	공토 소재지	공토 면적
부내면	北洞坪, 中洞, 中洞坪, 瓦要坪, 富洞坪, 內洞坪, 用洞坪	18결 62부 7속
부이면	沙火坪, 明谷, 南井, 白泉坪, 召畓坪	10결 65부 2속
하일면	斗大洞盤松坪, 外洞堂北坪, 鶴巖坪, 松亭坪, 毛三浦坪, 內洞內毛坪, 外洞城山坪, 加音亭城山坪,	50결 52부 3속
하이면	城山坪, 南枝坪, 長福坪, 上里坪, 井里坪, 龍山坪, 前浦坪, 木里坪, 九支川坪, 除坪嶝, 完巖坪, 小聖之坪, 淵邊坪, 上德, 昌山, 瓦谷洞	43결 28부 3속
남상일면	西谷洞, 鹽倉, 西只耳, 新村洞, 知歸, 鳳林, 龍池, 盤松	20결 3부
상이면	用洞細谷, 新里, 用池新基, 猫巖, 沙里嶝, 新德, 問坪員, 高山, 沙巴亭, 鋤菜, 大肪里, 麻田洞, 加音丁, 村前, 問童里, 後洞, 斗刀米	66결 74부 3속
상삼면	南山藏財, 棗田, 南溪, 南山村前, 南山洞, 乾浪嶝, 白楊谷, 亭子, 中洑, 西亭, 壯觀, 下遷善坪村, 中遷善洞, 下遷善洞, 立石, 水春, 上遷善洞, 佛母山狗峴, 石碑, 樑野, 柿木谷, 三亭露積谷, 平亭子, 池坪員, 老大谷, 鼠啄	58결 62부
동일면	龍岡洞, 龍田洞, 南山洞, 鳳山洞, 自如丹溪, 自如松亭, 德川洞, 德山洞, 舌山洞, 武城洞, 龍岑洞, 中德洞	103결 94부
동이면	蝟巖, 茶戶, 龍岑	1결 98부 3속
동삼면		
북일면	芝介洞, 葛田, 班也洞, 花院洞, 南白洞	6결 57부 9속
북이면	外紺洞, 山上谷, 晶田, 後獨山, 達川, 食山洞, 馬馱洞, 開門塔谷, 書齋洞, 松田, 大川洞, 嶝基, 陰達, 場基	17결 25부 1속
북삼면	新馬里, 禮山	28결 67부 8속
서일면	嶺嶝, 龜巖, 釜谷, 柳木亭, 北門外, 南門外內城洞, 牛伏洞, 陽洞, 石吉, 魚伏谷, 狗岩, 安城, 佛谷, 茅谷, 近珠洞, 竹田, 東山, 杏村, 杏洞, 水上, 黃土山	79결 70부 6속
서이면	禮谷三巨	5결 17부 3속
서삼면	檜原村後, 檜原洞, 校防洞, 城山洞牛擊, 猪島	3결 59부 5속
계		516결 27부 9속

상·하 2책으로 되어 있는 『공토성책』은 먼저 면별 공토의 총액을 제시한 다음, 각종 공토의 소재지별로 통계하고 있는데, 소재지는 면명(面名)과 동명(洞名)·평명(坪名)으로 구분하고, 각 필지(筆地)마다 지번(地番), 지목(地目), 두락수(斗落數), 결부수(結負數), 작인(作人)의 성명을 기재하고 있다. 수록된 공토의 종류는 관둔(官屯), 통둔(統屯), 선혜궁둔(宣惠宮屯), 사고둔(社庫屯), 명

안궁둔(明安宮屯), 훈둔(訓屯), 명례궁둔(明禮宮屯), 통우청둔(統右廳屯), 통군기소둔(統軍器所屯), 통무별청둔(統武別廳屯), 통좌청둔(統左廳屯), 통군방둔(統軍房屯), 병둔(兵屯), 역둔(驛屯), 통사고둔(統社庫屯), 용동궁둔(龍洞宮屯), 내장원둔(內藏院屯), 통산성둔(統山城屯), 사창둔(社倉屯), 포둔(砲屯), 창둔(倉屯), 수어둔(守禦屯), 선희궁둔(宣禧宮屯), 궁내부둔(宮內府屯) 등이다.

창원군 소재 공토의 총 면적은 전답 전체 516결 27부 9속이었다. 공토 또한 논의 비중이 높은 편이며, 면별로는 동일면이 가장 많아 전체의 20% 정도가 이 곳에 분포하고 있다. 그 다음이 서일면, 상이면, 상삼면 순이다. 동삼면에는 공토가 분포되어 있지 않았다. 북삼면의 경우 신마리와 예산 두 곳에만 공토가 있었는데 그 면적이 28결 67부 2속에 달하여, 면 내 공토의 분포가 이 곳에 집중되어 있었음을 보여주고 있다.

V. 조선후기 창원대도호부의 위상

1. 조선시대 대도호부의 읍격

조선을 건국하여 태조가 즉위한 지 열흘 뒤인 1392년 7월 28일에 즉위교서가 반포되었고 문무백관의 관제도 발표되었다. 이 때 제시한 관제의 내용은 18등급의 관품(官品)을 열거하는 데에서부터 시작하여, 도평의사사(都評議使司), 검상조례사(檢詳條例司), 문하부(門下府) 등을 차례차례 나열한 후 서반(西班)의 관품과 관부를 소개하는 것으로 마무리하고 있다.[20] 여기에서 중앙 관제의 틀은 제시되었지만, 외관에 대한 언급은 찾을 수 없다. 물론 즉위교서에서 외관과 관련하여 수령의 중요성이나 역(驛)과 관(館)의 가치를

---

20 『태조실록』권1, 태조 1년 7월 28일 정미.

강조하기는 했지만, 외관제의 틀은 찾아볼 수 없는 것이다.

조선건국 후 시행되고 있던 외관제가 처음 확인되는 것은 태종 2년(1402) 10월 15일에 명나라 사신과 대화하는 자리에서 이다. 당시 명나라에서 사신으로 온 유사길(兪士吉)과 왕태(汪泰)가 이조(吏曹)와 호조(戶曹)의 관원을 만나보고 싶어 하자, 의정부에서 김첨(金瞻)과 진의귀(陳義貴)를 파견하여 대화에 응하도록 했는데, 이 자리에서 다음과 같은 문답이 오가고 있다.

> ○ 유사길이 또 묻기를, "외관(外官)은 몇 등급입니까?"하니, 김첨이 "부(府)·주(州)·군(郡)·현(縣)이 있습니다. 부(府)에는 세 등급이 있는데, 부윤(府尹)·대도호부사(大都護府使)·부사(府使)가 있습니다."라고 대답하였다. 유사길이 "관(官)은 얼마나 됩니까?"하니, 김첨이 "372관(官)인데, 그 소속이 많지마는 큰 것만 든 것입니다."라고 하였다. 유사길이 "그 관원은 어떻게 뽑아보냅니까?"하니, 김첨이 "본조(本曹)에서 현량(賢良)하고 공정(公正)한 사람을 택하여 임금에게 보고한 뒤 차견(差遣)합니다."하였다. 유사길이 "백성을 해(害)하여 함부로 거두는 자가 있지 않습니까?"라고 하자, 김첨이 "사람을 잘 골라서 차견하였으니, 어찌 백성을 해하는 일이 있겠습니까?"하고, 또 "도관찰사(都觀察使)를 보내어 수령의 현부(賢否)와 민생의 휴척(休戚)을 순찰하게 하는데, 그 법은 중국의 염방사(廉訪使)를 모방해서 행하는 것입니다."하니, 유사길이 그 법이 좋다고 하였다.(『태종실록』 권4, 태종 2년 10월 15일)

당시 외관제는 고려 말까지 시행되어 온 것을 그대로 쓰고 있었던 것 같다. 김첨이 답변 가운데 읍격을 부·주·군·현 등으로 구분한 것이나 외관의 수를 큰 것만 들어도 372개나 된다고 한 점, 도관찰사를 언급하고 있는 것이 이를 말해주고 있다.

조선식의 읍격에 대한 논의는 이로부터 1년 뒤 사간원의 상소를 통해 본격화 되었다. 태종 3년 윤11월 19일, 사간원 좌사간 안노생(安魯生)은 상소를 올려 부·주·군·현(府州郡縣)의 이름, 즉 읍격을 정하자고 주장하였다.

그는 먼저 고려의 "3유수(留守)·8목(牧)·4도호부(都護府)를 두고, 군(郡)과 현(縣)은 각각 그 땅의 가까운 것을 따라서 큰 고을[巨邑]에다 나누어 예속시키었는데, 족히 정령(政令)을 행할 수 있고, 백성들이 번잡하고 가혹한 폐단을 받지 않았습니다."라고 하여, 고려전기 주속읍체제의 군현제가 바람직했다고 전제한 후, 고려 말에 속읍과 부곡등을 주읍으로 만들거나 무분별하게 읍격을 승격시킴으로써 외관제가 문란하게 되었다고 지적하였다.

그는 외관의 읍격을 다섯 등급으로 하자고 제안하였다. "3유수부(留守府)를 1등으로 하고, 5대도호부(大都護府)와 10주목(州牧)을 2등으로, 20부관(府官)을 3등으로, 그 나머지 부·주·군은 모두 군(郡)으로 고쳐서 지군사(知郡事)라 칭하여 4등으로 하며, 현령(縣令)·감무(監務)는 모두 현으로 만들어서 지현사(知縣事)라 칭하여 5등으로 합니다."(『태종실록』 권6, 태종 3년 윤11월 19일 임술)라고 한 것이 그것이다. 아울러 목(牧)만 주(州)라 칭하고, 부(府)와 군(郡)은 모두 주(州)를 붙이지 못하도록 함으로써 주·부·군·현의 읍격을 엄격하게 하면, 외관의 통속관계가 유지되고 정령(政令)이 행하여질 것이라 주장하였다.

이같은 안노생의 주장은 받아들여지지 않았다. 안노생은 사헌부로부터 탄핵을 당해 좌천되었다. 그러나 이로부터 10년 뒤 지방 행정구역의 명칭을 개정함으로써 안노생의 제안은 가시화 되었다. 안노생의 건의대로 군현 가운데 '주(州)'가 붙은 고을 이름은 모두 '산(山)'이나 '천(川)'을 붙이도록 했다.[21]

조선시대 8도 산하 지방행정 단위는 도 별로 유수부(留守府), 대도호부, 목, 도호부, 군, 현(령), 현(감) 등으로 계서화 되어 있었다. 이들 읍격 별 고을 수는 당대의 법전에 실려 있는데, 조선전기의 그것은 『경국대전』「이전」외관직조에, 조선후기의 그것은 『대전통편』「이전」외관직조에 반영되어 있다. 그 내용은 다음 표와 같다.

---

21 태종실록 26권, 태종 13년 10월 15일 신유.

읍격	『경국대전』(1485)「吏典」외관직									『대전통편』(1785)「吏典」외관직								
	경기도	충청도	경상도	전라도	황해도	강원도	영안도	평안도	계	경기도	충청도	경상도	전라도	황해도	강원도	함경도	평안도	계
유수부			1	1			1	1	4	1		1	1				1	2	6
대도호부		1			1		1	1	4			2			1	1	1	5
목	4	4	3	3	2	1		3	20	3	4	3	4	2	1	1	2	20
도호부	7		7	4	4	5	11	6	44	10	1	15	7	7	7	16	14	77
군	7	12	14	12	7	7	5	18	82	9	12	12	11	7	6	2	12	71
현(령)	5	1	7	6	4	3		8	34	4	1	5	5	2	3		6	26
현(감)	14	37	34	31	7	9	4	5	141	9	36	33	28	5	8	2	5	126
계	37	54	67	57	24	26	22	42	329	36	54	71	56	23	26	23	42	331

　전국적으로 조선후기에 군현 수는 2개 고을 정도 늘어나서 증가 폭이 크지 않다. 도 별로 보면, 경상도는 4곳, 함경도가 1곳 증가한 반면, 경기도와 전라도, 황해도는 1곳 씩 줄어들었고, 충청도와 강원도, 평안도는 변화가 없었다.

　그런데 읍격 별로 그 개수를 비교해보면 상당한 변화가 있었음을 알 수 있다. 전기에는 군 이하 고을의 수가 257개, 도호부 이상이 72개로, 군 이하 고을이 전체의 78%인 데 비해, 후기에는 군 이하 고을이 223개, 도호부 이상이 108개로, 군 이하 고을이 전체의 67%로 줄어들고 있다. 조선후기에는 군 이하 고을이 34개 줄어든 반면, 도호부 이상의 고을은 36개나 늘어난 셈이다.

　군 이하 고을이 줄어든 내용은 현감이 파견되는 고을이 15개, 현령 파견 고을이 8개, 군이 11개 줄어들고 있다. 조선초 현감이 파견된 고을들은 대부분 고려 말까지 속읍(屬邑)의 지위에 있었던 고을들이며, 이 곳에는 임시 지방관으로 감무(監務)를 파견하기도 했다. 속읍은 조선초에도 몇몇 남아 있었지만, 주속읍 체계를 해소하는 추세 속에 현감(縣監)을 파견하는 고을이 되거나 군현이 되지 못하고 어느 고을의 직촌(直村)으로 편제되기도 하였다. 그러므로 조선후기에 현감 파견 고을이 상대적으로 줄어든 것은 인구 증가 등의 요인으로 읍격이 올라간 결과로 볼 수 있다. 군의 감소 폭이 큰 것도 같은 이유일 것이다.

조선후기에 도호부 이상 고을의 증가를 주도한 것은 도호부이다. 유수부가 2곳, 대도호부가 1곳 증가하고 목(牧)은 변화가 없었는데, 도호부는 33곳이나 증가하였다. 도 별로는 경상도가 7곳에서 15곳으로 배 이상 늘어났으며, 평안도도 8곳, 함경도는 5곳이 증가하였다. 도호부의 개수가 이렇게 증가한 것은 1,000호 이상의 고을은 도호부로 승격시킨다는 관례에 따른 것이기도 하지만, 임진왜란을 거치면서 국방상 필요에 따른 것이었다. 목의 전체 개수에는 변화가 없으나, 경기도와 평안도에서는 각각 1곳씩 줄었고, 전라도에서는 능주(綾州)가, 함경도에서는 길주(吉州)가 목으로 추가되었다.

서열 1위의 유수부는 조선전기에 경상도의 경주부(慶州府), 전라도의 전주부(全州府), 평안도의 평양부(平壤府), 함길도의 함주부(咸州府) 등 4곳이었는데, 조선후기에는 여기에 경기도의 광주부(廣州府)와 평안도의 의주부(義州府) 두 곳이 더해졌다. 경주, 전주, 평양, 함주 등은 모두 전대의 수도였거나 현재의 왕실과 관련이 깊은 곳이며, 의주가 유수부로 승격되는 것은 임진왜란 때 대응에 대한 포상적 성격을 갖는 것이었다.

조선후기에 대도호부는 5곳으로 전기에 비해 1곳이 늘어난 것인데, 이곳이 바로 창원대도호부(昌原大都護府)이다. 이제 경상도의 안동대도호부(安東大都護府), 강원도의 강릉대도호부(江陵大都護府), 평안도의 영변 대도호부(寧邊大都護府), 함경도의 영흥대도호부(永興大都護府) 등과 함께 4대도호부체제에서 5대도호부체제로 전환하게 되었다.

대도호부는 고려시대부터 있었다. 고려 건국 후 군사상의 필요에 따라 평양(平壤)·안북(安北)·안남(安南)·안동(安東)·안서(安西)·강릉(江陵)대도호부가 설치되었고, 안동·강릉대도호부는 고려 말까지 존속하였다. 고려시대 대도호부는 국방 요충지에 설치되어 군사기구로서 성격을 갖지만, 조선시대 대도호부는 행정 중심지에 설치되어 지방 행정구역으로서 성격을 갖는 최상급의 지방 행정단위였다.

전국에서 다섯 곳밖에 없었던 조선시대 대도호부는 8도제 하 읍격의 서열로는 두 번째로, 유수부보다는 아래지만 목보다는 위였다. 대도호부와 목은 동일한 품계의 외관이었지만, 그 서열에 있어서는 대도호부가 앞이었다. 진주목도 조선 건국 후 현비(顯妃) 강씨(康氏)의 내향(內鄕)이어서 태조 원년에 진양대도호부(晉陽大都護府)가 된 적이 있다. 그러나 10년 뒤 태종 2년(1402)에 도로 진주목(晉州牧)으로 강등되었는데, 세종 즉위 후 곤남군(昆南郡)을 만드는 과정에서 다시 대도호부로 승격시켜주기를 바랐으나[22] 받아들여지지 않았다는 점도 참고된다.

조선시대 읍격은 외관의 품질(品秩)에 따라 구분되었는데, 다음과 같이 세종 13년 이조(吏曹)의 건의에 따라 규정되었다.

> ○ 이조(吏曹)에서 아뢰기를, "외관(外官)의 품질(品秩)은 주관육익(周官六翼)에 의하여 유수관(留守官)은 종2품, 대도호부(大都護府)와 목관(牧官)은 정3품, 도호부(都護府)는 종3품, 지군사(知郡事)는 종4품, 판관(判官)·현령(縣令)은 종5품, 현감(縣監)은 종6품으로 하옵소서."라고 하니, 그대로 따랐다.(『세종실록』권51, 세종 13년 1월 12일 정축)

이같은 외관의 품질 규정은 법전이 편찬되면서 『경국대전』(1485)과 『대전통편』(1785)의 「이전」과 「병전」의 외관직조에 반영되어, 도별로 품질에 해당하는 외관들을 열거하고 있다. 그 내용은 다음 표와 같다.

---

22 『세종실록』권3, 세종 1년 3월 27일 신미.

품계	「이전」	「병전」
종2품	관찰사, 부윤	병마절도사, 방어사, (통편)수군통어사
정3품	대도호부사, 목사	수군절도사, 병마절제사, (통편)순영중군, 광주중군, 진영장, 위장
종3품	도호부사	병마우후, 병마첨절제사, 수군첨절제사
정4품		수군우후
종4품	군수	병마동첨절제사, 수군만호, 병마만호
종5품	현령, 도사, 판관	
정6품		병마평사
종6품	현감, 교수, 찰방	병마절제도위, (통편)감목관
종9품	훈도, 심약, 검률, 역승, 도승	(통편)별장, 권관

　　대도호부는 목과 함께 정3품의 외관으로서 관찰사, 부윤에 이어 서열 2위의 읍격을 지니고 있었다. 지방 무관직으로는 조선전기부터 있었던 수군절도사와 병마절제사, 조선후기의 중군, 진영장, 위장이 같은 정3품 관부였다.

　　조선시대 외관제 운영에서 관아 유지와 행정에 필요한 최소한의 인적, 물적 기반을 제공했는데, 이들도 읍격에 따라 차이가 있었다. 『경국대전』 등 법전에 규정된 내용을 보면 다음 표와 같다.

		유수부	대도호부	목	도호부	군	현
노비	외노비外奴婢	600	450	450	300	150	100
	향교노비鄕校奴婢	30	25	25	20	10	10
공토	관둔전官屯田	20결	20결	20결	16결	16결	12결
	아록전衙祿田	50결	50결	50결	50결	40결	40결
	공수전公須田	15결	15결	15결	15결	15결	15결
	향교위전鄕校位田	15결	10결	10결	4결	4결	2결
	교관	교수	교수	교수	교수	훈도	훈도
생도	유학생도儒學生徒	90	90	90	70	50	30
	의학생도醫學生徒	16	14	14	12	10	8
	율학생도律學生徒	16	14	14	12	10	8

		유수부	대도호부	목	도호부	군	현
외아전	서원書員	34	30	30	26	22	18
	일수日守	44	40	40	36	32	28
영송마필迎送馬匹		20필	20필	20필	17필	15필	15필
잡류약부雜類藥夫		5	5	5	4	3	2
아문인신衙門印信		1촌7푼×1촌2푼	1촌7푼×1촌2푼	1촌7푼×1촌2푼	1촌6푼×1촌1푼	1촌6푼×1촌1푼	1촌5푼×1촌

　고을 관아에서 사용하는 직인의 크기도 읍격에 따라 달라서 유수부, 대
도호부, 목에서 사용하는 것이 가장 크고, 이하 고을에서는 1푼[分]의 크
기씩 작아지고 있다. 대도호부에 제공되는 액수는 목과 같으며, 도호부 이
하 읍격에 주어지는 것과 차이가 크다. 노비 수에서 대도호부는 450명인
데, 도호부는 300명이며, 유학 생도의 수도 90명과 70명, 외아전의 수도
70명과 62명, 관둔전도 20결과 16결로 차이를 보이고 있다. 창원은 도호
부에서 대도호부로 승격된 이후, 이전보다 많은 인적 물적 기반을 확보할
수 있었던 것이다.

2. 창원대도호부, 경상우도 행정의 중심지

　창원은 대도호부로 승격되면서 경상우도 행정의 중심지가 되었다. 경
상도는 일찍부터 좌도와 우도로 나누어 도 행정을 운영하였다. 태종 7년
(1407) 9월 정부는 경상도를 나누어 좌·우도를 만들고, 낙동강 동쪽을 경상
좌도, 그 서쪽을 경상우도라 하였다.[23] 다음과 같이 경상좌도에는 40개 고
을, 경상우도에는 31개 고을이 소속되어 있었다.

---

23 『태종실록』 권14, 태종 7년 9월 15일 을축.

경상좌도	경상우도
경주(慶州)·울산(蔚山)·양산(梁山)·영천(永川)·흥해(興海)·동래(東萊)·청하(淸河)·연일(延日)·장기(長鬐)·기장(機張)·언양(彦陽)·안동(安東)·영해(寧海)·청송(靑松)·예천(醴泉)·영천(榮川)·풍기(豊基)·의성(義城)·영덕(盈德)·봉화(奉化)·진보(眞寶)·군위(軍威)·예안(禮安)·용궁(龍宮)·대구(大邱)·밀양(密陽)·청도(淸道)·순흥(順興)·하양(河陽)·인동(仁同)·현풍(玄風)·의흥(義興)·영산(靈山)·창녕(昌寧)·칠곡(漆谷)·신령(新寧)·비안(比安)·경산(慶山)·자인(慈仁)·영양(英陽)	상주(尙州)·성주(星州)·선산(善山)·금산(金山)·하동(河東)·거제(巨濟)·합천(陜川)·함양(咸陽)·개령(開寧)·지례(知禮)·고령(高靈)·문경(聞慶)·함창(咸昌)·진주(晉州)·곤양(昆陽)·초계(草溪)·남해(南海)·고성(固城)·사천(泗川)·삼가(三嘉)·의령(宜寧)·산청(山淸)·진해(鎭海)·안의(安義)·단성(丹城)·거창(居昌)·웅천(熊川)·칠원(漆原)·김해(金海)·창원(昌原)·함안(咸安)

아직 좌도와 우도에 각각 감사를 파견하지는 않았지만, 도의 행정은 나누어 운영되고 있었다. 특히 군사 행정은 명확히 구분되어, 『경국대전』 「병전」 외관직조에는 경상도의 경우 병마절도사(兵馬節度使, 종2품)와 수군절도사(水軍節度使, 정3품), 병마우후(兵馬虞候, 종3품)와 수군우후(水軍虞候, 정4품)를 좌도와 우도에 각각 1명씩 배치하도록 규정하고 있다. 따라서 이들의 집무 공간도 좌도병마절도사영(左道兵馬節度使營, 좌병영)와 우도병마절도사영(左道兵馬節度使營, 우병영), 좌도수군절도사영(左道水軍節度使營, 좌수영)과 우도수군절도사영(左道水軍節度使營, 우수영)으로 나누어져 있었다.

처치사(處置使), 체찰사(體察使), 경차관(敬差官) 등 중앙에서 파견되는 임시 지방관도 좌도와 우도로 나누어 파견되고 있었다. 가례색 제조(嘉禮色提調)의 파견도 경상우도에는 호조 판서 안순(安純)을, 경상좌도에 형조 참판 박규(朴葵)를 보내는 등[24] 좌도와 우도를 구분하였다. 지도(地圖)의 제작에 있어서도 좌도와 우도를 따로 그렸다. 성종 때 경상도 지도를 그릴 때에는 경상좌도 지도만 그렸고, 연산군 3년 4월 이극균(李克均)은 경상우도 지도를 그려서 올린 것이[25] 그것이다.

이렇게 우도와 좌도에 각각 관찰사를 파견하여 독립적인 행정운영을

---

24 『세종실록』 권50, 세종 12년 윤12월 9일 을사.
25 『연산군일기』 권28, 연산 3년 11월 15일 임자.

하는 것은 아니었지만, 이 구분이 갖는 규정성은 매우 큰 것이었다. 다음의 사례는 우도와 좌도의 구분이 행정 운영에 영향을 미치고 있었다는 것을 잘 보여주고 있다.

○ 통헌 대부(通憲大夫) 윤연명(尹延命) 등이 상언(上言)하기를, "신 등의 본관(本貫)인 해평현(海平縣)은 곧 경상도 선산부(善山府)의 부읍(附邑)이며, 해평과 선산 두 고을 사이에는 한 큰 강(江)이 가로막고 있는데, 이를 낙동강이라고 합니다. 이 현의 아전이나 관노비(官奴婢)와 권농(勸農)·이정(里正)의 무리가 매월 육아일(六衙日)에 내왕할 즈음에 혹은 첫 겨울의 엷은 얼음이 얼었을 때를 만나거나, 혹은 한여름의 홍수 때를 만나면 물에 빠져 목숨을 잃는 자가 없는 해가 없습니다. 이에 지도(地圖)를 참고하여 보오면, 낙동강의 동쪽을 경상좌도, 낙동강의 서쪽을 경상우도로 하고 있는 것입니다. 그렇다면, 해평현은 낙동강의 동쪽에 있으니 마땅히 좌도에 속해야 할 것인데, 도리어 우도인 선산부(善山府)에 속하였고, 약목현(若木縣)은 낙동강의 서쪽에 있으므로 마땅히 우도에 속해야 할 것인데도, 도리어 좌도인 인동현(仁同縣)에 속하여 있어, 강을 건너 다니는 폐단이 적지 않으며, 긴급한 일이 이 때문에 기한을 어기어 모두 편달(鞭撻)을 받게 되니, 백성들의 어렵고 고통스러움이 이보다 더 심할 수 없습니다. 만약 해평과 인동을 한 고을로 하고, 선산과 약목을 한 고을로 만든다면 좌도·우도가 질서 정연하여 문란하지 않고, 해평과 약목의 백성들이 물을 건너다가 빠지는 근심이 없어져서 피차가 각기 안전하게 되어 길이 국가의 경사를 이룩할 수 있을 것이오니, 엎드려 바라건대, 전하께서는 신 등의 심정을 살피시어 백성들의 고통을 제거하도록 하옵소서."하니, 호조에 내려 의논하게 하였다.(『세종실록』 권105, 세종 26년 7월 28일 을해)

중종 14년(1519)에는 잠시 좌·우도에 각각 감사를 두기도 하는데, 이해 4월 21일 경상도 관찰사 문근(文瑾)이 임금을 만난 자리에서, "신은 영남에서 생장하였으므로 이 도(道)의 일을 잘 알고 있습니다. 이 도는 8도에서 가장 크니 반드시 감사 2인이 다스려야만 잘 다스릴 수 있을 것입니다."(『중종실록』 권35, 중종 14년 4월 21일 갑신)라고 감사 2명의 파견을 건의하면서 논의가 시작되었다. 임금은 이에 대해 "도내(道內)가 과연 크니, 1원(員)으로서는 잘 다스릴 수 없겠다."고 긍정적 입장을 보인 후, 같은 해 5월 1일부터 경상도와 전라도에 각각 감사 2인을 파견하는 문제를 논의하여, 몇 차례 논쟁 후 5월 18일 경 경상도는 좌도와 우도에 각각 감사를 파견하고, 전라도는 이전대로 감사 1인을 파견하는 것으로 결정하였다.

그러나 같은 해 11월 30일 중종은 전국에 교지를 내려, 감사의 임기를 2년으로 하고, 경상도를 좌우도로 나누어 감사를 파견하도록 한 것이 폐단이 많다고 하면서, "6도의 감사는 도로 1년을 임기로 갈게 하고 경상도는 다시 한 도로 합하여 조종께서 오래 행해오신 제도를 준수한다."(『중종실록』 권37, 중종 14년 11월 30일 경신)고 함으로써, 경상도의 감사 2인 시대는 1년도 채우지 못하고 끝나게 되었다. 물론 군사 업무를 좌도와 우도로 나누어 운영하는 방식은 계속 유지되었다.

경상도가 좌도와 우도로 분리되어 다시 각각 감사를 파견하는 것은 임진왜란이 발발하면서부터로 이 후 몇 차례 변화과정은 『여지도서』 경상도 감영 관찰영(觀察營)조에서 다음과 같이 정리하고 있다.

> ○ 선묘조 임진년(선조 25년, 1592)에 왜적이 들이닥쳐 도로가 통하지 않으니, 다시 좌우 감사(監司)로 나누었다. 경상좌도 감영은 경주에, 경상우도 감영은 상주에 설치하고 병마절제사와 수군절제사도 두었다. 계사년(선조 26년, 1593)에 다시 하나로 합쳐, 성주(星州)의 팔거현(八莒縣)에 감영을 개설하니, 총병(摠兵) 유정(劉綎)이 주둔했던 곳이다. 을미년(선조 28년, 1595)에 경상도의 지경(地境)이 넓어 다스리기 어렵게 되자, 다시 좌도와 우도로 나누었다가, 다음 해 병신년에 도로 하나로 합하여 달성(達城)에 감영을 설치하고 석성을 쌓았다.(『여지도서』 경상도 감영 관찰영)

선조 25년(1592) 8월 7일, 정부에서는 김성일(金誠一)을 경상좌도 관찰사로, 한효순(韓孝純)을 경상우도 관찰사에 발령하였다.[26] 다시 경상도가 좌도

---

26 『선조실록』 권29, 선조 25년 8월 7일 갑오.

와 우도로 분리되어 군사 업무뿐만 아니라 실질적인 행정 기능을 담당하게 된 것이다. 감영은 경주와 상주에 각각 설치하였다. 전란으로 도로 교통이 원활하지 못한 상황을 극복하기 위함이었다.

경상좌도 관찰사로 발령되었던 김성일은 길이 막혀 부임하지 못하고 있다가 9월 4일에 초계(草溪)에서 한밤중에 낙동강을 건너 현풍(玄風), 창녕(昌寧), 밀양(密陽), 청도(淸道) 등의 경내를 몰래 통과하여 하양(河陽)을 거쳐 6일에 신녕(新寧)에 도착했을 때, 정부에서 좌도와 우도의 감사를 서로 바꾸었다는 기별을 듣고 경상우도 관찰사로 부임한다.[27]

선조 26년 4월 말에 경상우도 관찰사 김성일이 사망한 후, 김늑(金玏)이 관찰사 직을 승계하는데, 김늑은 7월까지 '경상우도 관찰사'로 나오다가 10월 초의 기사에서는 '경상도 관찰사'로 기록하고 있어, 이후 좌도와 우도의 통합이 이루어진 것으로 보인다.

다시 분리 논의가 재개되는 것은 선조 28년(1595) 2월에 들어서의 일로, 당시 경상도 관찰사 홍이상(洪履祥)의 분리 의견을 받아들인 비변사가 좌도와 우도의 분리를 건의하면서 부터이다. 비변사가 분리의 근거로 삼은 다음의 내용은 짚어볼만 하다.

> ○ 저번에 경상감사 홍이상(洪履祥)이 본도 좌우도의 형세와 도리(道 里)가 넓고 멀어서 형편상 책응하기가 어렵다고 해서 다시 두 도로 나누 어 따로 감사를 두어서 도내의 일을 분장(分掌)하고 싶어하였는데, 이조 (吏曹)가 연혁하는 일은 중대한 것이라 하여 이미 아뢰지 못하도록 막았 습니다. 신들이 근자에 보건대 본도의 일은 날로 더욱 처리하기 어렵게 되고 있습니다. 만일 적이 좌도에서 움직이면 순찰사는 응당 좌도의 일 에만 전력하고 우도는 구제할 겨를이 없을 것이며, 우도에서 움직일 경 우도 역시 그러할 것입니다. 적이 갑자기 움직이지 않는다 하더라도 중 간 수백 리가 텅빈 공허한 지대로 되어서 문서를 발송하거나 보고하고 품의할 일이 있을 경우 으레 수십 일씩 걸리므로, 군기(軍機)에 대한 적

---

27 『학봉속집』 권3, 장(狀), 우감사시장(右監司時狀).

절한 대응 및 유민을 소집하여 농경을 권장하고 수령·변장 등을 점검하여 단속하는 일을 감사 하나가 능히 관리할 수 없어 그대로 기회를 잃는 경우가 매우 많습니다. 당초에 조정에서 이 폐단을 깊이 생각하여 좌·우도로 나누어 각각 감사를 두었으므로 사변 초에 자못 그 힘을 입었었는데, 그 후 적병이 물러갔고 중국군의 접대 등에 관한 일을 좌·우도가 서로 미루고 거행하지 않으므로 이 때문에 도로 도를 합쳤던 것입니다. 지금은 도내에서 분탕질당하여 없어지는 것이 더욱 심하니 조치할 일은 양쪽이 다 급합니다. 홍이상이 도를 나누기를 청한 것은 그가 역시 그 사세를 목격하고 그런 것입니다. 신들도 반복 상의해본 결과 반드시 도를 나누어 각자 힘써 주야로 조치한 연후에 모든 일이 거의 두서가 있을 것이기 때문에 감히 여쭙니다.(『선조실록』 권60, 선조 28년 2월 4일 정미)

비변사의 이같은 건의를 들은 임금은 도를 나눈다면 감사를 감당할 사람이 있는지 물었고, 이에 대해 "서성(徐渻)이 오랫동안 남쪽 지방에 있었으니 본도의 일을 갖추 알 것이고, 근자에 그의 전후 장계를 보면 배치하고 경리한 것이 자못 지각이 있으니 감사를 제수해도 감당치 못하기까지는 않을 듯싶습니다."라고 답하자 임금은 곧바로 보고한대로 시행하라고 허락한 후, 이틀 뒤 2월 6일자로 내섬시정(內贍寺正) 서성(徐渻)을 경상우도 관찰사에 임명하였다.[28] 경상좌도 관찰사는 경상도 관찰사였던 홍이상이 맡았다.

서성은 선조 29년 7월 동부승지로 전임하는데, 이 후 경상우도 관찰사를 임명한 사례를 찾을 수 없다는 점에서, 다시 행정 구역으로서의 경상도는 하나로 된 것 같다. 『여지도서』에서도 병신년(선조 29년, 1596)에 합쳐서 감영을 달성에 설치했다고 하였다.

이 후 경상좌우도에 각각 관찰사를 파견하지 않지만, 좌도와 우도는 군사행정 업무만이 아니라, 일반행정의 일부도 각각 나누어 수행함으로써 독립적인 행정단위로서의 모습을 유지했다. 과거 시험의 초시를 좌우도로 나

---

28 『선조실록』 권60, 선조 28년 2월 6일 기유.

누어 관리하고 있었으며,[29] 양전 사업에서 도별로 파견되는 양전사(量田使)의 활동 공간도 좌도와 우도로 구분되어 있었다.[30]

이렇게 경상도가 좌도와 우도로 나누어져 도의 행정이 운영되고 있으면서도, 도의 행정 책임자인 관찰사는 1인에 감영도 좌도 지역에 설치되어 있어, 경상우도는 도 행정은 물론 중앙 정부와의 소통에도 장애가 발생할 소지가 있었다. 임진왜란에 대응하는 과정에서 이같은 문제들이 실제 드러났기 때문에 임시로 좌우도에 관찰사를 각각 파견했던 것이지만, 이제 감영을 좌도 지역 한 곳에만 설치한 현실에서, 경상우도에 관찰사의 업무를 대행할 수 있는 곳이 필요했다.

이를 위해서는 경상우도 권역에서 지리적으로 치우쳐 있지 않으면서 목 이상의 읍격을 가진 곳이 필요했다. 창원 지역은 이러한 점에서 지리적으로나 군사적으로 적지였기 때문에 이 곳을 대도호부로 승격시킴으로써 경상우도 행정 운영의 중심지로 부상할 수 있었다.

경상우도 지역에서 읍격으로 보아 관찰사의 업무를 대행하면서 이 곳의 수부(首府)로 자리할만한 곳은 목의 읍격을 가졌던 상주(尙州)와 성주(星州), 그리고 진주(晉州) 등 3곳이었다. 상주는 경상좌도와 우도에 각각 관찰사를 파견할 때, 경상우도의 감영이 있었던 곳이고, 성주는 좌우도가 통합되었을 때 감영이 설치된 곳이기도 하다. 그러나 이들 지역은 경상우도의 동북쪽에 위치해 있고 좌도의 감영이 있는 대구와 가까운 거리에 있어, 임진왜란때 경험했듯이 경상우도 행정을 관할하는 데 효과적이지 못했다.

진주는 임진왜란때 진주성이 함락되면서 주민 63,500여 명이 사망하는 등 막대한 피해를 입어서 전후 수복이 과제가 되고 있었다. 광해군 7년(1615) 11월 왕이 정인홍(鄭仁弘)을 인견하는 자리에서 진주의 현황이 논의되었는데, 왕이 진주는 완전히 소생되었는지 물었을 때 정인홍은 아직 '잔

---

29 『광해군일기』 권47, 광해 3년 11월 13일 무신.
30 『승정원일기』 인조 13년 4월 27일 병오.

폐한 고을'이라고 답했고, 함께 참석했던 윤선(尹銑)도 아직은 그렇게 되지 못했다고 답하고 있어 전후 복구가 마무리되지 않은 상황이었음을 알 수 있다. 이같은 사정이었기 때문에 진주 또한 경상우도 행정을 책임지는 위치에 있기 어려웠다.

창원대도호부가 경상우도의 수부(首府)로 역할했음은 각종 의례나 연회에 전문(箋文)을 올리는 순서에서도 확인된다. 『경국대전』과 『대전통편』 「예전」 조의(朝儀)조에는 "정조(正朝)와 동지(冬至), 대전(大殿)의 탄일에는 외관 중에 개성부(開城府)의 유수(留守), 여러 도(道)의 관찰사, 절도사(節度使), 2품 이상 수령 및 부윤(府尹), 대도호부사(大都護府), 목사(牧使)는 전문(箋文)을 올려 진하(陳賀)한다."고 하여, 대도호부는 목 등과 함께 전문을 올릴 수 있는 대상이었다. 이들 외관은 정조나 동지, 대전의 탄신 때만 아니라, 왕비의 가례(嘉禮)나, 세자 책봉, 국휼(國恤), 상존호(上尊號) 등에도 빠짐없이 전문을 올리고 있다. 이 때 전문을 올린 순서는 도별로는 일정하지 않으나 같은 도안에서는 관찰사에서부터 시작하여 읍격 순으로 나열된다. 한 예로 『조하등록(朝賀謄錄)』에 수록된 영조 31년(1755) 9월 12일 대전 탄신일에 외관이 올린 전문의 순서를 경상도 부분만 소개하면 다음과 같다.

慶尙道觀察使臣李彛章箋一通
左道兵馬節度使臣俞胄基箋一通
右道兵馬節度使臣李思先箋一通
左道水軍節度使臣金潤成箋一通
右道水軍節度使臣李景喆箋一通
安東大都護府使臣鄭實箋一通
昌原大都護府使臣南益祥箋一通
尙州牧使臣趙重晦箋一通
星州牧使臣申晙箋一通
晉州牧使臣任鏡觀箋一通
柒谷都護府使臣韓師浹箋一通
昆陽郡守臣金潤國箋一通

이 전문목록의 순서는 당시 창원대도호부의 위상을 보여주는 것이다. 이 때 전문의 도별 순서는 경기도, 충청도, 전라도, 경상도, 강원도, 황해도, 평안도, 함경도 순으로 열거되었는데, 경상도의 경우는 관찰사, 경상좌도병마절도사, 경상우도병마절도사, 경상좌도수군절도사, 경상우도수군절도사, 안동대도호부사, 창원대도호부사, 상주목사, 성주목사, 진주목사, 칠곡도호부사, 곤양군수 순으로 정해지고 있다. 칠곡도호부사와 곤양군수가 포함된 것은 이들이 2품 이상의 수령이었기 때문일 것이다.

이 전문목록의 순서는 도내 고을의 읍격에 따라 정한 것으로, 창원대도호부는 경상도 전체에서는 7위이지만, 도내 행정단위를 기준으로 하면 안동대도호부에 이어 서열 2위의 고을이었다. 경상좌도에서는 안동대도호부가, 경상우도에서는 창원대도호부가 수부(首府)로서 자리잡고 있었던 것이다. 상주, 성주, 진주가 목으로서 전문목록에 들어 있지만, 창원대도호부가 이들보다 상위 서열에 자리하고 있었다.

[참고문헌]

〈자료〉

『삼국사기(三國史記)』, 『삼국유사(三國遺事)』, 『고려사(高麗史)』, 『고려사절요(高麗史節要)』, 『조선왕조실록(朝鮮王朝實錄)』, 『승정원일기(承政院日記)』, 『비변사등록(備邊司謄錄)』.

『孤臺日錄』, 『난중잡록(亂中雜錄)』, 『경국대전(經國大典)』, 『대전통편(大典通編)』, 『수교집록(受敎輯錄)』, 『조하등록(朝賀謄錄)』, 『호구총수(戶口總數)』(1789), 『탁지지(度支志)』, 『경상남도창원군가호안(慶尙南道昌原郡家戶案)』, 『경상남도창원군각면공토성책(慶尙南道昌原郡各面公土成冊)』.

『경상도지리지(慶尙道地理志)』, 『세종실록지리지(世宗實錄地理志)』, 『경상도속찬지리지(慶尙道續撰地理志)』, 『신증동국여지승람(新增東國輿地勝覽)』, 『여지도서(輿地圖書)』, 『대동지지(大東地志)』, 『경상도읍지(慶尙道邑誌)』(1832), 『영남읍지(嶺南邑誌)』(1871, 1895), 『회산지(檜山志)』, 『진해현읍지(鎭海縣邑誌)』, 『창원읍지(昌原邑誌)』(1899), 『창원웅천읍지(昌原熊川邑誌)』(1907), 『교남지(嶠南誌)』(1937), 『해동지도(海東地圖)』, 『광여도(廣輿圖)』, 『여지도(輿地圖)』, 『조선지도(朝鮮地圖)』, 『지승(地乘)』.

『동문선(東文選)』, 『점필재집(佔畢齋集)』, 『일두집(一蠹集)』, 『한강집(寒岡集)』, 『모촌선생문집(茅村先生文集)』, 『학봉집(鶴峯集)』, 『창주집(滄洲集)』, 『오리집(梧里集)』, 『서애집(西厓集)』, 『이충무공전서(李忠武公全書)』, 『삼열당문집(三烈堂文集)』, 『국조인물고(國朝人物考)』.

〈논저〉

구산우, 『경남의 서원』, 선인, 2008.
남재우 외, 『마산창원역사읽기』, 불휘, 2003.
민긍기, 『창원도호부권역 지명연구』, 경인문화사, 2000.
박태성, 『창원의 누정』, 불휘, 2020.
이수건, 『조선시대 지방행정사』, 민음사, 1989.
『창원600년사−창원의 어제』, 창원문화원, 2009.
『창원600년사−창원의 오늘 그리고 내일』, 창원문화원, 2009.
参謀本部 편, 『日本戰史 朝鮮役(本編, 附記)』, 偕行社, 1924.
木下真弘, 『豊太閤征外新史』, 靑山堂, 1893.

감병훈, 「조선전기 경상우병영의 설치와 이설」, 『민족문화논총』 79, 2021.

김광철, 「고려시대 합포 지역사회」, 『한국중세사연구』 17, 2004.

김기엽, 「오봉(梧峯) 신지제의 생애와 시에 표출된 울결(鬱結)의 양상」, 『한국한문학연구』 76, 2019.

김동수, 「조선초기 군현의 승.강 및 명호의 개정」, 『전남사학』 5, 1991.

김백철, 「조선시대 경상도지역 고을의 형성과 변화」, 『대구경북연구』 21, 2022.

김원규, 「합포병영성과 마산」, 『가라문화』 27, 2015.

김정대, 「통합 창원시 권역 행정구역 이름의 역사」, 『가라문화』 26, 2014.

김한신, 「임진왜란기 남부지역 조선군 지휘부의 갈등양상과 대응방안」, 『역사와 실학』 67, 2018.

노연수, 「조선전기 강릉대도호부사 업무 연구」, 『강릉문화사연구』 6, 2001.

민덕기, 「임진왜란기 '부왜' 정보와 조선 조정의 대응」, 『한일관계사연구』 47, 2014.

백지국, 「16~17세기 창원지역 재지사족의 동향 - 『창원향안』을 중심으로」, 『민족문화논총』 54, 2013.

백지국, 「조선시대 창원도호부 권역 월경지 검토」, 『민족문화논총』 57, 2014.

우인수, 「조선 선조대 지산 조호익의 유배생활」, 『조선시대사학보』 66, 2013.

이홍숙, 「창원도호부 권역의 지명전설에 관한 연구」, 『단산학보』 5, 1999.

장준호, 「임진왜란기 김성일의 초유활동과 전시행정」, 『서강인문논총』 58, 2020.

한정호, 「관해정·회원서원의 연원과 장소성 고증」, 『탐라문화』 63, 2020.

한준수, 「신라 경덕왕대 군현체제의 개편」, 『북악사론』 5, 1998.

한충희, 「조선초기 도제와 군현제 정비연구」, 『계명사학』 15, 2004.

창원대도호부와 창원의 지식인

백지국 | 영남대 외래교수

I. 창원 지역 성리학 학맥의 흐름

조선 왕조는 성리학을 통치이념으로 표방하였다. 이에 개국 초부터 국가 체제 정비와 함께 성리학 보급에 힘썼다. 15세기 성리학을 통치이념으로 하는 지배 질서가 완비되었으며, 16세기에 이르러서는 성리학의 이론적 발전이 이루어졌다. 특히 16세기 후반 붕당 정치가 시작됨에 따라, 각 정파는 특정 학통(學統)을 중심으로 결집하였다.

우리나라 성리학 유파는 크게 영남학파(嶺南學派)와 기호학파(畿湖學派)로 대별된다. 그 중에서도 영남학파는 경상도 지역에 근거를 두고 있다. 회재(晦齋) 이언적(李彦迪), 퇴계(退溪) 이황(李滉), 남명(南冥) 조식(曺植)의 학통을 포괄하는데, 이 계열은 동·서 분당 당시 동인(東人)으로 좌정하게 된다. 동인 세력은 선조·광해군을 거치면서 한 번 더 남인(南人)과 북인(北人)으로 분열하였다. 이때 남인 계열은 퇴계의 학통을 계승한 인사들이 주축을 이루었고, 북인 계열은 남명의 학통을 계승한 인사들이 주축을 이루었다.

퇴계학파는 경상도 내에서도 안동권을 중심으로 경상좌도(慶尙左道)에서 발전하였다. 대표 문인으로는 조목(趙穆)·유성룡(柳成龍)·김성일(金誠一)·정구(鄭逑) 등이 있다. 남명학파는 진주·합천권으로 대표되는 경상우도(慶尙右道)

에서 발전하였다. 대표 문인으로는 오건(吳健)·최영경(崔永慶)·하항(河沆)·정인홍(鄭仁弘)·곽재우(郭再祐) 등이 있다. 김우옹(金宇顒)과 정구 같은 인사는 퇴계·남명 양 문하에 동시에 출입하였다.

인조반정 이후 북인 정권이 몰락하자, 남명학파는 와해되어 갔다. 이후 남명학파는 정구를 매개로 퇴계학파에 흡수되거나, 기호학파로 전향하였다. 인조반정으로 남명학파 계열이 와해된 가운데, 영남학파는 크게 '김성일→이현일(李玄逸)→이재(李栽)→이상정(李象靖)', '유성룡→정경세(鄭經世)→유진(柳袗)→유원지(柳元之)', '정구→허목(許穆)→이익(李瀷)→안정복(安鼎福)→황덕길(黃德吉)→허전(許傳)' 등의 계열로 계승되어 갔다.

이러한 흐름 속에 창원 지역 내 성리학 지식인이 활동을 시작한 것은 16세기 이후이다. 이 무렵 창원 지역은 정치적으로 북인계, 학문적으로는 남명학파 지역으로 이해되었다. 그러나 남명과 창원 지역 지식인과의 뚜렷한 학문적 계승관계는 확인되지 않는다. 다만, 남명을 제향 한 서원에 출입한 창원 인사 몇몇이 확인될 뿐이다. 남명을 제향하는 서원으로는 진주 덕천서원(德川書院)과 합천의 용암서원(龍岩書院), 김해 신산서원(新山書院) 등이 있다. 이중 창원 지역 인사의 출입이 확인되는 곳은 덕천서원과 신산서원 두 곳이다. 용암서원에 출입한 기록은 확인되지 않는데, 여기에는 서원 자료가 소략한 점과 더불어 인조반정 이후 노론계의 영향력이 커진 점과 무관하지 않을 것이다.

〈표-1〉 덕천서원·신산서원 출입 인사

전거			수록 인물
『덕천서원청금록』	권1	1609년 7월 12일	장익규(張益奎)
	권2	1623년(인조 1) 5월	장익규·이육(李堉)
	권3	1629년(인조 7) 11월	이육
	권4	1634년(인조 12) 4월 15일	이육·이중발(李重發)
	권5	1642년(인조 20) 2월 17일	이중발
『신산동화록』	–	1610년(광해군 2) 9월 25일	김섬(金暹)·김귀정(金貴精)·장익규·이육·심협(沈浹)

〈표-1〉을 보면 17세기까지 창원 출신으로서 덕천서원에 출입한 인사로는 장익규(張益奎)·이육(李堉)·이중발(李重發), 신산서원에 출입한 인사로는 김섬(金暹)·김귀정(金貴精)·심협(沈浹)·장익규·이육이 확인된다. 이 가운데 장익규·이육 2인은 두 곳 모두 출입하였다.

한편, 창원의 사대부는 16세기까지 사림파 및 남명학파의 주요 인사와 통혼권을 형성하고 있었다. 예컨대 김종직(金宗直)의 문인인 손중돈(孫仲暾), 이윤(李胤), 주박(周博) 등이 창원 지역 인사와 통혼하였다. 손중돈은 김종직의 문인이자 이언적의 외숙으로 동강서원(東江書院)·속수서원(涑水書院)에 제향 된 경주 출신의 사림이다. 남양홍씨와 혼인하여 1남 3녀를 두었다. 이 가운데 1녀가 김해인(金海人) 김말손(金末孫)과 혼인하면서 창원 지역과 인연을 맺게 된다. 김말손은 김해김씨 판서공파로 김불비(金不比)의 후손이다. 이윤은 김종직의 문인으로 김일손(金馹孫)·권오복(權五福) 등과 교유하였다. 무오사화 때 화를 입고 거제도에 유배되었다. 민충달(民忠達)의 딸 여주 민씨와 혼인하여 슬하에 2남 3녀를 두었다. 이 가운데 3녀가 상산인(商山人) 김언필(金彦弼)과 혼인하면서 창원과 인연을 맺었다. 주박의 할아버지는 주문보(周文俌), 아버지는 주세곤(周世鵾)이다. 중부 주세붕(周世鵬)이 아들이 없어 계자가 되었다. 주세붕은 우리나라 최초의 서원 백운동서원(白雲洞書院)을 설립한 인물이다. 주박은 1568년(선조 1) 문과에 급제하여 검열·교리·사예 등을 역임하였다. 창원에 세거하는 장세침(張世沉)의 딸 창녕 장씨와 혼인하였다.

또한 창원은 남명 조식의 외향(外鄕)된다. 조식의 외조모는 최윤덕(崔潤德)의 딸 통천최씨(通川崔氏)이다. 통천최씨 창원 입향조는 최록(崔錄)으로 '최록-최운해(崔雲海)-최윤덕(崔潤德)-최광손(崔廣孫)-최숙손(崔淑孫)' 대까지 창원에 적을 두고 있었다. 그러나 최숙손이 단종 복위운동에 연루되었고, 이때 아들 최맹한(崔孟漢)과 조카 최계한(崔季漢)이 함께 위리안치되면서, 점차 창원을 떠난 것으로 보인다. 조식은 남평 조씨와 혼인하여 1남 1녀를 두었는데, 이 가운데 1녀가 창원에 거주하는 상산인 김행(金行)과 혼인 하였다.

김행은 슬하에 2녀를 두었는데, 각각 김우옹·곽재우와 혼인하면서 창원은 김우옹과 곽재우의 처향(妻鄕)이 되었다. 김면(金沔) 역시 창원이 외향이었다. 김면의 어머니는 김취명(金就明)의 딸 김해 김씨이다. 김불비의 후손으로 아버지는 김말손의 형 김중손(金中孫)이다. 이러한 통혼권을 바탕으로 창원 사림은 영남 사림파에서 남명학파로 이어지는 학맥에 영향을 받았던 것으로 보인다.

〈가계도 1〉 남명 가계의 통혼권

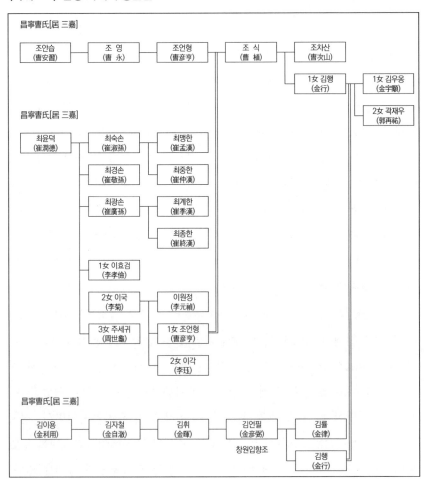

하지만 이들 중 창원에서 직접적으로 활동한 인사는 없다. 16세기까지만 하더라도 남귀여가혼(男歸女家婚)이 일반적이어서, 처향·외향을 따라 입향하는 경우가 적지 않았으나, 위의 인사들은 창원에 세거지를 형성하지 않고 본향에서 활동하였다.

16세기 후반 창원에서는 퇴계의 직전(直傳) 문인으로 조호익(曺好益)이 배출되었다. 1545년(인종 1) 창원 지개동(芝介洞)에서 태어난 조호익은 중형 조광익(曺光益)과 함께, 주박에게 학문을 배웠다. 이어 1561년(명종 16)에는 도산(陶山)의 퇴계를 찾아가 배움을 청하였다. 1563년 창원을 방문한 퇴계를 뵙고 『대학(大學)』에 대해 질문하는 등 퇴계의 젊은 고제(高弟)로 각광을 받았다. 그러나 조호익은 1575년(선조 8) 적군검독관(籍軍檢督官) 임명을 거부한 이유로 평안도 강동에 전가사변(全家徙邊) 당하였다. 임진왜란이 일어나자 평안도 일대에서 의병을 일으켰다. 김육(金堉) 등에게 학문을 가르쳤으며, 평안도 지역 문풍 진작에 크게 기여하여 관서부자(關西夫子)라 일컬어졌으나, 이후 창원으로 돌아오지 않았다. 유배에서 풀인 이후 선대 고향인 영천에 정착한 것이다. 조호익은 임진왜란 이전 창원에서 활동한 성리학 지식인 중에서는 가장 명망 있는 인사였다. 그가 창원으로 돌아오지 않은 것은 임진왜란으로 창원 지역이 크게 피폐해진 것과 무관하지 않을 것이다.

창원 출신은 아니지만, 창원 지역 퇴계학파 형성에 큰 영향을 끼친 인물은 정구이다. 그는 1587년(선조 20) 창원과 이웃한 함안의 군수로 부임하였다. 이때 창원의 사대부들이 함안을 찾아가 정구에게 수학하였는데, 이를 정리하면 다음의 〈표-2〉와 같다.

〈표-2〉 창원지역 한강 문인 및 교유 인사

성명	전거	비고
권욱(權煜)	「봉산욕행록(蓬山浴行錄)」	창원유향소 향원
권을(權乙)	「회연급문제현록(檜淵及門諸賢錄)」	한강문인 효자

성명	전거	비고
김귀정(金貴精)	「봉산욕행록」	신산서원 출입 하혼(河渾)과 교유 창원유향소 향원
심식(沈湜)	「봉산욕행록」	
이영복(李榮復)	「봉산욕행록」	
이학(李塨)	「회연급문제현록」	가문의 인사 남명학파와 교류
장익규(張益奎) [1595~1624]	「회연급문제현록」·「봉산욕행록」	한강문인 관해정 건립 및 중건 주도 덕천서원·신산서원 출입
장익기(張益祺)	「회연급문제현록」	한강문인 한몽삼(韓夢參)의 장인
황원록(黃元錄) [1581~1618]	「봉산욕행록」	장현광 문인 창원유향소 향원
이영복(李榮復)	「봉산욕행록」	

정구 역시 창원을 방문하여 최치원(崔致遠) 유허지를 유람하고 관해정(觀海亭) 터를 잡았다.[사료 1] 그 과정에서 정구와 창원 지역 사림과의 소통이 이루어졌을 것이다.

[사료 1]

나는 지난 정묘년[1567] 겨울 조선생[조식]을 분성[김해]의 산해정(山海亭)에서 모시고 있었다. 이곳은 산과 바다의 흥취를 겸하고 있어 은거하기에 적합하여 마음에 들었다. 그 뒤 정해년[1587] 가을 비로소 이곳을 얻었는데, 또한 유선(儒仙)[최치원]의 자취가 배어 있어 마음에 들었다. 그 당시 우연히 벗들과 한자리에 모여 이야기를 나누며 술자리가 한창 무르익을 때 이 시를 지었다. 그러자 좌중에 시에서 말한 의미를 살려 자기가 정자를 짓겠다고 말하는 사람이 있었으므로 그가 일을 벌이기를 좋아하는 자라면 즉시 만들 수 있을 것이라고 생각하였다. 그런데 얼마 안 되어 세상 일이 복잡해지고 게다가 임진왜란을 만나 16~17년의 세월이 훌쩍 지나가 버렸다. 계묘년[1603] 겨울 나는 벼슬을 그만두고 고향으로 돌아왔고, 그 이듬해 함주[함안]의 사우들이 힘을 합쳐 (창원의 터에) 조촐한 초당 한 채를 지었다. 장문재(張文哉)[장익규]가 그

곁에 임시로 기거하며 힘을 도와 집을 완성하였다. 그 뒤 10년 만에 집이 또 쓰러져 길가의 버려진 땅이 될 상황에 이르렀다. 문재가 다시 터를 다듬고 주춧돌을 놓으며 들보를 올리고 기와를 덮는 등 몇 해 동안 집을 짓느라 온갖 고초를 다 겪었다. 내가 바다에 목욕하기[浴海] 위해 이곳에 와 보니, 그 겉모습의 아름다움이나 내부 구조의 정밀함이 지난날 초당의 모습과는 완전히 달랐고 또 내가 당초에 바랐던 규모를 벗어난 것이었다.

(정구, 『한강집』 권9, 잡저, 「서구시해정시후(書舊時海亭詩後)」.)

1634년(인조 12)에는 창원과 함안의 사대부들이 힘을 모아 관해정이 위치한 곳에 정구를 제향하는 회원서원(檜原書院)을 건립하였다. 회원서원은 창원 최초의 서원이기도 하지만, 무엇보다 17~18세기 동안 창원에 존재했던 유일한 서원이라는 점에서, 창원 지역 지식인 형성에 중요한 의미를 지닌다.

창원 관해정 전경 (출처 : 문화재청)　　　　창원 달천구천 (출처 : 문화재청)

정구에 이어 허목 또한 창원의 퇴계학파 부식에 큰 영향을 끼쳤다. 허목은 병자호란이 일어나자 남쪽 지방으로 피난하였다. 의령(宜寧)·사천(泗川)

등에 머물다가 1641년(인조 19) 창원 감계로 옮겨왔다. 창원에는 허목 선대에 조성된 별장이 있었다. 또한 지금의 외감리에는 허목이 만들었다고 하는 우물 '달천구천(達川龜泉)'이 남아있다. 허목은 1645년(인조 23) 칠원(漆原)으로 이거하기 전까지 회원서원 등지에서 창원에서 활동하던 유명립(柳命立) 등 여러 인사와 교유하였다. 이러한 연고로 인해 1708년(숙종 34) 창원 지역 사림은 허목을 회원서원에 추향했다.

이처럼 정구와 허목은 창원 지역과 연고를 가지고 있으나, 정작 그들이 창원에 머문 기간은 그리 길지 않다. 그렇지만 창원의 퇴계학파는 자신들의 학문적 연원을 '퇴계-정구-허목'으로 이어지는 학맥에서 찾고 있다. 이 때문에 18세기 이후에는 퇴계학을 계승한 지식인들의 활동이 두드러진다. 18세기에는 이현일(李玄逸)의 문인인 박신윤(朴身潤, 1661~1698)과 김상정(金尙鼎, 1668~1729), 19세기에는 허전(許傳) 문하에서 수학한 인사 중 김만현(金萬鉉, 1820~1902)과 김기호(金琦浩, 1822~1902)의 활동이 주목된다.

〈표-3〉 『냉천급문록』에 수록된 창원지역 김기호의 문인

성명	본관	거주	성명	본관	거주
안성박(安性珀)	순흥	율리(栗里)	박희룡(朴希龍)	밀양	사화(沙火)
김기호(金琦浩)	김녕	사파(沙巴)	조윤오(曹潤五)	창녕	감계(甘界)
정재건(鄭在建)	동래	완암(完巖)	안두형(安斗馨)	순흥	상림(上林)
노학락(盧鶴洛)	교하	대천(大川)	정규환(鄭奎煥)	동래	완암(完巖)
정재섭(鄭在燮)	동래	완암(完巖)	정규엽(鄭珪燁)	창원	완암(完巖)
노규(盧珪)	교하	지귀(知歸)	황용호(黃龍昊)	창원	삼정(三亭)

창원 지역에서 본격적으로 서원과 사우가 건립되고, 선현에 대한 문집 간행이 이루어진 것도 이 무렵부터이다. 문헌을 통해 확인할 수 있는 조선 후기 창원의 원사(院祠)는 〈표-4〉와 같이 모두 7개소이다. 회원서원만 17세기에 건립되었으며, 18세기와 19세기에 각각 3개소가 건립되었다. 이

가운데 운암사우와 도봉사는 1844년(헌종 10) 각각 운암서원과 도봉서원, 구연사는 1864년(고종 1) 구암서원(龜巖書院)으로 승격하였다.

〈표-4〉 조선 후기 창원의 원사(院祠)

	원사명	연도	제향인	연고	전거
1	회원서원(檜原書院)	1634	정구(鄭逑)	부임지(赴任地)	『여지도서』, 『조두록(俎豆錄)』, 『경상도읍지』, 『도내각읍서원훼철사괄성책초』, 『교남지』, 『증보문헌비고』
			허목(許穆)	우거(寓居)	
2	운암사우(雲巖祠宇)	1702	박신윤(朴身潤)	가향(家鄉)	『조두록』, 『창원부읍지』, 『도내각읍서원훼철사괄성책초』, 『교남지』, 『증보문헌비고』
3	공부자영전(孔夫子影殿)	1728	공자(孔子)	기타	『조두록』, 『창원부읍지』, 『교남지』, 『증보문헌비고』
4	도봉사(道峰祠)	1775	김명윤(金命胤)	가향	『도내각읍서원훼철사괄성책초』, 『교남지』
5	월영서원(月影書院)	1846	최치원(崔致遠)	우거(寓居)	『도내각읍서원훼철사괄성책초』, 『교남지』
6	화산사(花山祠)	1846	김상정(金尙鼎)	가향	『교남지』
7	구연사(龜淵祠)	1858	정이오(鄭以吾)	기타	『도내각읍서원훼철사괄성책초』, 『교남지』
			정분(鄭苯)	기타	

창원을 대표하는 서원은 앞서 언급한 회원서원으로서, 창원 지역 퇴계학파의 구심처 역할을 했다. 회원서원은 1604년(선조 37) 건립한 관해정(觀海亭)에서 유래한다. 관해정은 관부의 지원을 받아 창원과 함안의 사대부가 합심하여 건립한 것이다. 정구가 사망하자 관해정 옆에 그를 모시는 사우를 짓고 회원서원이라 하였다. 회원서원의 건립 역시 관부의 지원을 받아 창원과 함안의 사대부가 힘을 모았다. 관해정과 회원서원 건립에 참여한 주요 인사는 〈표-5〉와 같다. 이들은 남명 문인이거나, 정구 문인으로 퇴계학파가 뿌리내리기 이전인 17세기 전후, 창원 지역은 '남명-한강'으로 이어지는 학맥과 밀접한 관계에 있었음을 알 수 있다. 그러나 1708년 허목을 추향하면서 회원서원의 창원 사림은 '퇴계-정구-허목'으로 이어지는 퇴계학파에 접목하게 된다.

〈표-5〉 관해정·회원서원 건립 주도 인물

	성 명	학 맥	거주지	기 타
관해정	정구(鄭逑)	남명·퇴계 문인	성주	함안군수 등
	이정(李瀞)	남명 문인	함안	창원부사 /한강 교유
	박제인(朴齊仁)	남명 문인	함안	한강 교유
	성경침(成景琛)	남명 문인	함안	한강 교유
	이칭(李偁)	남명 문인	함안	한강 교유
회원서원	장익규(張益奎)	한강 문인	창원	–
	오여벌(吳汝橃)	한강 문인	영천	창원부사
	한몽일(韓夢逸)	한강 문인 황암 문인	함안	–
	한몽삼(韓夢參)	한강 문인 황암 문인	함안	자여찰방
	조임도(趙任道)	남명·퇴계 문인	함안	–

한편, 1640~1703년 사이에 창원 지역 지식인 간에 한 가지 논쟁이 발생했다. 바로 회원서원에 최치원을 제향하는 문제였다. 창원은 최치원의 소요처였기에 서원 제향에 대한 명분은 충분했다. 이에 최치원을 회원서원에 제향하려는 움직임이 일어났다. 그러나 문제는 위차(位次)였다. 만약, 문묘(文廟)에 종사(從祀)되고 신라 시대 인물인 최치원을 회원서원에 제향한다면, 훨씬 후대 인물인 정구의 위차를 조정해야만 했다. 하지만, 회원서원을 주도하는 세력은 서원의 중심인물을 정구로 설정하고 싶었다. 그래서 조임도(趙任道, 1585~1664)는 최치원의 위패를 정구 오른쪽에 모시는 것을 전제로 봉안문(奉安文)을 작성하였다.[사료 2] 그러나 반대도 만만치 않았다. 결국 이 문제는 별사(別祠)에 최치원을 제향하는 것이 옳다는 이현일의 의견에 따라,[사료 3] 추향하지 않는 것으로 일단락되었다.

[사료 2]

회원서원에 문창후를 봉안하려고 초안한 글(擬檜原書院奉安文昌侯文)

하늘이 기이한 분을 내시어 [天生異人]
우리 동방을 빛나게 하였습니다. [賁我東荒]
…중략…
이곳 회원은 [唯此檜原]
옛날에 문창이라 불렀습니다. [舊號文昌]
문창후가 이곳에 내려와 [侯玆縹降]
기이한 발자취 매우 드러났습니다. [異跡孔彰]
그 교화가 지금까지 전해지니 [風傳至今]
우리들이 어찌 잊겠습니까 [俾也可忘]
합포의 서쪽 [合浦之西]
두척산의 남쪽 [斗尺之陽]

천석이 아름다운 한 구역 [一區泉石]
금과 옥이 맑게 울리는 곳 [金鏗玉鏘]
그곳에 사당이 있는데 [厥有廟貌]
한강 선생을 봉안하였습니다. [揭虔寒岡]
처음으로 터를 잡아 사우 짓는 것 [爰初卜築]
실로 그 유풍 사모하기 때문입니다. [實慕餘香]
드디어 지역의 공론을 모아 [肆揖衆議]
오른쪽에 받들어 제향합니다. [躋享右方]
…이하 생략…

(조임도,『간송집』권5, 축문)

[사료 3]

회원서원 위차(位次)의 선후에 대해서는 마침 상고한 것이 있어 별지
에 써서 보냅니다. 살펴보시기 바랍니다.

별지

『주자연보(朱子年譜)』를 살펴보니, 순희(淳熙) 6년 기해년에 지남강군
사(知南康軍事)가 되어 염계(濂溪) 주 선생(周先生)의 사우(祠宇)를 세
우고 이정(二程)선생을 배향하고, 별도로 오현당(五賢堂)을 세워 도정절
(陶靖節)과 유서(劉恕) 부자(父子), 이공택(李公擇), 진요재(陳了齋)를 제
향하였습니다. 이제 이 뜻을 미루어 보건대, 회원서원에 이미 한강(寒
岡) 정 선생(鄭先生)을 정위(正位)에 모셨으니 다시 바꾸어서는 안 됩니
다. 허문정공(許文正公)이 정 선생에 대해 일찍이 문제자(門弟子)로 자
처하였으니, 『한강문집(寒岡文集)』의 서문을 보면 알 수 있을 것입니다.
이제 염계서원(濂溪書院)의 예에 의거하여 허 문정공을 배위(配位)로 삼
아 제향해야 함은 의심할 나위 없습니다. 최문창후(崔文昌侯)[최치원]가
정 선생에 대해 세대는 비록 선후가 있으나 문창후를 문목공(文穆公)[정
구]의 오른쪽에 나란히 제향해서는 안 되니, 주자가 별도로 오현사(五賢

祠)를 세운 예에 의거하여 따로 사당을 세워 문창후를 제향하는 것이 사
의(事宜)에 합당할 듯한데, 이 뜻을 어떻게 생각하시는지요?
(이현일, 『갈암집(葛庵集)』 권11, 서(書), 「답권천장(答權天章)」)

　이 논의는 창원 지역 사대부들이 서원 운영의 명분을 확보하기 위해 어
떤 고민을 했는지 잘 보여준다. 조선 시대 서원 건립과 추향(追享)은 사림의
동의와 관부의 허가가 있어야지 가능하였다. 특히 제향 인물은 서원의 위
상과 직결되는 문제였다. 만약, 회원서원에 문묘종사자인 최치원이 제향된
다면, 회원서원뿐만 아니라 이를 운영하는 창원 사림의 권위도 높아질 수
있었다. 즉, 최치원 제향 논의는 문묘종사자의 권위를 빌려 서원의 위상을
높이려는 창원 지식인의 고민에서 비롯된 것이었다.
　이후 회원서원은 17~18세기 창원 지역 유일한 서원으로 재지 세력들
의 소요처이자 강학처로 활용되며, 창원 지식인에게 중요한 공간으로 자리
잡았다. 사료의 소략으로 회원서원을 중심으로 한 창원지역 지식의 활동을
파악하기 어렵지만, 회원서원 중건·중창시 작성된 기문·상량문을 통해 당
시 활동하였던 창원의 인사를 확인할 수 있었다. 인사의 명단은 〈표-6〉과
같다.

〈표-6〉 회원서원 중건·중창에 참여한 창원의 인사

중건·중창연도	참여인물
1781년	김창신(金昌臣)
1806~1807년	김기(金曁)·안필일(安必馹)·김이칠(金履七)
1818년	이석하(李錫夏)[상량문]
1855년	안두철(安斗喆)[원수(院首)]·유기주(俞琦柱)·김사언(金思彦)·안두유(安斗維)
1870년	김만형(金萬衡)·김사백(金思百)·조의봉(曺儀鳳)
1886년	김사백·김길원(金吉元)·안인석(安寅錫)·김호원(金鎬源)·조병환(曺丙煥)

　18세기 이후부터는 창원 출신의 인사를 제향하는 원사가 건립되었다.

박신윤·김상정이 세상을 떠나자, 이들의 일족과 문인들은 1702년(숙종 28) 운암사우[박신윤], 1846년(헌종 12) 화산사[김상정]를 각각 건립하였다. 이후에는 상산김씨·경주최씨·진주정씨 가문에서 사우를 건립하고 자신들의 명조(名祖)를 제향하였다. 먼저 상산김씨는 조선 중기 무신이자 충신인 김명윤(金命胤)을 제향하는 도봉사 건립하였다. 경주최씨와 진주정씨 가문은 창원 출신 선조 가운데 현달한 인사가 없었다. 그래서 경주최씨는 최치원을 제향하는 월영서원(月影書院)을 건립하였으며, 진주정씨는 구연사를 건립하고 국초 인물인 정이오(鄭以吾)·정분(鄭苯) 부자를 제향하였다.

창원 출신 인사의 문집 간행은 대부분 19세기 후반 이후에 이루어졌는데, 이를 정리하면 〈표-7〉과 같다. 창원의 문집 간행이 뒤늦게 이루어진 것 또한 지역의 학맥이 18세기 이후에 정립되었기 때문이다. 창원 사림은 학맥이 정립됨과 동시에 지역 출신 명현의 문집을 간행함으로써, 학문적 연원을 분명히 밝히고자 했다. 그렇기 때문에 문집이 간행된 조선 시대 창원의 지식인 퇴계학파와 연결되어 있다.

〈표-7〉 창원지역 문집 간행 현황

인물	문집	사승관계	가문	간행
김명윤(金命胤) [1565~1609]	동산실기(東山實記)	–	상산김씨	1866
감경인(甘景仁) [1569~1648]	삼열당집(三烈堂集)	–	창원감씨	1911
박신윤(朴身潤) [1661~1698]	우곡집(愚谷集)	이현일 문인	밀양박씨	1891
김상정(金尙鼎) [1668~1729]	곡천집(谷川集)	이현일 문인	김해김씨 이형계	1922
김만현(金萬鉉) [1820~1902]	만휴집(晚休集)	허전 문인	김해김씨 이형계	1935
김기호(金琦浩) [1822~1902]	소산집(小山集)	허전 문인	김녕김씨	1915
김상욱(金相頊) [1857~1938]	물와집(勿窩集)	김흥락(金興洛) 문인	상산김씨 명윤계	1961

인물	문집	사승관계	가문	간행
김용복(金溶馥) [1859~1932]	농와유고(聾窩遺稿) 농와유집(聾窩遺集)	김기호 손자	김녕김씨	1962
김병린(金柄麟) [1861~1940]	눌재집(訥齋集)	이종기(李種杞) 문인	김해김씨 이형계	1960
감기현(甘麒鉉) [1880~1965]	동미문집(東湄文集)	곽종석(郭鍾錫) 문인	창원감씨	1966

이상 살펴본 것처럼 창원은 조선 유학사 주변에 머무르다 비교적 늦은 시기인 18세기 문풍이 진작되었다. 창원은 조선 시대 동안 도호부(都護府) 또는 대도호부(大都護府)의 읍격(邑格)을 유지한 규모 있는 고을이었지만, 조선 시대 문풍(文風)의 흐름에 영향력을 끼칠 만한 지식인이 배출되지 못한 것이다. 그 이유에 대해서는 크게 두 가지로 정리할 수 있다.

첫째, 조선 시대 창원 지역의 자연 입지는 사대부 계층의 전통적인 세거지와 거리가 멀었다. 조선의 사대부는 주로 내륙의 '산곡지간(山谷之間)'에 세거지를 형성하였다. 이와 관련해 실학자 이중환(李重煥, 1690~1752)은 계거(溪居)·강거(江居)·해거(海居) 중에서도 계거를 으뜸으로 뽑았다. 산지와 하천이 교착하는 곳에 농지와 수리 시설을 확보함으로써, 자급자족 할 수 있었으며, 병란 시 피병(避病)·피세(避世)에 유리했다. 무엇보다 처사적 삶을 구현하는데 있어서, 조선의 사대부는 계거를 이상적으로 생각하였다.

하지만 해읍(海邑)인 창원은 일본과의 관계 속에 일찍이 국방성 요충지로 부각되었다. 또한 조창(漕倉)을 중심으로 유통경제가 발전하였다. 이러한 자연 및 인문 환경은 전통적인 사대부 계층의 세거지와 차이가 있을뿐더러, 관부의 영향력도 클 수밖에 없었다. 따라서 경상도 내륙의 다른 고을과 비교해, 성리학 지식인을 배출할 저명한 사대부 가문의 정착이 늦어졌던 것이다.

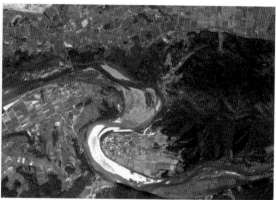

창원 영상지도   안동 하회마을 영상지도

〈지도-1〉 창원과 안동의 자연환경[출처: 국토정보플랫폼]

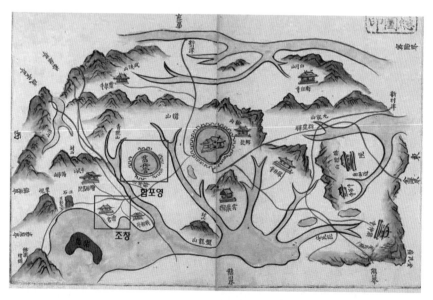

『경상도읍지』(1832년 경)에 수록된 창원도호부 지도 (출처: 서울대학교 규장각)

〈지도-2〉 고지도에 나타난 창원의 인문학적 배경

    둘째, 16~17세기 동안 창원에서는 뚜렷한 학맥의 구심점이 형성되지 못하였다. 이 시기 사대부 문화가 꽃피웠던 고을의 경우 특정 학맥을 영도

하는 인사가 배출되거나, 여러 학맥이 경쟁하는 구도가 갖추어졌었다. 창원의 경우 한때 남명학파 권역에 해당하였지만, 인조반정 이후 북인 정권의 몰락과 함께 그 구심점을 잃고 말았다.

이러한 이유로 창원 지역은 다른 고을과 비교해 문풍(文風)의 진작이 늦었고, 17세기 이전까지 저명한 성리학 지식인이 배출되지 않았다. 하지만 창원의 지식인은 사족 주류가 형성해 놓은 성리학적 문화체계에 편입하기 위해 나름의 명분을 확보해 갔고, 18세기 무렵 성리학의 저변 확대와 창원 사림의 여러 노력 속에 뚜렷한 학자군이 형성하였던 것이다.

II. 18~19세기 창원 문풍의 진작
: 곡천(谷川) 김상정(金尙鼎)의 학문 활동

김상정의 본관은 김해, 자는 덕삼(德三), 호는 곡천(谷川)으로 사정공파로 김이형(金利亨)의 후손이다. 이 계열은 15세기 김이형의 아들 김귀(金龜) 대에 처음 창원에 정착한 것으로 보인다. 이후 과거 합격자를 배출하면서, 향촌 내 가문의 격을 일신하였고, 창원을 대표하는 유력가문으로 성장하였다.

김상정은 1688년(현종 9) 창원 화목리(花木里)에서 태어났다. 당시 창원에는 지역을 영도할만한 학자가 없었다. 그렇기에 어린 시절 김상정은 특별한 스승 없이 혼자 학문을 연마한 것으로 보인다. 그러던 중 1693년(숙종 19) 이숭일이 의령현감으로 부임하자, 동향의 친우(親友) 박신윤과 함께 그를 뵙고 입문하였고, 본격적으로 퇴계학파의 학맥을 계승하게 된다. 1698년(숙종 24) 이숭일이 세상을 떠나자 갑술환국으로 유배가 있던 이현일을 찾아가 배움을 청하였다. 이후 김상정은 이현일이 이배 될 때마다 유배지를 찾아서 배움을 이어갔고, 이현일이 해배되어 안동에 우거할 때도 직접 찾아가 수학하였다. 1704년(숙종 30) 이현일이 세상을 떠나자 창원 곡천 구곡 옆에 집을 짓고, 학문연구에 몰두하였다.

이러한 김상정의 활동은 크게 강학 활동, 회원서원의 허목 추향 활동, 이현일 신원 청원 운동, 무신난 창의로 나누어 살펴볼 수 있다.

먼저 김상정이 강학 활동을 펼친 곳은 창원 염산(簾山)의 문방동(文房洞)이다. 이곳에 몇 칸의 서재(書齋)를 짓고 학문에 정진하였는데, 이 소식이 주위에 알려지자 멀고 가까운 곳에서 선비들이 찾아와 학문을 배웠다. 이전까지 창원의 퇴계학맥은 '퇴계-정구-허목'을 기반으로 하고 있었지만, 이들은 모두 창원 출신이 아니었다. 그런 가운데 김상정이 이숭일·이현일 형제의 문인이 되면서, 직접 퇴계학파와 연접하였다. 이를 계기로 창원에는 '이현일-김상정'으로 이어지는 퇴계학파가 형성될 수 있었던 것이다.

이 무렵 배출한 문인으로는 황후간(黃後幹, 1700~1773)·배장(裵長)·김윤(金潤, 1699~1731) 등이 있다. 이 가운데 김윤은 김해김씨 사정공파 가문의 일원으로 김상정 사후 '이현일-김상정'으로 이어지는 가학의 전통을 계승하였다. 김윤은 1728년 김상정이 세상을 떠나자 가첩과 남긴 유집을 가지고 이현일의 아들인 이재(李栽)를 찾아가 행장을 청하기도 했다. 이후 이재·이광정(李光庭)·김성탁(金聖鐸) 문하에서 학문을 배웠다. 김해김씨 사정공파의 가학은 18세기 김진환(金震桓)·김세묵(金世默), 19세기 김시찬(金時瓚)·김만현(金萬鉉)·김병린(金柄璘) 등에게 전승되었고, 동시에 이현일·이재·김성탁·허전 등 남인계 명현에게 학문을 수학하면서, 창원의 유력한 남인계·퇴계학파 가문으로 자리매김하였다.

⟨가계도 2⟩ 곡천 김상정 가계

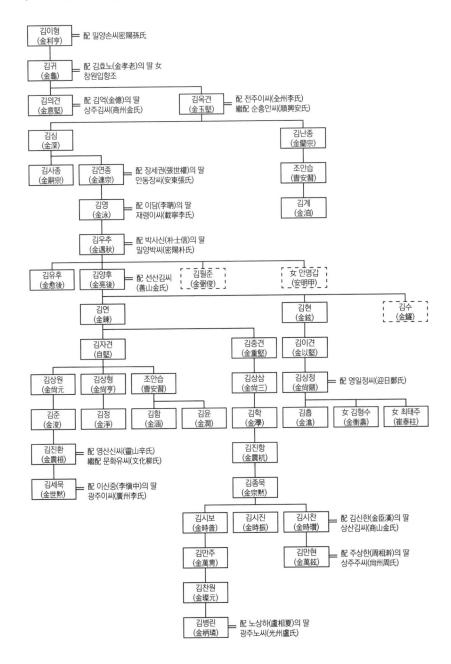

김이형(金利亨) ─ 配 밀양손씨密陽孫氏

김귀(金龜) ─ 配 김효노(金孝老)의 딸 女 / 창원입향조

김의견(金意堅) ─ 配 김억(金億)의 딸 / 상주김씨(商州金氏)

김옥견(金玉堅) ─ 配 전주이씨(全州李氏) / 繼配 순흥안씨(順興安氏)

김심(金深)

김난종(金蘭宗)

김사종(金嗣宗)

김연종(金連宗) ─ 配 장세권(張世權)의 딸 / 안동장씨(安東張氏)

조안습(曺安習)

김영(金泳) ─ 配 이담(李聃)의 딸 / 재령이씨(載寧李氏)

김계(金洎)

김우추(金遇秋) ─ 配 박사신(朴士信)의 딸 / 밀양박씨(密陽朴氏)

김유후(金愈後)

김양후(金亮後) ─ 配 선산김씨(善山金氏)

김필준(金弼俊)

女 안명갑(安明甲)

김연(金鍊)

김현(金鉉)

김수(金鑄)

김자견(自堅)

김중견(金重堅)

김이견(金以堅)

김상원(金尙元)

김상형(金尙亨)

조안습(曺安習)

김상삼(金尙三)

김상정(金尙鼎) ─ 配 영일정씨(迎日鄭氏)

김준(金浚)

김정(金淨)

김함(金涵)

김윤(金潤)

김학(金澩)

김흡(金潝)

女 김형수(金衡壽)

女 최태주(崔泰柱)

김진환(金震桓) ─ 配 영산신씨(靈山辛氏) / 繼配 문화유씨(文化柳氏)

김진항(金震杭)

김세묵(金世黙) ─ 配 이신중(李愼中)의 딸 / 광주이씨(廣州李氏)

김종묵(金宗黙)

김시보(金時普)

김시진(金時振)

김시찬(金時讚) ─ 配 김신한(金臣漢)의 딸 / 상산김씨(商山金氏)

김만주(金萬冑)

김만현(金萬鉉) ─ 配 주상한(周相澣)의 딸 / 상주주씨(尙州周氏)

김찬원(金璨元)

김병린(金柄璘) ─ 配 노상하(盧相夏)의 딸 / 광주노씨(光州盧氏)

<표-8> 18~19세기 김해김씨 사정공파 주요 인사 행적

성명	행적
김진환(金震桓)	1736년(영조 12) 경상도 유생들과 함께 송시열(宋時烈)·송준길(宋浚吉)의 문묘종사(文廟從祀) 청원과 관련하여 '홍봉한(洪鳳漢) 탄핵 상소' 참여
김세묵(金世默) [1736~1810]	허목(許穆)을 제향하는 나주 미천서원(眉泉書院) 중건 참여
김시찬(金時瓚) [1800~1877]	허전(許傳)과 교유, 쌍주재(雙珠齋) 건립
김만현(金萬鉉) [1820~1902]	허전의 문인, 『만휴집(晩休集)』
김병린(金柄麟) [1861~1940]	이종기(李種杞)의 문인, 『눌재집(訥齋集)』

두 번째로 주목할 것은 허목의 회원서원 추향이다. 앞장에서 살펴보았듯이 17~18세기 동안 회원서원은 창원의 유일한 서원으로 존재하였다. 이에 창원 사림은 회원서원을 통해 창원 지역 학맥을 정립하고, 사림의 권위를 높이고자 했다. 앞서 최치원 추향 논의와 위차 논쟁이 일어난 것도 같은 맥락에서 이해할 수 있다. 1708년 김상정이 주도한 허목 추향도 그 연장선상에서 성사되었다.

김상정은 허목이 1641~1645년 동안 창원에 우거하며, 창원 지역 학맥에 영향을 끼친 것을 추향 명분으로 삼았다. 이를 위해 김상정은 소론계(少論系) 창원부사 이삼(李森, 1677~1735)의 지원을 이끌어 내었으며, 안동 사림 권두경(權斗經) 등의 동의를 받아 허목을 회원서원에 추향하였다. 이러한 김상정의 노력으로 창원 지역 퇴계학파는 '정구–허목'으로 이어지는 '도통'을 확립될 수 있었다.

세 번째는 이현일 신원 청원이다. 김상정의 스승인 이현일은 갑술환국 이후 명의죄인(名義罪人)으로 지목되었다. 1710년 유배에서 풀려났으나, 여전히 명의죄인이라는 멍에를 쓰고 있었다. 이에 이현일 문인들은 상소를 올려 스승에 대한 신원을 청원함으로써, 학문·정치적 명예를 회복하고자 했다. 이현일 신원 청원은 몇 단계에 걸쳐 전개되었는데, 김상정이 참여한 것은 1722~1723년의 청원이다. 당시 김상정의 행적은 『곡천집』에 수록된 「북행록 병후서(北行錄幷後敍)」와 「계묘년 배소일록 병서(癸卯年陪疏日錄 幷敍)」를 통해 살펴볼 수 있다.

1722년(경종 2) 이현일 신원 청원이 추진되자 김상정은 유림의 소(疏)를 모아 4월 4일 창원을 출발하였다. 14일 안동에 도착한 김상정은 이재를 만나 그간의 일과 학문에 대해 묻고, 자신의 아버지 김이견(金以堅)의 묘갈을 부탁하였다. 4월 19일에는 안동 청성서원(靑城書院)에서 권구(權榘)·권덕수(權德秀)와 이야기를 나누었다. 그러나 상황이 여의치 않아 다시 창원으로 돌아왔고, 결국 1722년의 청원은 권두경의 만류로 중단되었다.

1723년(경종 3)의 청원 때도 김상정은 창원지역을 대표하여 소행(疏行)에 참여하였다. 2월 20일 김상정은 창원지역의 소를 모아 창원을 떠났다. 영산에서 밀양의 안명하(安命夏, 1682~1752)를 만나 27일 안동에 도착하였다. 청성서원에서 권덕수와 이야기를 나누고 29일 안동향교에서 장의(掌議)를 지명하는 담회에 참석하였다. 안명화는 당시의 일을 글로 남겼는데, 주목할 것은 김상정을 '남반의 우두머리[南班首]'로 표현했다는 것이다.

[사료 4]

癸未始大會 開坐於杏壇 李壽寅亦末至 先望定公事員 李時昉 朴龍相後
出薦疏首 吾同任 先薦李壽寅公事員 次薦生員李德祿 北班首柳元鉉 南班
首金尙鼎合坐 末薦生員安老石
(안명하, 『송와집』 권9, 록(錄), 「원유록(遠遊錄)」)

'남(南)' '반(班)' '수(首)'라는 표현이 단순히 모임에서 남쪽 반열의 우두머리를 지칭한 것인지, 아니면 이현일 문인으로서 이 상소에 참여한 영남 남부 지방 출신 사대부의 대표를 의미하는 것인지 명확하게 알 수 없지만,

이 명칭은 당시 이현일의 문인 집단 사이에서 김상정의 위상을 잘 보여주는 대목이라 하겠다.

이후 김상정은 일기유사(日記有司)로 임명되어 소행에 합류하였다. 3월 6일 안동을 출발한 소행은 3월 14일 한양에 도착하였다. 소청을 정한 후 일행은 각자 머물다가 18일 소행이 돈화문으로 나갔다. 하지만 궐문은 열리지 않았고 계속되는 요구에도 승정원은 끝까지 상소를 받지 않았다. 이에 4월 1일 회의를 열어 돌아갈 것을 결의하였고, 김상정은 4월 3일 안명화 등과 동대문을 나서 4월 12일 창원에 도착하였다.

김상정의 이현일 신원 청원 운동은 김상정의 학문적 계보와 함께 이현일의 문인 내에서 그의 위치를 확인할 수 있는 활동이었다. 이와 동시에 당시 창원 유림의 주류가 어떠한 성격이었는지도 짐작할 수 있다. 창원의 여러 사림은 김상정의 소청에 동행하지 못하였으나 지원을 아끼지 않았다. 개인적으로는 김해김씨 사정공파 일족인 김함·김윤·김준이 지원하였으며, 1723년에는 순흥안씨 가문의 안성원(安聖轅)·안성여(安聖輿) 등이 경제적 지원을 했다. 또한 창녕조씨 가문에서는 조응천(曺應天) 등이 김상정을 배웅하였고, 창원향교에서 돈 5관을 지원하였다.

[사료 5]

"지난봄[1721] 영가(永嘉)[안동]의 사우들이 선사(先師) 갈암 선생의 무고함을 밝히기 위하여 상소를 계획하고 … 올 봄 윤재(潤哉) 등 여러 사람이 글을 써서 단구(丹丘)에 고하였다. 권여행(權汝行)이 사자가 되어 동지들에게 두루 고하여 다시 거행한다는 계획을 듣고 못내 감탄하여 곧장 함께 하기를 결의하였다. 족질 김준이 탈 말을 빌려주고 김함이 노잣돈을 도와주었다. 김윤이 편지를 써 주어서 향교에서 돈 5관을 소청(疏廳)에 부쳐왔다. … 이하 생략… "(김상정, 『곡천집』 권3, 잡저, 「북행록 병후서」.)

[사료 6]

"드디어 결의를 하고 길을 나섰는데, 전적으로 족질들이 재정을 보태
주고 의장을 주선해 주었다. 일찍이 왕래하던 친구들이 행장을 도와주
었다. 2월 20일 익동의 집에서 출발하여 화목리에 도착하여 행장을 차
렸다. 김몽교가 와서 만나보고 노잣돈을 주었다. 2월 21일 아침에 가묘
에 배알하였다. 조응천(曺應天)·이백행(李百行)·조징삼(曺徵三) 등이
전송하러 왔다. 또한 맏조카 김준의 집에서 여러 족질들과 모여 담화를
하였다. 향교에서 돈 몇 냥을 보내주어 행자(行資)를 삼게 하였지만, 의
리상 미안하여 사양하고 받지 않았다 … 고향의 절 앞에 이르러서 교임
인 안서원(安聖轅)을 만났는데, 전송하기 위해 왔던 것이다. 그는 반듯
하게 정성껏 생각을 말하기를 "향교의 돈은 비록 받지 않으셨지만, 우
리 종형제가 각각 100문씩의 노잣돈을 드리고자 합니다." 라고 하였다.
그의 형은 곧 원징(元徵), 성여(聖輿)이다. 그 뜻이 고마워 드디어 받았
다." (김상정, 『곡천집』 권4, 잡저, 「계묘년 배소일록병서」)

이들 모두는 17~18세기 창원지역을 대표하던 유력 사족 가문 출신의
인사이다. 특히 정치적 사안임에도 불구하고 관학(官學)인 창원향교가 재정
지원을 했다는 점은 중요한 의미를 지닌다. 지역을 대표하는 관학에서 지
원이 이루어졌다는 것은 당시 창원지역 내에서 상당수의 사림이 이현일 신
원에 동조하고 있음을 뜻한다. 이는 창원지역 내 퇴계학파 및 남인의 권위
가 높아졌음을 보여주는 대목이다.

마지막으로 살펴볼 것은 무신난 창의이다. 갑술환국으로 중앙의 남인
세력은 큰 타격을 입었고, 영남 남인의 중앙정계 진출도 어려워졌다. 그런
가운데 1728년 강경 소론 인사였던 이인좌(李麟佐)가 경상우도의 남인 정희
량(鄭希亮)과 손을 잡고 무신난을 일으키게 된다. 무신난이 일어나는 동안
각 고을에서는 지역을 대표하는 사림은 창의하여 고을을 안정시키고 중앙
의 의구심을 스스로 극복하고자 했다. 창원 지역에서는 김상정이 이를 주
도하였다. 당시 김상정은 직접 통문을 써서 고을 인사들에게 창의(倡義)를

독려하였다. 그러나 곧 난이 평정되어 실제 봉기로 이어지지는 않았다.

김상정은 1728년 창원 화목리에서 생을 마감하였다. 이재·정만양(鄭萬陽)·이광정(李光庭)·이종기가 행장과 묘갈명을 찬하였다. 창원 화산사에 제향하였으며, 문집으로『곡천집』이 전한다.

Ⅲ. 18~19세기 창원 문풍의 진작 : 소산(小山) 김기호(金琦浩)의 향촌사회 활동

김기호의 본관은 김녕, 자는 문범(文範) 호는 소산(小山)이다. 김문기(金文起, 1399~1456)의 후손으로 아버지는 김성철(金聖哲)이다. 김문기는 단종복위 운동에 참여하였다가 역률에 의해 죽임을 당했고, 그의 가문은 멸문(滅門)에 가까운 화를 입었다. 다행히 아들 김인석(金仁錫)과 손주 김덕지(金德知)가 화를 피해 군위·자인 부근으로 내려왔고, 김덕지의 아들 김정무 역시 유랑하다가 창원 사파정에 정착하였다. 이후 여러 대 동안 세상에 숨어 살았다.

김기호는 1822년(순조 22) 창원 사파정에서 태어났다. 어릴 때부터 「퇴도언행록(退陶言行錄)」 등을 읽으며 퇴계를 사숙하였고, 같은 마을의 박정홍(朴正弘)과 칠원의 주희경(周熙敬)에게 학문을 배웠다. 1859년(철종 10)에는 창원 여러 선비와 함께 계를 조직하여 요천시사(樂川詩社)를 결성하였다. 1861년(철종 12) 비음산 산기슭 북쪽에 소산재를 짓고 학문을 강론하는 등 창원 지역 내에서 다양한 활동을 전개하였다.

1865년(고종 2) 김기호는 김해부사로 부임한 허전을 찾아가 학문을 배우면서 지역 내 영향력을 넓혀 갔다. 허전은 황덕길(黃德吉)의 문하에서 수학하며, '퇴계→정구→허목→이익(李瀷)→안정복(安鼎福)→황덕길'로 이어지는 학통을 계승한 인물로, 후학양성을 통해 19세기 근기 실학의 저변을 확대하였다. 특히 1864년(고종 1) 3월부터 1867년 7월까지 3년 동안 김해부사로 재임하면서 강우지역의 학풍을 크게 진작시켰는데, 김기호도 이 무렵 허전에게 수학하였다.

김기호는 김해의 함허정(涵虛亭)·어목당(禦牧堂) 등에서 허전에게 수학하였고, 허전의 문인 모임인 취정회(就正會)의 일원이 되었다. 허전이 이임한 후에도 배움을 이어 갔으며, 스승이 관직에서 물러난 후 불권당(不捲堂)에 머물며 후학을 양성할 때도 직접 찾아뵙고 수학하였다. 1886년 허전의 부음을 듣고는 아들을 보내어 제사를 지내게 했으며, 만시(輓詩)를 짓고 심상 3년을 했다.

허전에게서 수학한 김기호는 창원을 중심으로 본격적인 향촌사회 활동을 전개하였다. 먼저, 1895년 요천시사 활동을 활발히 전개하였다. 요천시사는 3월과 9월에 모임을 가졌는데, 당시 동인들이 쓴 시를 묶어 『요천시고(樂川詩稿)』를 편찬하였다. 이후 요천시사 활동은 허전 문하에서 동문 수학한 박치복(朴致馥)이 동인이 되면서, 활기를 띠게 된다. 박치복은 정재(定齋) 유치명(柳致明, 1777~1861)에게 퇴계학을 접하고 허전에게 수학하는 등 19세기 후반 경상우도 지역 학문을 진작시킨 인물 중 한 명이다. 박치복은 1865년 허전을 뵙고 돌아오는 길에 창원을 방문하여 김기호를 만났고, 김기호는 그에게 『요천시고』를 보여주었다. 책을 본 박치복은 감동하여 요천시사의 동인이 되었고, 『요천시고』의 서문을 쓰기도 하였다. 요천시사는 김기호가 세상을 떠난 후에도 그의 손자 김용복(金溶馥)과 문인을 중심으로 운영된 것으로 보인다.

김기호의 향촌활동 중 주목할 만한 것은 바로 강학 활동이다. 황학수(黃學洙)가 11세 때 김기호에게 입문한 사실을 고려할 때, 적어도 1850년경부터 강학이 시작된 것으로 보이나 본격적인 강학 활동은 허전의 문하에서 수학 한 이후이다. 그는 창원의 소산재·육영재·향교 등지에서 후학을 양성하였다.

소산재는 비음산 기슭 북쪽에 위치한다. 이곳에서 김기호는 봄과 가을에 여러 제자와 강회를 열었다. 소산재에 입지(立志)·거경(居敬)·궁리(窮理)·역행(力行)의 조목을 그림으로 그려 붙여 두고, 학문하는 방안으로 삼았다. 그리고 성(誠)·경(敬)·화(和) 세 글자를 나무쪽에 새겨 집안을 다스리는 요강으로 삼고자 간직하였다. 또한 「경천잠(敬天箴)」을 비롯하여 일상생활의 행동과 휴식에 소용되는 여러 가지 잠(箴)을 지어 출입할 때마다 보고 살필 수 있게 했다. 강회와 함께 제자들과 정읍례(庭揖禮)를 행하며, 읽은 글을 강하고 그 뜻을 토론했다. 강의가 끝나면 여씨향약(呂氏鄕約)과 퇴계향약의 벌목(罰目)을 읽었다.

1900년에는 그의 문인을 중심으로 소산재유계(小山齋儒契)가 결성되었다. 계수(契首)는 순흥인 안경석(安庚錫, 1874~1953)이고, 「유계서(儒契序)」는 김해인 김달권(金達權, 1852~?)이 작성하였다. 매년 3월과 9월의 29일 모임을 가졌는데, 김기호가 세상을 떠난 뒤에도 일정 기간 지속되었다.

김기호는 고을의 육영재에서도 젊은 학도를 가르쳤다. 육영재는 1803년 건립된 창원의 강학 시설이다. 김기호는 육영재에 초청 형식으로 강의를 한 것으로 보인다. 이어 1901년에는 향교의 훈장이 되어 학생들을 가르쳤다.

[사료 7]

창원부에 육영재가 있어 온 고을의 학도들에게 재능을 가르쳤는데, 처사[김기호(金琦浩)]를 문단의 스승이라고 하여 해마다 반드시 초청해 강의하게 하였다. 그때 나의 재종조 인 만휴공(晩休公)[김만현(金萬鉉)]이 훈도의 임무를 맡고 있었다. 만휴공은 강의가 끝나면 높은 관에다 넓은 띠를 두르고 처사와 책상을 마주 대하여 우리 선비들의 본령이 되는 일에 대해 부지런히 토론하였다.(김기호, 『소산집』권4, 부록, 행장[김병린].)

[사료 8]

　　김호원이 젊어서 육영재에서 공부를 할 때 공[김기호]과 함께 서재로
올라갔다. … 학문을 묻는 자에게는 얻음이 있었고, 덕성을 찾아보려는
자에게는 훈도가 되었다.[김기호, 『소산집』권4, 부록, 묘갈명[김호원].]

　　김기호의 이와 같은 행보에 1898년 창원군수(昌原郡守) 이용교(李瑢敎),
1902년 군수 한창수(韓昌洙)가 관찰사에게 그를 추천하기도 했다. 이처럼
김기호는 19세기 후반 창원 지역 보수 유림을 대표하며, 많은 문인을 배출
한 인사였다. 특히 김기호는 근대 창원 지역 유학 지식인 형성에 많은 영
향을 끼쳤는데, 1899~1900년 작성된 소산재유계의 계안을 통해 그의 문
인을 정리하면 〈표-9〉와 같다.

　　김기호는 1902년 본가의 정침에서 세상을 떠났다. 묘는 창원 가음정
서채동 선영 아래에 마련되었다. 손자 김용복이 가장(家狀)을 썼고, 김병린
이 행장(行狀), 김호원(金鎬源)이 묘갈명, 노상직(盧相稷)이 묘표를 썼다. 황학
수 등 여러 문인이 함께 쓴 제문이 전한다. 문집으로는 『소산집(小山集)』을
남겼으며, 저서로는 요천시사 시문집인 『파단아집(葩壇雅集)』, 허전으로부터
배운 내용과 교유한 인사들과의 일을 정리한 『금관사록(金官私錄)』, 『취정회
록(就正會錄)』, 퇴계의 「성학십도(聖學十圖)」를 비롯하여 여러 선현의 글을 옮겨
놓은 『소파한화(小破閑話)』, 서찰 묶음인 『소산재간독(小山齋簡牘)』 등이 있다.

〈표-9〉 김기호의 문인

성명	본관	입안	비고	성명	본관	입안	비고
김응기(金應琪) [1838~]	김해	1900		손정성(孫禎晟) [1870~]	밀양	1889	
황학수(黃學洙) [1839~]	창원	1889	교관	백용조(白榕祚) [1870~]	수원	1889	
황일수(黃一秀) [1839~]	창원	1889		송재환(宋在桓) [1872~]	은율	1900	

성명	본관	입안	비고	성명	본관	입안	비고
팽경석(彭敬錫) [1840~]	절강	1889	오위장	이종의(李宗儀) [1874~]	전주	1900	
김정환(金廷煥) [1843~1917]	김해	1889		김기현(金琪顯) [1874~]	김해	1889	
손정태(孫性泰) [1846~]	밀양	1889	김기호의 생질(甥姪)	안경석(安庚錫) [1874~1953]	순흥	1906	안두형의 계자
김만협(金萬協) [1849~]	김해	1900		김두진(金斗珍) [1875~]	김해	1889	
송도헌(宋度憲) [1849~]	은율	1889		정해용(鄭海鎔) [1876~]	연일	1889	
권형옥(權亨玉) [1851~]	안동	1889		김용구(金溶球) [1877~]	평택	1889	
김달권(金達權) [1852~]	김해	1889	소과입격 [생원]	임병세(任炳世) [1877~]	연일	1889	
김유환(金有煥) [1853~]	김해	1889		송영규(宋彬珪) [1878~]	은율	1889	
박홍구(朴洪九) [1853~]	밀양	1900		정기준(鄭琪俊) [1878~]	동래	1889	
안병중(安棅中) [1856~]	순흥	1900		황수건(黃洙建) [1880~]	창원	1889	
김용복(金溶馥) [1859~1932]	김녕	1889	김기호의 손자	손이생(孫利生) [1880~]	밀양	1889	
정진하(鄭鎭夏) [1862~]	동래	1889		황태현(黃泰鉉) [1880~]	창원	1889	
이승우(李承宇) [1862~]	전주	1900		김용두(金溶斗) [1881~]	김녕	1889	
박진표(朴珍杓) [1863~]	밀양	1889		오종수(吳鍾洙) [1881~]	해주	1889	
김우홍(金禹洪) [1864~]	김해	1900		강학율(姜學律) [1882~]	진주	1889	
황형주(黃亨洙) [1866~]	창원	1889		팽기택(彭淇宅) [1884~]	절강	1889	
김종수(金鍾水) [1867~]	김해	1889		이시화(李時華) [1884~]	경주	1889	
감숙천(甘淑泉) [1867~]	창원	1900		김우권(金佑權) [1885~]	김녕	1889	

Ⅳ. 조선 시대 창원을 찾은 지식인들

조선 시대 창원과 인연을 맺은 지식인은 크게 두 부류로 나눌 수 있다. 첫 번째는 창원부사·도호부사·대도호부사 및 절도사(節度使)·자여찰방(自如察訪) 등으로 부임한 지방관이며, 두 번째는 유람 또는 은둔 등의 목적으로 창원을 찾은 인사들이다.

먼저 창원의 지방관으로 부임한 주요 지식인을 살펴보도록 하겠다.

조선 왕조 개창과 함께 1408년(태종 8) 의창현(義昌縣)과 회원현(會原縣)을 병합하여 창원부(昌原府)가 설치되었다. 이어 1415년(태종 15) 도호부, 1601년(선조 34) 대도호부로 승격되었다. 1661년(현종 2) 전패(殿牌)를 분실한 일로 창원현(昌原縣)으로 강등되었으나, 1670년(현종 11) 대도호부로 환원되었다.

조선시대 창원 지방관으로 부사와 자여찰방(自如察訪)이 파견되었다. 부사는 무관으로 정3품이고, 자여찰방은 문관으로 종6품이다. 하지만 부사에 문관이 제수되는 경우가 적지 않았다. 또한 고려 말 설치한 합포영(合浦營)에 절제사(節制使)가 파견되었다. 병영성은 고려 말 왜구로 인해 1378년(우왕 4) 11월 새로 건립한 것이다. 새롭게 세워진 병영성은 임진왜란으로 1603년(선조 36) 진주로 옮겨 갈 때까지 경상우도병마절도사영(慶尙右道兵馬節度使營)으로 활용되었다.

조선 시대 창원에 부임한 지방관 중 정치·행정·군사는 물론 학문에 영향을 준 인사는 단연 창원부사이다. '수령칠사(守令七事)' 중 하나가 '학교흥(學校興)'인 만큼, 창원부사는 창원의 향교 및 서원 운영과 성리학적 교화를 위해 힘썼으며, 때때로 창원의 지식인과 교유하였다.

창원향교의 경우 관련 자료가 소략하여 간단한 내력만 확인될 뿐 창원부사와 관련된 사항은 규명하기 어렵다. 다만 정한걸(鄭漢杰)이 1748년(영조 24) 쓴 「이교서(移敎序)」가 전해져 당시 향교가 이전된 사실, 부사 이윤덕(李潤

德)이 이전에 경제적 지원을 해 준 것을 확인할 수 있다. 이윤덕은 영조 때 활동한 무관(武官)으로 전라좌수사(全羅左水使)·강계부사(江界府使)·파주목사(坡州牧使) 등을 역임하였다.

창원 지역 내 서원 역시 관련 자료가 소략하나 향교보다 관련 기록이 많아 창원부사의 지원 사실을 확인할 수 있다. 특히 회원서원은 창원에서 가장 오래된 서원으로 지역 내 위상은 높았기에 창원부사의 관심 역시 클 수밖에 없었는데, 그 중에서도 이정(李瀞, 1541~1613)·오여발(吳汝撥, 1575~1635)·이삼 등의 행적이 주목된다.

이정은 함안 출신으로 남명의 문인이다. 임진왜란 때 함안의 소모관(召募官)이 되어 의병 모집에 공을 세웠다. 이에 조정에서는 이정을 사근도찰방(沙斤道察訪)에 제수하였다. 이후 단성현감(丹城縣監)·창원부사·청주목사(淸州牧使) 등을 지냈다. 이정은 회원서원의 전신인 관해정 건립을 주도하였다. 관해정은 1587년 정구가 함안의 선비들과 창원을 유람할 때 그 터를 정하였다. 당시 이정은 정구와 함께 창원을 방문한 함안의 선비 중 한 명이었다. 관해정은 임진왜란 등 여러 사정으로 건립되지 못하고 있었는데, 1603년 이정이 창원부사로 부임하면서 건립 추진이 재개되었다. 창원부사 이정의 지원 아래 정구의 문인인 장익규와 함안의 선비 성경침(成景琛)·이칭(李偁)·박제인(朴齊仁) 등이 1604년 무학산 자락에 관해정을 건립하였다. 이후 관해정은 창원·함안 지역 유림들의 소요처이자, 강학처로 활용되었다.

오여발은 고창인으로 의령 출신이다. 정구에게 수학하였으며, 1603년(선조 36) 문과에 급제하여, 병조좌랑·울산판관 등을 역임하였다. 1631년(인조 9) 창원부사에 제수되었다. 1634년 창원·함안의 지식인들이 관해정 옆에 정구를 모시는 사당을 짓고 회원서원을 건립할 때 지원하였다.

이삼은 함평인(咸平人)으로 소론 영수인 윤증(尹拯)의 문인이다. 1707년(숙종 33) 9월 창원부사에 부임하여 1708년 7월까지 재임하였다. 이삼이 부사로 있을 때 김상정이 주축이 되어 허목의 회원서원 추향이 추진되었다. 허목은 노론의 영수 송시열(宋時烈)과 예송 문제로 대립한 인사였기에 그의 회원서원 추향은 당시 여러 이해관계가 얽혀 있었다. 이 무렵 소론은 영남에서 남인의 지원을 얻어 노론을 견제하고자 했다. 영남 남인도 이러한 정치적 사정을 알고 있었기에 소론계 지방관이 부임할 경우 자신들의 이해관계를 관철시키기 위한 각종 청원활동을 적극적으로 펼쳐 나갔다. 그런 가운데 소론계 이삼이 창원부사로 부임하자, 창원 지역 남인계와 퇴계학파를 이끌던 김상정이 주도하여 허목을 회원서원에 추향하였고, 그 과정에서 이삼은 적극적으로 김상정을 지원하였다.

회원서원과 별개로 관해정은 최치원 및 정구의 유허로서 창원 지역의 문풍을 상징하는 곳이기에 지속적으로 창원부사가 관심을 가졌다. 이에 1781년(정조 5) 부사 최병교(崔秉敎)가 관해정 중수를 지원해 주었고, 1804~1806년 부사를 지낸 성정진(成鼎鎭), 1806~1807년 부사를 지낸 홍용건(洪龍健) 등이 관해정 중수에 힘을 보태었다. 1868년(고종 5) 흥선대원군의 서원 훼철령으로 회원서원이 철폐되었지만, 창원부사 윤영하(尹永夏)의 지원 아래, 1870년(고종 7) 관해정이 중창되었다. 이처럼 창원부사는 창원지역 내 흥학책(興學策)으로 회원서원 건립과 제향, 관해정 중건 등에 꾸준히 관심을 가졌다.

두 번째로 주목할 것은 유람·은둔을 목적으로 창원을 방문한 인사들이다. 이들이 창원에 남긴 흔적은 창원에 부임한 관료 및 창원과 인연을 맺은 인사의 문집, 그리고 현재 전해지는 제영(題詠) 등을 통해 살펴볼 수 있다. 다만, 창원 출신 인사의 문집이 그리 많지 않고, 창원부사로 부임한 인사 중에는 문관보다 무관이 많아 자료를 찾는데 한계가 있었다. 그래서 여기서는 제영 중심으로 정리하였다.

한국학고전번역원의 한국고전종합DB와 경상대학교 문천각 남명학고문헌시스템, 조선 시대 간행된 읍지류를 바탕으로 창원을 방문한 인사의 제영 및, 기(記) 등을 포함하여 95여 편을 확인하였다. 이중 '월영대'를 노래한 작품이 52편으로 가장 많았다. 그 다음이 관해정 및 회원서원으로 35편에 이른다. 이를 정리하면 〈표-10〉과 같다.

〈표-10〉 월영대와 관해정 제영

	성명	월영대	관해정	전거
1	정지상(鄭知常, ?~1135)	○		『신증동국여지승람』 권32, 창원도호부, 고적 조
2	김극기(金克己, ?~?)	○		『신증동국여지승람』 권32, 창원도호부, 고적 조
3	채홍철(蔡洪哲, 1262~1340)	○		『동문선』 권14, 칠언율시, 「月影臺」
4	안축(安軸, 1287~1348)	○		『창원부읍지』 제영 조
5	이첨(李詹, 1345~1405)			『雙梅堂篋藏集』 권1, 시, 「斗尺山」
6	정이오(鄭以吾, 1347~1434)	○		『창원부읍지』 제영 조
7	이원(李原, 1368~1429)	○		『容軒集』 권2, 시, 「次雙梅堂月影臺詩」
8	박원형(朴元亨, 1411~1469)	○		『창원부읍지』 제영 조
9	이석형(李石亨, 1415~1477)	○		『신증동국여지승람』 권32, 창원도호부, 누정 조
10	서거정(徐居正, 1420~1488)	○		『신증동국여지승람』 권32, 창원도호부, 누정 조
11	홍귀달(洪貴達, 1438~1504)			『신증동국여지승람』 권32, 창원도호부, 누정
12	조위(曹偉, 1454~1503)	○		『梅溪集』 권1, 시, 「月影臺 追次鄭 知常 韻臺在合浦縣 崔孤雲曾遊之地」
13	김극성(金克成, 1474~1540)	○		『憂亭集』 권1, 시, 「月影臺」
14	정사룡(鄭士龍, 1491~1570)	○		『湖陰雜稿』 권4, 賜告錄, 「月影臺 崔致遠所遊處」
15	이황(李滉, 1501~1571)	○		『창원부읍지』 제영 조
16	정유길(鄭惟吉, 1515~1588)	○		『林塘遺稿上』 제영록(題詠錄), 「月影臺」
17	황준량(黃俊良, 1517~1568)	○		『錦溪集』 외집 권4, 시, 「次月影臺及軒韻 昌原」
18	오수영(吳守盈, 1521~1606)	○		『春塘集』 권3, 識, 「追和退溪先生與王父遊月影臺韻後識」
19	이정(李瀞, 1541~1613)		○	『茅村集』 권1, 시, 「登觀海亭追次鄭寒岡述 原韻 并小序」
20	정경달(丁景達, 1542~1602)		○	『盤谷集』 권2, 오언율시, 「觀海亭」
21	허성(許筬, 1548~1612)		○	『岳麓集』 권1, 시, 「登觀海亭」
22	조익(趙翊, 1556~1631)		○	『可畦集』 권2, 시, 「觀海亭」
23	손기양(孫起陽, 1559~1617)	○		『鰲漢集』 권1, 「遊月影臺 竝序」
24	신지제(申之悌, 1562~1624)	○		『峯先集』 권4, 「檜山雜詠」
25	남이공(南以恭, 1565~1640)			『창원부읍지』 제영 조
26	이경전(李慶全, 1567~1592)			『창원부읍지』 제영 조

	성명	월영대	관해정	전거
27	김중청(金中淸, 1567~1627)			『창원부읍지』 제영 조
28	조형도(趙亨道, 1567~1637)			『東溪集』 권2, 시, 「過月影臺」
29	정언굉(鄭彦宏, 1569~1640)			『창원부읍지』 제영 조
30	안정(安侹, 1574~1636)		○	『道谷集』 권1, 시, 「觀海亭敬次寒岡先生板上韻 丙寅」
31	안익제(安益濟, 1580~1909)		○	『西岡遺稿』 권1, 시, 「觀海亭…」
32	이식(李植, 1584~1647)	○		『澤堂集』 권2, 시, 「月影臺」
33	조임도(趙任道, 1585~1664)	○	○	『澗松集』 권1, 시, 「宿 檜原 觀海亭」;「甲寅踏靑日. 遊月影臺 奉次申梧峯丈」
34	최기남(崔奇男, 1586~?)			『龜谷詩稿』 권1, 하, 시, 「次月影臺韻 孤雲曾遊處」
35	박공구(朴羾衢, 1587~1658)			『畸翁集』 권3, 시, 「合浦還珠」
36	이민구(李敏求, 1589~1670)	○		『창원부읍지』, 제영 조
37	허목(許穆, 1595~1682)	○		『記言』 권28 하편, 「月影臺記」
38	신몽삼(辛夢參, 1648~1711)		○	『一庵集』 권1, 칠언율시, 「觀海亭」
39	이만부(李萬敷, 1664~1732)	○		『息山集』 권3, 地行錄, 「月影臺記」
40	여광주(呂光周, 1666~1715)			『창원부읍지』, 제영 조, 「東軒 客舍」
41	이세근(李世瑾, 1676~1747)			『창원부읍지』, 제영 조, 「東軒 客舍」
42	안명하(安命夏, 1682~1752)		○	『松窩集』 권2, 시, 「敬次寒岡觀海亭韻」
43	정상점(鄭相点, 1693~1767)	○		『不憂軒集』 권1, 시, 「月影臺」
44	정기안(鄭基安, 1695~1775)			『晩慕遺稿』 권1, 시, 「月影臺」
45	박사해(朴師海, 1711~?)	○		『창원부읍지』, 제영 조, 「月影臺」;「惟正堂」
46	박래오(朴來吾, 1713~1785)			『尼溪集』 권1, 시, 「登月影臺次馬倉板上韻」
47	윤동야(尹東野, 1757~1827)			『弦窩集』 권1, 시, 「檜山道中二絶」
48	유의정(柳宜貞, 1794~1861)	○		『思窩集』 21, 발, 「書金聖夫月影臺同遊詩集序后」
49	민재남(閔在南, 1802~1873)	○		『晦亭集』 권3, 시, 「登文昌月影臺」
50	김인섭(金麟燮, 1827~1903)		○	『端磎集』 권10, 기, 「重建觀海亭記」
51	최태순(崔泰淳, 1835~1910)	○		『梅史集』 권1, 시, 「月影臺 在昌原」
52	이수형(李壽瀅, 1837~1908)		○	『曉山集』 권2, 시, 「登觀海亭 敬次寒岡先生韻」
53	박재형(朴在馨, 1838~1900)			『進溪集』 권1, 시, 「月影臺」
54	정재규(鄭載圭, 1843~1911)	○		『老柏軒集』 권1, 시, 「月影臺次惠平公韻」
55	안희원(安禧遠, 1846~1919)		○	『時軒集』 권2, 시, 「與金文直孫殷瑞辛士衡登觀海亭…」
56	조병규(趙昺奎, 1846~1931)		○	『一山集』 권1, 시, 「觀海亭謹次寒岡鄭先生板上韻」
57	이준구(李準九, 1851~1924)	○		『信菴集』 권1, 시, 「月影臺」
58	안기원(安冀遠, 1851~1908)		○	『龜陰集』 권1, 시, 「張舜明…與遊昌源觀海亭」

	성명	월영대	관해정	전거
59	장석영(張錫英, 1851~1929)		○	『晦堂集』 권1, 시, 「觀海亭」
60	안언호(安彦浩, 1853~1934)		○	『禮岡集』 권2, 시, 「次盧致八長山歸路登觀海亭韻」
61	노상직(盧相稷, 1855~1931)	○	○	『小訥集』 권3, 시, 「追題諸賢觀海亭詩帖」; 권4, 시, 「月影臺」
62	권직희(權直熙, 1856~1913)	○	○	『錦里集』 권1, 시, 「登月影臺」; 「觀海亭次板上韻」
63	강영지(姜永祉, 1857~1916)		○	『南湖遺稿』 권1, 시, 「觀海亭次寒岡鄭先生韻二首」
64	심상길(沈相吉, 1858~1916)	○	○	『伊山集』 권1, 시, 「月影臺」; 「觀海亭 卽寒岡鄭先生所創後士林重修」
65	이훈호(李薰浩, 1859~1932)		○	『芋山集』 권1, 시, 「觀海亭敬次寒岡先生板上韻」
66	이규직(李圭直, 1863~1911)		○	『玉下集』 권1, 시, 「次觀海亭板上韻」
67	배문창(裵文昶, 1864~1928)		○	『定山集』 권1, 시, 「登觀海亭有感」
68	이정호(李正浩, 1865~1941)		○	『棲山集』 권1, 시, 「觀海亭謹次寒岡先生板上韻」
69	이관후(李觀厚, 1867~1949)	○		『偶齋集』 권1, 시, 「月影臺用崔孤雲秋夜雨中韻」; 「觀海亭謹次寒岡先生板上韻」
70	권재규(權載奎, 1869~1947)	○		『而堂集』 권3, 시, 「登月影臺」
71	김기용(金基鎔, 1869~1947)		○	『幾軒集』 권1, 시, 「遊觀海亭 會者三十餘人」
72	하겸진(河謙鎭, 1870~1946)		○	『晦峯遺書』 권3, 시, 「訪李翎振泰翔李禹三馬山新寓共登觀海亭」; 권4, 시, 「合浦訪李逃翁要梅學二兄同話」
73	이인재(李寅梓, 1870~1929)		○	『省窩集』 권1, 시, 「次觀海亭韻」
74	안정려(安鼎呂, 1871~1939)		○	『晦山集』 권1, 시, 「觀海亭次寒岡先生板上韻」
75	하장식(河章植, 1873~1941)	○	○	『某山詩稿』 권1, 시, 「登月影臺」; 「觀海亭敬次寒岡鄭先生韻」
76	김재식(金在植, 1873~1940)		○	『修齋集』 시, 「四月赴檜山觀海亭…」
77	박형동(朴亨東, 1875~1920)	○		『西岡集』 권1, 시, 「月影臺」
78	김상수(金相壽, 1875~1945)	○	○	『草廬集』 권1, 부, 「七月旣望與寓海諸公看月于月影臺還至李泰輝 啓書 家共賦」; 「寄贈觀海亭諸公」
79	김영시(金永蓍, 1875~1952)	○	○	『平谷集』 권3, 시, 「月影臺」; 「觀海亭用寒岡先生韻」
80	심상복(沈相福, 1876~1951)	○		『恥堂文集』 권1, 시, 「月影臺次退溪先生韻」
81	장재한(張在翰, 1878~1956)	○		『汾溪遺稿』 권1, 시, 「月影臺」
82	심학환(沈鶴煥, 1878~1945)	○		『蕉山集』 권1, 시, 「月影臺」
83	유잠(柳潛, 1880~1951)	○		『澤齋集』 권1, 시, 「月影臺」
84	이교우(李教宇, 1881~1950)		○	『果齋集』 권5, 시, 「觀海亭用嶽麓道中韻」
85	문존호(文存浩, 1884~1957)	○		『吾岡集』 권1, 시, 「登馬山浦月影臺」
86	김봉렬(金鳳烈, 1887~1960)	○		『南角遺稿』 권1, 시, 「登慶州崔氏燕石齋望月影臺」

	성명	월영대	관해정	전거
87	김황(金榥, 1896~1978)		○	『重齋集』권1, 후집, 시, 「七月十三日發星山行是日車下馬山登觀海亭…」
88	권용현(權龍鉉, 1899~1988)		○	『秋淵集』권1, 시, 「觀海亭次板上韻」
89	하즙(河楫, 1303~1380)	○		『狂隱稿上』, 詩, 「月影臺」
90	권뢰(權㻩, 1800~1873)	○		『龍耳窩集』권1, 시, 「次諸賢月影臺吟」
91	안유상(安有商, 1857~1929)	○		『陶川集』권2, 시, 「月影臺」
92	최동익(崔東翼, 1868~1912)	○		『晴溪集』권2, 시, 「影臺次蔡中堂韻 以下金剛紀行」
93	정규석(鄭珪錫, 1876~1954)	○		『誠齋集』권1, 시, 「月影臺」
94	최명대(崔鳴大)	○		『晩悔堂遺集』, 시, 「次昌原月影臺板上韻」
95	이중련(李重連)			『창원부읍지』, 제영 조, 「育英齋」

[사료 9] 월영대·관해정을 노래한 대표 작품

월영대(月影臺)-이황(李滉)
늙은 나무 기이한 바위 푸른 바닷가 [老樹奇巖碧海堧]
고운이 노닌 자취 모두 연기 되고 말아 [孤雲遊跡總成烟]
이제 다만 높은 대에 달만이 머물러서 [只今唯有高臺月]
그 정신 담아내어 내게 전해 주누나. [留得精神向我傳]

해정을 지을 자리를 정하고 함께 따라온 군자에게 지어 보이다.[始卜海亭 示同來諸君子]-정구(庭逑)

(始卜海亭 示同來諸君子)
나는야 바닷가에 정자 하나 지으련다. [我欲爲亭近海灣]
이 좌중에 그 누가 채서산이 되려는가 [坐中誰作蔡西山]
치자 유자 매화 대 일찌감치 심어두고 [梔橘梅筠須早植]
여섯 해를 비바람에 시달리지 않게 하소 [莫敎風雨六年間]

월영대는 최원이 합포에 건립한 누정으로 현재 창원시 마산합포구 해운동에 각석이 남아있다. 최치원은 통일신라시대를 대표하던 유학자이자 문장가로, 우리나라 인물 중 최초로 문묘(文廟)에 제향 되었다. 문묘는 국가의

《朝鮮馬山名勝》　VIEW OF GETSUKEIDAI MASAN　朝鮮馬山名勝　月影臺

〈사진〉 월영대 각석

유학 이념을 상징하고 학자들의 준칙으로 삼기 위해, 공자와 유학 선현(先賢)들의 위패를 모신 사당이다. 최치원의 문묘제향은 문장가로서, 유학자로서 그가 가지는 상징성을 잘 보여준다. 특히 성리학을 통치이념으로 내세운 조선에서 문묘제향은 학문을 넘어, 정치적으로도 큰 의미를 지닌다.

이에 고려·조선 시대 동안 많은 선현이 월영대를 찾아 최치원의 학문과 행적을 그리는 여러 편의 제영을 남겼다. 고려 시대에는 정지상(鄭知常)[?~1135]·김극기(金克己)·채홍철(蔡洪哲)[1262~1340]·안축(安軸)[1287~1348]·이첨(李詹)[1345~1405]·정이오(鄭以吾) 등이 제영을 남겼으며, 조선 시대에는 박원형(朴元亨)[1411~1469]을 시작으로 이황을 비롯해 여러 명현이 제영을 지었다.

관해정 및 회원서원 관련 작품을 남긴 지식인은 정구를 비롯해 이정·조임도 등이 있다. 특히 이정, 조임도, 안정(安侹)[1574~1636], 허목 등 정구와 교유하거나 문인이 많은데, 이를 통해 경상우도 지역에서 정구가 가지는 높은 위상을 확인할 수 있다.

이상의 지식인들이 창원 지역에 머문 기간을 그리 길지 않다. 또한 실제 창원 지역에 있으면서, 문학 작품을 남긴 것 이외에 구체적으로 어떠한 강학 활동을 펼쳤는지 확인하기가 어렵다. 그럼에도 불구하고 명현의 창원 방문은 지역 교화라는 측면에서 창원의 지식인들에게 큰 의미를 지니기에 그들의 작품을 현판으로 제작하거나, 각종 읍지류에 수록하였으며, 필요에 따라 원사에 제향하기도 하였다.

V. 창원대도호부와 창원의 지식인

조선 시대 창원 지역 사림은 영남 사림파 및 남명학파의 주요 인사와 통혼권을 형성하며 학문적 기반을 구축하였다. 하지만 주요 인사와의 사승 관계가 명확하지 않거나 당대에만 확인되어 그 계보를 규명하는데 어려움이 있다. 인조반정 이후 창원의 지식인층은 정구과 허목을 매개로 퇴계학파에 흡수되는 경향을 보인다. 특히 정구과 허목을 제향하는 회원서원이 건립되면서 학문적으로는 퇴계학파를 계승하고 정파적으로는 남인의 입장을 뚜렷이 하였다.

창원 지역의 문풍은 비교적 늦은 18세기 전후 등장한 박신윤·김상정 등의 학자군에 의해 진작되었다. 박신윤·김상정은 이현일·이숭일 형제의 문인으로, 안동권의 퇴계학파를 창원 지역에 연접한 지식인들이다. 특히 김상정은 이현일 신원 청원 운동과 회원서원 허목 추향 등을 주도하였다. 이러한 행적은 조선 후기 창원 지역의 학문적 정치적 정체성이 정립되는데 중요한 영향을 끼쳤다.

19세기 후반 창원을 대표하는 지식인으로는 김기호와 김만현 등이 있다. 이들은 허전의 문인으로 지역 내 강학 활동을 통해 창원 유학의 저변을 넓혔다. 특히 김기호는 요천시사를 결성하여 인근 허전 문인과 창원 사림의 교유처로 활용하였다. 또한 소산재·육영재·향교 등에서 후학을 양성하며, 많은 근대 유학 지식을 배출하였다.

한편, 조선 시대 전 기간 동안 여러 성격의 지식인들이 창원을 찾았다. 이들은 크게 창원에 부임한 지방관과 유람·은둔 등의 목적으로 창원과 인연을 맺은 인사로 구분할 수 있다. 지방관들은 주로 향교와 서원, 그리고 누정 시설을 지원해 주며 문풍 진작에 힘썼다. 개별적으로 창원을 방문한 인사들은 주로 최치원의 유허지인 월영대, 정구와 허목을 제향하는 회원서원, 그리고 관해정을 유람하고, 그 감회를 읊은 시문을 남겼다. 이들의 방문이 실제 교육 활동으로 전개되었는지 알 수 없지만, 이와 별개로 지역 교화라는 측면에서 창원 지식인층에게 큰 의미를 지닌다고 할 수 있다.

[참고문헌]

〈자료〉

『삼국사기(三國史記)』, 『고려사(高麗史)』, 『조선왕조실록(朝鮮王朝實錄)』, 『신증동국여지승람(新增東國輿地勝覽)』, 『여지도서(輿地圖書)』, 『경상도읍지(慶尙道邑誌)』, 『영남읍지(嶺南邑誌)』(1871년경), 『영남읍지(嶺南邑誌)』(1895년경), 『읍지(邑誌)』(19세기), 『교남지(嶠南誌)』, 『국조인물고(國朝人物考)』, 『동문선(東文選)』, 『간송집(澗松集)』[조임도(趙任道)], 『갈암집(葛庵集)』[이현일(李玄逸)], 『고운집(孤雲集)』[최치원(崔致遠)], 『곡천집(谷川集)』[김상정(金尙鼎)], 『기언(記言)』[허목(許穆)], 『남명집(南冥集)』[조식(曹植)], 『도곡집(道谷集)』[안정(安侹)], 『만구집(晩求集)』[이종기(李種杞)], 『모촌집(茅村集)』[이정(李瀞)], 『밀암집(密菴集)』[이재(李栽)], 『소산집(小山集)』[김기호(金琦浩)], 『송와집(松窩集)』[안명하(安命夏)], 『오봉집(梧峯集)』[신지제(申之悌)], 『우곡집(愚谷集)』[박신윤(朴身潤)], 『이봉집(夷峯集)』[황후간(黃後幹)], 『택리지(擇里志)』[이중환(李重煥)], 『퇴계집(退溪集)』[이황(李滉)], 『학사집(鶴沙集)』[김응조(金應祖)] 『한강집(寒岡集)』[정구(鄭逑)], 『금양급문록(錦陽及門錄)』, 『냉천급문록(冷泉及門錄)』, 『회연급문제현록(檜淵及門諸賢錄)』

〈논저〉

김정규, 『국역 소산집』, 소산서당, 2003.

김종하, 『창원군지』, 국제신보, 1962.

김해김씨판서공파 금호재 대종회, 『김해김씨판서공파보』 1, 회상사, 1997.

박신윤, 『국역 우곡선생문집』, 운암서원·밀성박씨인당공파대종회, 2005.

박태성, 『창원의 누정』, 불휘, 2020.

이수건, 『영남사림파의 형성』, 영남대학교 출판부, 1979.

_____, 『조선시대 지방행정사』, 민음사, 1989.

장형표·장인진, 『창녕장씨족보』, 용연재, 2003

창원시사편집위원회, 『창원시사』, 창원시, 1997.

강동욱, 「경상우도 성재 허전의 학단을 중심으로 : 성재 허전의 강우지역 문인 고찰」, 『남명학연구』 31, 남명학회, 2011.

백지국, 「창원지역 최치원 문화자산에 대한 검토」, 『2019년도 고운 최치원 학술심포지엄 자료집』, 마산문화원, 2019.

_____, 『조선후기 경상도 창원부 재지사족 연구』, 영남대학교 대학원 박사학위논문, 2022.

_____, 「18세기 창원 사족 곡천 김상정의 생애와 향촌 사회 활동」, 『동아인문학』 59, 동아인문학회, 2022.

우인수, 「조선 선조대 지산 조호익의 유배생활」, 『조선시대사학보』 66, 조선시대사학회, 2013.

이광우, 「최치원 평가를 둘러 싼 조선시기 유학자의 몇 가지 고민」, 『한국학논집』 73, 계명대학교 한국학연구원, 2018.

정경주, 「소산 김기호의 생애와 학문」, 『문화전통논집』 10, 경성대학교 한국학연구소, 2003.

최석기, 「만성 박치복의 남명학 계승양상」, 『남명학연구』 23, 경상대학교 남명학연구소, 2007.

〈참고사이트〉

남명학고문헌시스템(http://nmh.gsnu.ac.kr)
한국고전종합DB(http://db.itkc.or.kr)

창원대도호부 치소와 창원읍성

안성현 | 중부고고학연구소 연구위원

Ⅰ. 성곽연구의 전제[1]

성곽유적의 성격을 파악하는 접근법은 다양한 관점이 있다. 접근법에 따라 대상유적에 대한 분석 방법을 달리해야 하며, 각 관점에서 밝혀지는 사실 역시 다를 수밖에 없다. 그러므로 성곽유적을 분석하는 관점을 명확하게 밝혀야 한다. 특히 우리나라와 같이 삼국시대부터 조선시대까지 지속적으로 축성되는 곳에서는 특정지역의 성곽과 성 내부에는 여러 시기의 성곽 및 유구가 혼재되어 있을 가능성이 높다. 따라서 성곽유적을 고고학적으로 분석할 경우 한 지역 내 성곽을 축성 시기별로 나누어 분석해야 하며, 이와 병행하여 성벽 및 부속시설 역시 성곽과 동일한 접근법으로 분석한 후 각 유적의 경관 변천과 성격을 파악하는 것이 순리적이다.(안성현 2013)

따라서 성곽유적의 고고학적 연구를 거칠게 정의하면 "현재 남아있는 성벽과 부속시설을 시기별로 어떻게 나눌 것인가"로 요약할 수 있다. 즉,

---

1 이 글은 필자가 작성한 전고를 수정·보완하였음을 밝혀 둔다.(안성현 2007; 2020; 2021·남재우·안성현 2016.)

성곽을 구성하는 가장 중요한 성벽과 부속시설의 축조시기를 어떻게 구분하여 분석할 수 있는 가로 환언할 수 있으며, 유구의 동시성 문제로 귀결된다. 하지만, 대부분의 연구는 성곽유적의 조사결과에 대한 면밀한 검토나 재분석 없이 이루어지고 있어 당대의 사회상을 입체적으로 그리는데 지장을 주고 있다는 점은 부정하기 어렵다. 이 문제를 해결하기 위해서는 대상 유적에 대한 철저한 재분석과 타 유적과의 비교·검토가 이루어져야 한다. 당연하지만 조사결과를 비판적 검토 없이 인용할 경우 분석 대상에 대한 검증이 불가능하게 된다. 이에 따라 조사에 오류가 있으면, 그 결과를 분석한 연구 역시 동일한 문제가 발생하게 된다.(안성현 2020)

한편, 평지 및 평산성의 축조는 우리나라에서 읍성의 개념이 도입되는 시기에 대한 논란을 발생시켰다. 다만, 고려시대 후기 및 조선시대에 축조된 읍성은 왜구의 침탈과 관련이 있으며, 보다 군사적인 성격을 띠면서 연해지역부터 축조되는 것이 특징이라 하겠다. 이와 같은 읍성의 축조는 조선초기에도 이어져 세종조를 중심으로 의욕적으로 추진되었다. 당시의 읍성 축조는 전 국력을 기울이다시피 하는 역점사업이었으며, 우선 왜구의 피해가 가장 심하였던 충청·전라·경상의 하삼도(下三道)부터 중점적으로 추진되었다.(경남문화재연구원 2005)

현재까지 이루어진 읍성에 대한 연구는 역사학과 고고학 이외에도 지리학, 건축·조경·풍수지리학 분야에서 진행되었고 적지 않은 연구 성과가 축적되었다.(최종석 2007) 다만, 고고학적 조사결과와 역사기록이 일치하지 않는 경우가 많을 뿐 아니라 성곽의 종합적인 연구는 일개 연구자가 수행하기에는 현실적으로 어렵다는 점에서 학제 간 연구도 필요하다고 본다.

이러한 관점에서 창원읍성은 널리 알려진 바와 같이 조선시대에 존재한 5개의 대도호부 중 하나로 행정과 국방상의 중요성을 부정하기 어렵다. 하지만, 읍성이 가지는 역사적 중요성에도 불구하고 창원읍성과 같이 체계적인 고고학 조사가 이루어지지 않은 상태에서 유적의 변천을 논하는 것은 상당히 어려운 작업이라고 할 수 있다. 따라서 이 글에서는 읍성의 기원을 논한 후 고고학적 조사결과를 중심으로 창원읍성의 특징과 공간 활용에 대해서 살펴보고자 한다.

II. 읍성의 기원 및 축조배경

조선시대의 읍성의 사전적 의미는 지방의 부(府)·군(郡)·현(縣) 등 행정관서가 마련된 고을에 축조되어 유사시에 외적을 대비하는 한편, 행정적 편의를 제공한 성곽을 지칭한다.(심정보 2012a) 그러나 그 기원에 대해서는 통일신라시대와 고려시대 등으로 다양하며, 우리나라 성곽 연구의 중요한 쟁점 중 하나인 거점성의 위치 문제로 환언할 수 있다. 즉, 우리나라 고대 산성들 중 규모가 중·대형급에 해당하는 것들은 군사적 기능과 더불어 행정적인 기능을 동시에 수행하였다고 보는 것이 통설이다.(심봉근 1995) 산성이 치소의 역할을 하였다는 견해에 대해 다수의 연구자가 동조하고 있다. 최근에는 성 내부의 건물지와 출토유물 등을 근거로 논지가 보강되었다. 이에 반해 산성 치소설과 반대되는 견해가 속속 발표되고는 있으나 대부분 고려시대와 조선시대를 중심으로 이루어졌다.(구산우 2012·문경호 2013·배상현 2018·정요근 2019a) 기왕의 연구는 산성에서 평지로 치소가 이동되는 시기에 대해서는 큰 관심이 없었다고 볼 수 있다.(안성현 2020)

고대 산성이 치소의 기능을 수행했다는 견해 역시 성곽과 내부시설에 대한 면밀한 분석의 결과라기보다 선험적으로 접근한 측면이 강하다. 또 석축산성을 중심으로 이루어졌기 때문에 당대의 사회상을 파악하는데 한계가 있다는 점은 분명한 것 같다. 따라서 이 장에서는 고대 경남지역 치소에 대해서 살펴보고자 하며, 치소성에 대해 접근하기 전 네 가지 사항을 고려해야 한다.

① 고대 치소성의 논의는 석축산성을 중심으로 이루어졌다는 점에서 한계가 분명하다. 치소의 위치는 산성과 인접한 평탄지와 구릉에 위치하는 토성 및 도시·건물지 등을 포함하여 종합적인 검토가 이루어져야 한다.

② 우리나라의 성곽조사는 성벽을 중심으로 이루어져 왔다. 물론 성내 유구에 대해서 발굴조사가 이루어진 예도 있으나 대부분 집수지나 후대 건물지가 주 대상이었다. 특히 우리나라 성곽은 초축 당시의 모습이 온전하게 남아있는 것이 거의 없을 뿐 아니라 변천을 알 수 있는 자료 또한 확보되지 있지 않다. 이에 따라 고고학적으로 주·군·현성이 반드시 갖추어야 할 조건에 대해서 알지 못한다. 즉, 주·군·현성에 설치되어야 할 부속시설이 무엇인지와 그 차이, 위계별 부속시설의 규모와 구조가 어떠하였는지는 논의조차 된 적이 없다.

이러한 현실적 한계로 인해 치소성 문제는 성곽의 규모에 집중한 경향이 강하였다.(심광주 2007) 필자 역시 성곽의 규모가 위계를 밝힐 수 있는 중요한 속성이라는데 큰 이견이 없다. 하지만, 성곽의 입지와 규모를 결정하는 이유는 지방지배 이외 당대의 적대세력과 성격, 축성 위치—국경— 역시 중요하게 작동하였다고 보는 것이 합리적이다. 치소성에 대한 논의는 성곽 유적이 가지는 특징을 고려해야 한다.

③ 성 내부의 부속시설 중 건물지를 주목하여 신라 중·고기의 거점성으로 파악하는 견해가 발표되었다. 즉, 하남 이성산성 C지구의 1~2호 건물지를 주목하였다. 이 건물지는 성 내부에서도 매우 중심적인 위치에 있으면서, 건물을 덮고 있었던 기와들이 대체로 단판 타날판으로 제작된 것으로 보았다. 또 건물지의 위치와 이른 시기의 대규모 초석 즙와 건물지라는 점 등을 고려하여 지방관의 정청으로 파악하였다.(박성현 2018)

하지만, 발굴조사 보고서에서는 기둥 간격이 일반적인 건물지보다 좁다는 점을 고려하여 누각형 창고로 추정하였다.(漢陽大學校 1991) 널리 알려진 것과 같이 성 내부의 석벽 건물지는 통일신라시대에 주로 축조된다.(조원창·방기영 2010·서정석 2010) 이를 반증하듯 출토된 유물은 유개 고배와 복(卜)자형 개·입(入)자형 개, 격자문·선문·어골문·복합문이 타날된 기와편 연화문 와당, 벼루, 철촉 등 다양하다. 이 중 C지구 2호 건물지에서 출토된 단판의 어골문 기와는 삼국시대 신라 기와 중 특이한 사례에 속한다. 어골문기와는 절대다수가 장판 타날판이며, 출현 시기에 대해서는 이견이 있으나 경남지역만으로 한정할 때 통일신라시대 후기에 해당하며(김기민 2008·이재명 2016), 벼루 역시 대부분 삼국이 통일된 이후에 제작된 것이다.(도라지 2017)

〈표-1〉 이성산성 C지구 1·2호 건물지 (박성현 2018, 〈표-2〉 전제.)

건물지	규모	출토 기와	출토 유물
C지구 1호 건물지	정면 17칸 3,620cm(간격 213cm)	타날판: 단판 등문양: 격자문, 선문, 어골문, 복합문.	유개 고배, 卜자형 개, 入자형 개, 벼루 등
	측면 4칸 800cm(간격 199cm)		
C지구 2호 건물지	정면 17칸 3,400cm(간격 212cm)	연화문 와당, 단판 어골문	고배, 개, 벼루, 철촉 등
	측면 4칸 800cm(간격 199cm)		

유물의 출토맥락을 고려할 때, 삼국시대에 해당하는 것도 있지만 대부분 통일 이후에 해당하므로 C지구 1~2호 건물지는 삼국시대로 보기 어렵고, 통일신라시대에 축조되었음이 분명하다. 이러한 양상은 우리나라 대부분의 성곽에도 적용할 수 있으며, 삼국시대 유구와 통일신라시대의 유구를 구분한 후 논지를 전개해야 한다.

④ 성 내부에서 출토되는 기와를 건물과 연결시켜 해석해왔다. 하지만 기와의 용도가 다양하다는 점에서 신중한 해석이 필요하며, 두 가지 관점에서 접근이 가능하다. ㉠ 건물과 관련 없는 기와들이 출토될 가능성도 있

다. 그 예로 통일신라시대 평지토성의 성벽 내·외부에서 출토되는 기와는 건물과 관련 없고, 성벽의 상부 시설과 관련된 것이다.(안성현 2017) 이러한 양상은 석성의 성벽에서도 확인된다. 창원 진례산성의 서문지와 남문지에서 '봉림사(鳳林寺)'명 기와를 바닥에 깔았는데 봉림사가 폐사되거나 사세가 약해진 후에 가져다 사용한 것이다. 시기는 다른지만 사천 선진리왜성의 성벽에서 '고성(固城)'명 기와편이 출토되었는데, 왜성을 축조하면서 고성지역에서 기와를 가져다 사용하였음을 시사한다.

특히 고양 행주산성과 파주 덕진산성 통일신라시대 성벽에는 내벽을 따라, 함안 무릉산성은 내벽과 기단보축 보강토 상부에 기와편을 일정한 폭으로 깔았다. 이 중 행주산성의 경우 생활면이 최소 3차례 이상 높아졌다. 이에 따라 내벽과 연접해서 출토된 기와는 산성의 초축시기나 성 내부의 건물과는 관련이 없고, 다른 곳에서 가져와서 사용하였음을 알 수 있다.

ⓒ 성곽에 사용된 기와의 제작과 공급방식에 대해서는 논의가 이루어진 바 없다. 청원 남성골유적(충북대학교 박물관 2004)과 안성 도기동산성(한양문화재연구원 2021)에서 토기 가마가 조사되었을 뿐이므로 기와의 수급과는 관련이 없다. 기왕의 연구에 의하면 기와가 제작된 가마에서 기와를 사용한 건물-사용처- 간의 교류관계를 살펴볼 수 있게 되었으며, 전용와(專用瓦), 공용와(共用瓦), 교류와(交流瓦), 재활용와(再活用瓦)로 구분하였다.(차순철 2007) 성곽에는 대량의 기와가 사용되므로 전용와이거나 공용와, 그리고 폐기된 건물에 즙와된 것들을 재활용하였을 가능성도 배제할 수 없다. 즉, 아차산성 남벽과 서벽의 회절부 내측 교란층에서 '북한수해(北漢受蟹)'명 기와편이 수습되었는데, 인근의 하남 선리 유적에서 수습된 것과 동일한 것이라는 점(윤성호 2018)에서 산성으로 공급되는 시스템이 존재한 지역도 있었다. 따라서 성곽에서 출토된 기와들은 다양한 곳에서 공급되었으므로 출토맥락과 편년작업을 병행해야 한다.

위의 내용에서 알 수 있듯이 치소성을 고고학적으로 밝히는 작업은 성곽연구가 완성되는 단계에서 논의될 수 있는 문제라고 본다. 이러한 관점에서 현재까지 조사 결과를 중심으로 치소성의 기원에 대해서 살펴보고자 한다.

1. 삼국시대

삼국시대 경남지역의 신라 석축성곽은 포곡식과 테뫼식이 혼용되어 있으며, 대체적으로 시기가 늦어질수록 대형화되는 경향을 보인다. 물론, 함안 성산산성과 함양 사근산성의 경우는 초축 당시부터 1,000m 이상의 산성이 축성되었다는 점에서 치소성의 기능을 수행하였을 가능성도 배제할 수 없다. 이 시기 토성은 양산 순리지토성이 유일하며 입지는 석축산성과 동일하다. 시각을 조금 넓혀보면 5세기 후반에서 6세기 후반 치소로 비정되는 석축산성인 보은 삼년산성과 충주 계족산성·하남 이성산성·아차산성 역시 산정에 위치하고 있다.

석축산성 내부에서 건물지가 조사된 것은 기장산성, 부산 배산성(부산박물관 2018), 김해 양동산성, 함안 성산산성(경남발전연구원 역사문화센터 2019), 거창 거열산성(우리문화재연구원, 2006), 남해 대국산성, 거제 폐왕성 등이다. 기장산성의 건물지는 시굴조사 결과 삼국시대에서 조선시대로 보고하였으나 근거를 제시하고 있지 않았으며, 배산성은 통일신라시대 건물임이 밝혀졌다. 성산산성 역시 삼국시대 이후의 건물이다. 거열산성은 삼국시대에 축성된 내성과 통일신라시대 확장된 외성으로 나누어진다. 이 중 내성에서는 삼국시대와 통일신라시대 집수지·건물지가 조사되었다. 건물지의 규모는 남북 13m, 동서 9m, 직경 8m의 원형석축이며, 유물은 기와, 토기, 청자, 백자편, 철제마 2, 토제소형안장 등이 출토되었다. 이러한 건물지는 통일신라시대에 주로 설치된다. 통일신라시대에 확장된 서벽과 남벽 주변의 건물지는 통일신라시대와 이후 조선시대의 건물임이 밝혀졌다.

대국산성과 둔덕기성의 내부에는 5개의 대지가 조성되었으며, 이 중 대국산성은 삼국시대와 통일신라~고려시대 활용된 공간은 차이가 있다. 이와 달리 둔덕기성은 통일시라시대부터 고려시대까지 동일한 공간을 활용하였다. 이러한 양상은 다른 산성에도 동일하게 적용할 수 있다. 향후 조사에서 삼국시대의 기단 건물지가 확인될 수도 있지만, 용인 할미산성의 예로 보아 그 가능성은 낮다. 그리고 산성의 주변에서 삼국시대 대규모의 건물지가 조사된 사례는 드물다.

이상의 내용에서 알 수 있듯이 신라는 산성 주변에 치소로 볼 수 있는 대규모의 건물지가 확인된 적이 없다는 점을 고려할 때 이 시기 치소는 산성이었다고 볼 수밖에 없을 듯싶다. 그 이유는 다양하겠으나 삼국시대의 정치·사회적 상황에서 찾을 수 있다. 삼국시대는 격동기로 영토 확장을 위해 많은 전투가 이루어졌으며, 국경의 변화도 심하였으므로 방어를 최우선에 두었다. 이러한 분위기는 평지에 치소를 두는 것보다 산성에 치소를 설치하는 것이 효율적이었다.[2] 경남지역을 제외한 신개척지인 신주의 주치가 하남 이성산성, 북한산주의 치소가 아차산성이라는 점과 일맥상통한다.

2. 통일신라시대

신라가 삼국을 통일한 이후는 고신라 및 가야지역에 사벌주(沙伐州 : 尙州)·압량주(押梁州 : 良州)·청주(菁州·康州), 옛 백제지역에는 웅천주(熊川州 : 熊川)·완산주(完山州 : 全州)·무진주(武珍州 : 武州), 옛 고구려 남쪽 경계지역에 한산주(漢山州 ; 漢州)·수약주(首若州 : 朔州)·하서주(河西州 : 溟州) 등 9주를 두어 지방행정조직을 개편하였다. 경덕왕 16년(757)에는 그 이름을 한자식으로 바

2　필자는 경남지역 역시 삼국시대에도 평지에 관아가 설치되었을 가능성을 부정하지 않는다. 그 예로 중원지역에서는 관아유적으로 추정되는 삼국시대 건물지가 확인된 바도 있다.(김성구 2012) 하지만, 이 유적을 제외하고 고식막새가 출토되는 대규모 건물지가 조사된 예는 없다. 따라서 자료의 축적을 기대한다.

꾸고 9주 아래 5소경, 117군, 293현을 두었다. 신라의 9주5소경은 중대(中代)에 들어 정비를 시작했지만 삼국을 아우르고 당의 세력을 한반도에서 축출한 이후에 본격적으로 완비되었다.[3](황인호 2014) 이에 따라 통일신라시대의 치소는 삼국시대와 달리 네 가지 형태가 확인된다.

① 산성에서 평지성으로 이동하는 것이다. 평지에 토성이 축조됨으로써 치소가 이동하는 형태로 기장과 부산, 김해, 함양, 거창 등에서 확인된다. 기장지역은 기장산성에서 9세기 전반경에 기장고읍성이 축성됨으로써 치소가 이동되었다. 부산은 배산성에서 8세기 중·후반 동래고읍성이 축성되었다. 또한 김해지역은 분산성에서 통일신라시대에 김해고읍성으로 치소가 이동하였다.

---

3 신라 9주 5소경(황인호 2014)

九州(757년 改名)	州治	領屬		
		小京	郡	縣
沙伐州(尙州)	경북 상주	–	10	30
押梁州(良州)	경남 양산	金官(경남 김해)	12	34
菁州(康州)	경남 진주	–	11	27
漢山州(漢州)	경기 광주	中原(충북 충주)	27	46
首若州(朔州)	강원 춘천	北原(강원 원주)	11	27
河西州(溟州)	강원 강릉	–	9	25
熊川州(熊州)	충남 공주	西原(충북 청주)	13	29
完山州(全州)	전북 전주	南原(전북 남원)	10	31
武珍州(武州)	전남 광주	–	14	44
9州		5小京	117郡	293縣

『三國史記』卷34 雜志3 地理1, "始與高句麗百濟地錯犬牙 或相和親 或相寇鈔 後與大唐侵滅二邦 平其土地遂置九州 本國界內置三州 王城東北當唐恩浦路曰尙州 王城南曰良州 西曰康州 於故百濟國界置三州 百濟故城北熊津口曰熊州 次西南曰全州 次南曰武州 於故高句麗南界置三州 從西第一曰漢州 次東曰朔州 又次東曰溟洲 九州所管郡縣無慮四百五十"

『三國史記』卷9 新羅本紀9 景德王16年, 「冬十二月 改沙伐州爲尙州 領州一郡十縣三十 歃良州爲良州 領州一小京一郡十二縣三十四 菁州爲康州 領州一郡十一縣二十七 漢山州爲漢州 領州一小京一郡二十七縣四十六 首若州爲朔州 領州一小京一郡十一縣二十七 熊川州爲熊州 領州一小京一郡十三縣二十九 河西州爲溟洲 領州一郡九縣二十五 完山州爲全州 領州一小京一郡十縣三十一 武珍州爲武州 領州一郡十四縣四十四」.

통일신라시대는 산성에서 평지성 및 평지로의 이동은 가장 일반적인 형태였을 가능성이 높다. 후술하겠지만 성산산성의 경우 주변 평지에서 비교적 대규모의 건물지가 조영되지만, 성 내부에서도 대규모의 건물지와 와전류가 출토되고 있어 산성과 평지의 건축유적을 중요시 하였다고 볼 수밖에 없다. 따라서 이 형태는 통일신라시대에 나타나기 시작하므로 당연히 과도기적 양상으로 볼 수 있다.

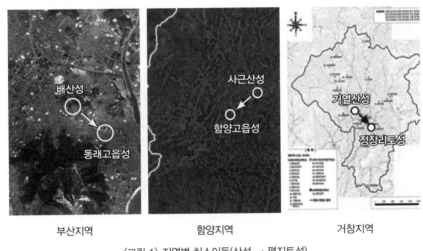

| 부산지역 | 함양지역 | 거창지역 |

〈그림 1〉 지역별 치소이동(산성 → 평지토성)

② 산성에서 산성으로 이동되는 경우이다. 그 명확한 양상을 파악하기 어렵지만, 양산지역에서 그 일단을 파악할 수 있다. 현재까지 양산지역에는 9개소의 성곽이 알려져 있으며, 양산시내에는 북부동산성과 신기산성이 위치한다. 신기산성은 양산시 중심부의 북동쪽에 입지하는 성황산의 정선부와 동남쪽은 곡부를 포함하는 포곡식산성으로 둘레는 2,600m정도이다. 산성은 축조수법과 출토유물로 보아 통일신라시대가 분명하다. 북부동산성은 신기산성의 남쪽 명곡천 건너편 중부동 동쪽 산정에 위치하는 테뫼식 석축산성으로 정확한 규모는 알 수 없다. 산성에서는 멀리 낙동강까지

한눈에 바라볼 수 있는 좋은 곳에 자리 잡고 있어 신라시대에 낙동강을 따라 수도 경주로 침입하려는 왜구를 막기 위해서 축조되었음을 시사한다.(나동욱 2019) 즉, 북부동산성의 입지나 형태, 축조수법으로 보아 삼국시대에 축조되었으나 통일신라시대에는 성 내부가 협소하여 신기산성이 축조됨으로써 치소가 이동하였다.

이와 유사한 양상은 용인 할미산성과 석성산성에서도 확인되었다. 할미산성은 할미산의 정상부와 남쪽으로 이어지는 능선에 축성된 테뫼식 석축산성으로 둘레는 651m이다. 내부에서 삼국시대 수혈주거지와 통일신라시대 다각형 건물지가 조사되었으나 기와편은 출토되지 않았으며, 주변에서 동시기에 축성된 산성은 확인되지 않는다.(한국문화유산연구원 2018) 산성 주변에는 대규모의 분묘유적인 보정동고분군과 마북동주거지, 경작유구 등이 확인되고 있다는 점을 고려할 때, 거점성(치소)으로 보는 것이 타당하다.(황보경 2020)

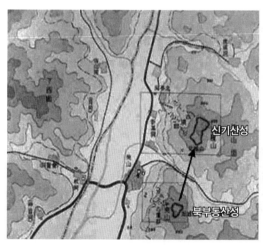
양산지역(나동욱 2019. 일부 수정.)

용인지역

〈그림 2〉 지역별 치소이동(산성 → 산성)

이에 반해 석성산성은 할미산성의 남쪽 지맥에 솟은 석성산과 사면을 두르는 산성으로 규모는 1,650m이다. 내부에서 토기를 비롯한 다량의 기와편이 채집되었다.(충북대학교 중원문화연구소 1999·수원대학교박물관 2014) 최근의 지표조사에서 전형적인 통일신라시대 성벽이 확인되었다. 석성산성에 대한 발굴조사가 이루어지지 않아 정확한 축조 시기는 알 수 없으나 내부에서 출토된 중판 타날판의 선문기와가 출토되었으므로 8세기 중반~9세기를 전후한 시기에 축성되었음은 분명하다. 용인지역 역시 삼국시대 할미산성에서 통일 후 석성산성이 축성되면서 치소가 이동하였음을 알 수 있다.

하지만, 산성에서 산성으로 치소가 이동한 사례는 소수이므로 일반적인 양상으로 보기 어렵다.

③ 삼국시대에는 석축산성이 축조되지 않았지만 통일신라시대 평지에 토성이 축조되는 사례로 진주지역에서 확인된다. 이곳은 경남지역 중 삼국시대 산성이 확인된 적이 없는 특이한 지역 중 하나이다. 통일신라시대에 들어서 강주토성(경상문화재연구원 2019)과 진주성 인근에 토성-이하 진주토성-이 축조(한국문물연구원 2019)되지만 현재까지의 조사 결과 어느 토성이 선축된 것인지 단언하기 어렵다.

이 중 강주토성은 사천만과 육지가 만나는 해안에서 북동쪽으로 5.5㎞ 지점의 야트막한 구릉에 입지하며, 규모는 450m 정도이다. 이에 반해 진주토성은 현 진주성 내성 쪽에 입지하는데, 남동쪽 성우와 내부 일부가 조사되었다.

필자는 진주토성을 통일신라시대 진주지역의 치소성으로 보며, 그 이유는 다음과 같다. 진주토성은 남동쪽 성우 부분만 확인되었으므로 정확한 초축시기와 규모는 알려져 있지 않다. 토성의 규모는 진주성 주변의 지형으로 유추할 수밖에 없다. 현재의 진주성은 조선후기 진주성의 내성이며, 통일신라시대 토성은 촉석문 동쪽 평탄지에서 확인되었다. 진주성은 구릉성 산지 지형으로 주변의 시가지는 남강을 통해 운반된 충적지형에 해당하

며, 공북문 주변은 소곡이 위치하였다.(경남발전연구원 역사문화센터 2014) 이 성
의 북쪽 해자 역할을 하던 대사지는 '진주성도(晉州城圖)'에서 분명하게 명시
되어 있으며, 진주교육청 부지에서 호안석축이 조사되었다.(경상대학교박물관
2012) 또한 임진왜란 당시 외성의 동쪽 해자는 중앙시장 부근에서 인공해
자를 굴착하여 남강으로 빠져 나가게 조성하였다.(박세원 2014)

진주성 성벽 및 부속시설(박세원 2014. 일부 수정 : 토성성벽)

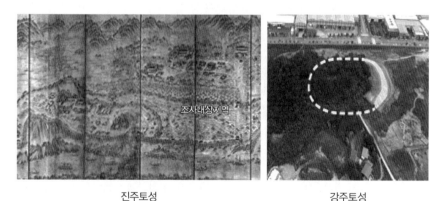

진주토성   강주토성

〈그림 3〉 지역별 치소이동(평지성)

따라서 진주토성의 범위는 북쪽과 동쪽의 저습지를 벗어날 수 없으며, 서쪽은 촉석산 바깥으로 설정하기 어렵다. 이러한 가정이 타당하다면 이 토성은 현 진주성의 내성과 유사한 규모가 됨에 따라 강주토성보다 대형이 었음은 분명하다. 토성의 입지 역시 진주지역의 중심의 남강의 북쪽에 면하며, 내부에서 통일신라시대의 도로와 건물지가 확인되었다. 이러한 점을 고려할 때 진주토성이 치소, 강주토성은 선진리토성과 연계하여 강주 외곽에서 남해안을 통제하기 위해 축조된 것으로 본다.

④ 치소의 이동 없이 산성이 활용되거나 통일신라시대에 새롭게 산성이 축조되면서 치소로 활용된 것이다. 전자는 함안 성산산성인데 주변에서 건물지가 확인되었다. 하지만 산성 내부에서 신라 및 통일신라시대 막새편이 출토되었으며[4], 이와 유사한 양상은 다른 지역에서도 확인된다. 후자는 하동 정안산성으로 통일신라시대 산성이 축조됨으로써 치소의 역할을 수행하게 된다.(나동욱 2016·심봉근 2018)

이상의 내용을 종합해보면 삼국시대 치소는 산성이었으며, 통일신라시대에 들어와서 평지토성과 복룡동유적과 같이 평지에 도시유적이 형성된다. 고려시대에는 통일신라시대 토성이 축조되지 않은 울산 반구동토성, 부산 동평현성, 마산 회원현성, 고성고읍성 등 다수의 토성들이 이전 시기 시기와 동일한 입지 및 토성이 없든 곳에 축조된다. 이와 더불어 거제 둔덕기성과 거림리 유적, 합천 백마산성과 강누리유적(경남문화재연구원 2013b)의 사례로 보아 다수의 군·현에서 확인된다. 따라서 치소가 산성에서 평지로의 이동은 통일신라시대부터 본격화 되었으며, 그 이후 가장 일반적인 형태로 전개되었음을 알 수 있다.

---

4 함안지역은 앞에서 살펴본 바와 같이 괴산리 유적의 성격에 따라 평지로 이동하였을 가능성도 배제할 수 없다. 다만, 주변의 성산산성과 성점산성에서도 동시기의 유물이 출토되고 있으므로 치소의 이동을 상정하지 않았다.

3. 창원읍성의 축성배경

창원읍성은 성종 8년(1477)에 축조되었으며, 축조 배경에 대해서는 많은 보고서에서 일목요연하게 정리되어 있다. 그 내용을 정리하면, 세조 7년 경상도·전라도·충청도 순찰사 박강(朴薑)과 구치관(具致寬)에게 창원과 울산에 성을 쌓는 일의 편불(便不)을 살피게 하였다. 세조 3년(1477) 두 사람은 창원과 울산 모두 절도사(節度使)의 영(營)과 거리가 가까워 사변이 있더라도 입보가 어렵지 않으니 별도의 읍성 축조는 불필요한 것으로 보고하였다.

그 후 성종 7년(1476)년에 병조판서 이극배(李克培)가 연변에 성을 쌓는 일을 보고하자 성종이 울산과 창원 등에 축성토록 한 것이 창원읍성의 초축 기록이다. 창원과 울산읍성의 축성에 대해 병조(兵曹)는 병마절도사(兵馬節度使)의 영성(營城)이 있어 시급한 일이 아니므로 고을 수령 감독하에 축성 공사를 하되 흉년을 피해 매년 수척(數尺)씩 쌓을 것을 건의했다. 성종 8년(1477)에 예조참판 이극백(李克培)가 그 고을 군정만을 동원하면 1년에 50여 척 밖에 쌓을 수 없어 공기가 연장되므로 창원의 경우 진주(眞州) 영내 여러 고을 사람을 동원하여 축성하는 방안을 주청하였다. 이렇게 축성한 창원읍성은 성종 8년(1477)에 완공되었다.

17년 후인 성종 25년(1494)에 창원읍성이 5년 내에 무너지지 않아 창원 축성차사원(昌原築城差使員) 박치에게 상을 주고 당상관으로 승진 시키려 하였으나 동지중추(同知中樞) 윤은노(尹殷老)가 창원읍성이 5년 내에 무너지지 않은 것은 성이 몹시 낮고, 미세하였기 때문이므로 합당하지 않다고 보고하였다. 이에 성종은 사실을 확인할 관리를 파견하였는데, 다녀 온 경차관(敬差官) 김일손(金馹孫)은 박치 등이 감독한 곳은 모두 기한이 지나 퇴락하였지만, 성 높이가 성제에 맞지 않다고 보고하였다. 이에 성종은 박치에 대한 상과 승진을 취소하였다.

이후 선조 25년(1592) 임진왜란 때는 왜군이 창원읍성을 공격하였으나

〈표-2〉 古文獻에 기록된 창원읍성의 규모와 성내시설(우리문화재연구원, 2007, 〈표-2〉 전제)

文獻資料	명칭	재료	체성규모		성문	옹성	치	여장	우물	연못	戸口 (戸)	비고
			둘레 (尺)	높이								
成宗實錄 (1477년)	-	石	4,410	12尺7寸	-	-	-	-	-	-	-	
新增東國輿地勝覽 (1530년)	邑城	石築	4,920	-	-	-	-	-	1	1	-	悅禮亭在門西閱武之所
東國輿地誌 (1660년~1674년)	府城	昔築	4,920	-	3	-	-	-	-	-	-	
海東地圖 (1730년~1760년)	邑城	石築	4,920	-	4	-	-	묘사	1	1	7,386	읍성은 원형이고, 체성에 4대문과 여장묘사, 객사 동쪽에 衙舍배치
輿地圖 (1736년~1767년)	-	-	-	-	4	-	-	-	-	-	7,995	원형의 체성위에 4대문 표현, 객사의 서편에 衙舍배치
地乘 (1776년 이후)	-	-	2,004	-	-	-	-	-	-	-	7,704 人口: 28,828명	읍성은 원형이고, 체성에 4대문과 여장 묘사, 객사 동쪽에 衙舍배치
大東地志 (1863년)	邑城		2,004	-	4	4	18	-	1	1	-	
昌原邑誌 (1899년)	邑城	石築	2,004	-	4	4	18 (曲城)	600	2	1	7,290	1649년 10월에 4대문 개축 1621년 4월에 北水門인 始有樓에 井과 池 수축 객사의 서편에 아사묘사
增補文獻備考 (1908년)	邑城	石築	2,004	-	4	4	18	-	1	1	-	
嶠南誌 (1939년)	邑城	石築	2,004	-	4	4	18	600	1	1	-	1621년에 2,004尺으로 개축
檜山誌 (연대미상)	-	-	2,004	-	4	4	18	600	2	-	-	도랑(渠) 1개소
檜山誌 (1911년?)	邑城	石築	2,004	-	4	4	18 (曲城)	600	-	-	7,263	北水門 始有樓

병사(兵使) 유종인(柳宗仁)이 두 번 싸웠으나 패했다. 이 때 벼슬아치와 백성들이 처음부터 끝까지 싸우고 한 사람도 항복한 사람이 없었다. 이에 선조 34년(1601) 임진왜란 시 왜군에 결사 항전한 군현의 포상, 왜의 방비와 왜 사신 접대, 증가된 인구, 효율적인 지방지배 등의 이유로 대대적인 군현제 개

편을 단행하였다. 왜군에 결사항전을 한 창원은 도호부에서 창원대도호부로 승격하게 되었다.(권순강 2018) 이러한 표면적 이면에는 지리적 환경에 따른 창원과 그 주변부의 상황에 따랐을 가능성도 배제할 수 없다. 창원은 해안에 위치하고 있던 지리적인 환경으로 인해 빈번하였으므로 창원과 그 주변부의 왜구 문제는 상존하였다. 창원지역을 통과하면 상경 거점의 내지 읍성인 영산읍성으로 바로 들어 갈 수 있었을 뿐 아니라 창녕, 진주, 밀양 등의 곡창지대로 갈 수 있는 필수 관문이었으므로 창원을 대도호부로 승격시켜 왜구의 공격을 대비하였다는 견해도 경청할 만하다.(윤으뜸 2021)

Ⅲ. 창원읍성의 특징

1. 입지

현재 창원시 지역의 지형은 우리나라 최초의 계획도시로 1974년 인구 30만 명 정도의 중화학기계공업도시로 계획되었다. 하지만, 지금은 계획을 넘어서 더욱 많은 인구가 밀집하여 생활하는 도시로 성장함으로써 현재의 모습을 갖추어지게 되었다. 따라서 전근대시대 창원시의 지형은 현재와 달랐다고 보는 것이 합리적이다. 특히 창원과 마산지역은 남서쪽의 마산을 제외하고는 높은 산지가 둘러싸고 있으며, 그 사이에는 독립 구릉이 솟아 있다. 그러므로 이 지역의 지형은 산지의 퇴적과 관련된 충적지와 해수면의 변화와 밀접한 관계가 있다는 점에서 인간의 활동 역시 지형적 요인과 연동되었을 것으로 판단된다.

창원시의 고지형은 김재현에 의해서 잘 정리되어 있으나 가야시기를 주 대상으로 하고 있어 조선시대와 시기적으로 차이가 있다. 다만, 전근대 시기까지 대규모의 간척작업이 이루어지기 어려우므로 큰 차이는 없었을 것으로 판단된다. 이 지역의 유적은 현재 창원분지 안쪽과 무학산 동쪽의 마산만 접경지역(옛 마산), 그리고 장복산에서 불모산으로 이어지는 산맥의 남쪽 해안 접경지에 집중적으로 생활권역이 형성되어 있었다. 창원시 일대의 지형과 문화유적의 분포를 통해 볼 때 창원지역의 생활권역은 창원분지를 중심으로, 북쪽으로는 북면·동읍권역, 서쪽으로는 내서·진동권역, 남동쪽으로는 진해·웅천권역으로 구분 할 수 있다. 특히 창원지역은 '고대산만'으로 상징되는 해진 극상기에는 동읍, 북면일대까지 바다였고 창원분지는 내부 깊숙이까지 해수면이 들어왔던 것으로 추정된다. 하지만, 점차 해퇴가 진행되면서 창원분지를 둘러싼 높은 산지의 하단부 완경사면에는 배후 산지에서 발원한 하천을 중심으로 해안선과 사이에 습지들이 형성되기 시작하였다.(김재현 2017) 따라서 현재와 고대의 지형과는 차이가 있었음을 고려해야 한다. 산업화 이전 창원읍성은 해안가와 약간 이격된 지점에 위치하였으며, 남쪽의 구릉으로 인해 외부에서 직접 조망되지 않았음을 알 수 있다.

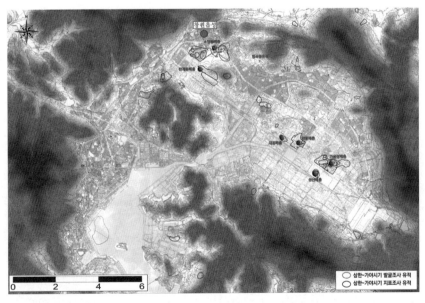

〈그림 4〉 창원분지 내 삼한·가야시기 유적 위치 및 해수면 영역 추정도 (김재현 2021. 일부 수정)

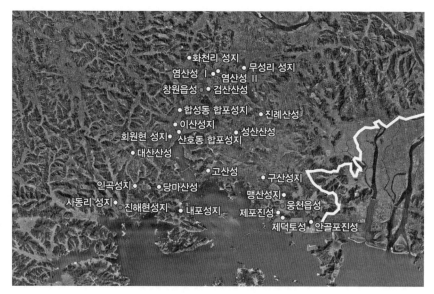

〈그림 5〉 창원지역 성곽위치도 (왜성제외)

이러한 지형적 요인은 전근대시기 교통로와 성곽의 축조에 많은 영향
을 주었다. 즉, 동남연해지역과 한양을 이어주는 육로는 영남대로로 영남
대로는 노선의 위치에 따라 중로, 좌로, 우로와 통영로 및 통영별로가 대
표적이다. 한양에서 동래 부산포에 이루는 최단 길은 영남대로로서 왜의
사신과 왜에 파견되는 조선의 사절단인 통신사가 이용하는 도로이기도 하
였다. 염포, 부산포, 내이포에서 상경하는 육로는 각각 좌로와 중로, 우로
및 수로로는 낙동강을 이용하였다. 영남대로 상에 축조된 내지읍성은 중로
상에 동래·양산·밀양읍성, 좌로 상에 울산·경주읍성, 우로 상에는 웅천·
창원·칠원·영산읍성이 축조되었다.(권순강 2017)

특히 창원읍성이 위치하는 창원시 북동 일원은 남해안을 통해 내륙으로
이어지는 교통로 발달되어 있었으므로 고대로부터 다수의 성곽이 축성되
었다. 세부적으로 살펴보면 남쪽으로부터 창원읍성-검산산성(가야)-염산성
Ⅰ·Ⅱ(조선·통일신라)-화천리산성(신라 및 통일신라)-우강산성(가야)-동리산성(가

야?)-영축산성(가야)-계성토성(가야)-신당산성(신라)-목마산성(신라)-화왕산성(가야·통일신라·고려·조선)-왕령산성(조선)-웅곡산성(가야) 등이 축조되어 있다.

이상의 내용을 종합해보면 창원읍성은 남해와 약간 이격되어 있으며, 남해와 내륙을 이어주는 교통로 상에 입지한다. 그리고 남쪽의 독립 구릉으로 인해 침입하는 적이 직접 조망할 수 없었다. 그리고 주변에는 창원분지 내에서 비교적 넓은 평지가 위치하므로 늦어도 통일신라시대부터 창원지역의 중심지로 활용되었을 가능성이 높으며, 자세한 내용은 후술한다.

2. 형태 및 규모

조선시대에 축성된 읍성이나 영진보성은 대부분 평지와 야트막한 구릉의 정선부를 두르므로 일반적인 산성의 분류안을 적용하기 어렵다. 따라서 야트막한 구릉을 두르는 형태를 테뫼식으로, 구릉정상부와 곡부를 두르는 것을 포곡식으로, 이와 달리 성벽의 최저점과 최고점 사이에 사람이 접근하기 힘든 경사를 이루는 것을 평산성으로[5], 그리고 평지를 두르는 것을 평지성으로 나눌 수 있다.

먼저, 산성은 고성 소흘비포성이 대표적이며, 동쪽은 산의 정상부로 연결되고 있으므로 우리나라의 전형적인 산성과는 차이가 있다. 포곡식 성곽은 하동읍성, 병영성, 개운포성지, 금단곶보성지 등으로 읍성과 영진보성에서 확인되지만, 후자가 다수를 차지한다. 그리고 시기적으로는 성종 대에 축

---

5 읍성의 형태 중 평산성은 구분하기 모호한 부분이 있다. 평산성의 사전적 의미는 "성곽을 축조한 지형이 평지와 산지를 함께 포함하거나 산지를 배후로 하여 해안이나 강안에 조성된 성곽을 지칭한다. 이 경우 산지를 이용한 산성의 장점과 평산시거처하는 평지성의 장점을 갖추고 있어 군사적 방어시설물로서의 성곽기능과 행정적인 기능을 함께 갖춘 성곽으로 읍성이나 영진보성에서 많이 볼 수 있다."(심정보 2012b) 즉, 평지와 독립 구릉의 정선부를 두르는 김해 봉황토성이나 함안 가야리토성의 경우는 명확하게 구분할 수 있다. 이에 반해 구릉이 이어지는 동래고읍성과 영산읍성의 경우는 구릉부의 성벽과 외부의 지형이 동일하므로 사전적 의미의 평산성과 차이가 있다는 점을 유념해야 한다.

조된 금단곶보성지를 제외하고는 모두 세종이나 그 이전에 축조된 것이다.

평산성은 영산읍성, 기장읍성, 거제 고현성, 후기 동래읍성, 통영성 등인데, 세부적으로 차이를 보인다. 기장읍성의 경우 남벽과 동벽 쪽은 급경사를 이루지만 그 이외의 방향을 성내부와 외부의 해발고도가 동일하여 쉽게 접근할 수 있다. 이러한 양상은 영산읍성 및 고현성과 동일하다. 이에 반해 후기 동래읍성과 통영성은 배후의 산정상부에 성벽을 축하였으므로 앞의 읍성들과 배후의 산정상부로 접근하기 어렵다.

평지성은 전기 창원읍성, 동래읍성, 김해읍성, 언양읍성, 웅천읍성, 함안읍성, 칠원읍성, 합포성지 등이다. 평지성은 읍성과 진성에서 모두 확인되지만 읍성의 비율이 높다. 시기적으로 조선시대 초에서 성종 대까지 지속적으로 확인되며, 주로 세종대나 그 이후에 집중적으로 축조되었음을 알 수 있다. 특히 언양읍성과 경주읍성은 고읍성을 확장하였으며(동아대학교박물관 2003), 이에 반해 창원읍성은 고려시대 치소 자리에 축성이 이루어졌을 가능성이 높다.

한편, 읍성 및 영진보성의 평면 형태는 방형, 원형, 주형, 제형으로 알려져 있다.(이일갑 2008) 주지하다시피 읍성 및 영진보성 역시 야트막한 구릉이나 평지에 축조된다고는 하지만 하천이나 구릉의 형태에 따라 성곽을 축조하므로 평면 형태가 정형성을 띠지 않아 자의적으로 해석할 가능성이 많다. 그 예로 주형으로 분류된 칠원읍성의 경우 조사보고서에서는 부정형으로 보고하였으나, 자세히 살펴보면 말각삼각형으로 볼 수도 있다.

이러한 관점에서 성곽의 평면 형태에 대한 분류는 자료의 축적을 기다려야 할 것으로 생각한다. 이 글의 대상인 창원읍성은 북쪽이 좁은 평면 오각형에 가까운데, 해발고도가 높은 북벽 중앙으로 갈수록 좁아진다. 이와 유사한 형태는 영산읍성이 있으나 북쪽 중앙에 돌출되어 있으며, 고현읍성의 경우 창원 읍성과 반대로 해발고도가 낮은 동쪽으로 갈수록 성벽의 폭이 약하게 좁아진다는 점에서 차이가 있다. 창원읍성의 북쪽은 전술한 바와 같

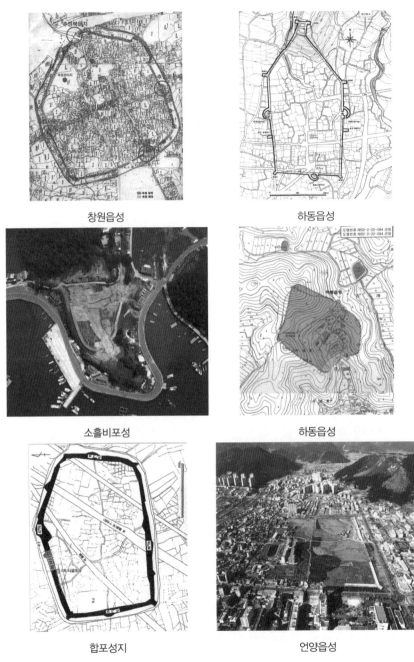

창원읍성   하동읍성

소흘비포성   하동읍성

합포성지   언양읍성

〈그림 6〉 읍성 및 영진보성의 형태

이 천주산과 북산의 남쪽 사면 말단부에 해당하므로 자연스럽게 곡부와 능선이 형성된다. 따라서 지형적인 용인으로 인해 오각형 형태로 축조하였다고 판단된다.

창원읍성의 성벽은 석축으로 축조되었으며, 규모는 1,698m로 알려져 있다. 〈표-2〉에서 알 수 있듯이 문헌기록에 나타나는 전체 길이는 『성종실록』에서 4,410척, 『신증동국여지승람』과 『해동지도』에서는 4,920척, 『증보문헌비고』와 『교남지』는 2,004척으로 기록되어 있다. 이 중 『교남지』에는 1621년에 4,920척의 읍성을 개축하여 2,004척으로 변화였다는 기록하고 있다. 다른 읍성의 규모는 거제읍성이 3,038척, 울산읍성 3,635척, 영산읍성 3,810척, 동래읍성 3,000척, 김해읍성 4,418척, 고성읍성 3,011척, 고현읍성 3,600척, 하동읍성 3,943척, 사천읍성 3,105척, 함안읍성 5,160척, 의령읍성 2,570척, 칠원읍성 1,660척 등으로 3,000척 내외가 다수를 차지한다. 따라서 창원읍성은 연해읍성 중 대형에 속함을 알 수 있다.

3. 성벽의 축조수법

성벽의 축조수법은 성곽의 축조시기를 파악하는 중요한 속성 중의 하나이다. 전술한 바와 같이 우리나라는 삼국시대부터 조선시대까지 지속적으로 축성이 이루어졌으며, 각 시기별로 축조수법을 달리한다.(안성현 2020) 특히 조선시대 읍성은 기본적으로 평산성이나 평지성이 다수를 차지하므로 산성과는 근본적인 차이가 있었을 수밖에 없다. 또 이 시기 읍성과 영진보성은 세종 20년(1438)에 반포된 '축성신도'의 규식에 따라 쌓았다고 알려져 있다.(심정보 2012c) 이후 이보흠의 상소에서 알 수 있듯이 축성신도에 의거해 축조한 성벽이 문제점을 지적하고 내벽부에는 흙으로 다져서 마감하도록 하였다. 하지만 축성신도 반포와 그에 의거하여 성벽이 축조되었는가를 밝히는 작업은 별개의 문제라고 본다. 실제 읍성에 대한 조사과정에서는 다양한 형태의 축조수법이 확인된다. 즉, 조선시대 읍성이나 영진보성들은 축성신도 반포 후부터는 축성신도의 축조 규식에 맞게 축조하기 위해 노력하였을 것이다. 현실적인 문제로 인해 각 지역의 석조기술과 동원할 수 있는 인력의 차이 및 축성기간 등 다양한 요인으로 인하여 다양한 형태의 성벽이 축조되었다. 이러한 관점에서 창원읍성의 성벽은 크게 기저부 조성과 성벽 축조, 내탁부 축조로 나누어지므로 이를 중심으로 살펴보면 다음과 같다.

1) 기저부

성벽의 기저부는 성벽의 붕괴를 방지하기 위해 기저부를 보강하는 작업으로 지질이나 지형적 요인에 따라 다양한 형태가 확인된다. 창원읍성의 기저부 역시 지형에 따라 차이를 보인다. 하천 변의 연약지반이 주를 이루는 동문지와 동남벽은 기저부를 계단상으로 정지한 후 박석과 잡석을 외벽이 들어설 곳보다 넓게 깔아서 조성하였으며, 할석 사이에 나무로 지정하였다. 이와 달리 북벽은 원지형을 정지한 후 동남벽과 유사하게 외벽이 들어설 곳보다 넓게 깔아서 조성하였는데, 상면은 평평한 할석으로 박석하였다. 이러한 조성방법은 다른 읍성과 유사하며, 세부적으로 크게 3가지로 구분할 수 있다.

① 목재를 이용하여 지정하는 방법으로 세 가지로 세분할 수 있다.

㉠ 성벽이 들어설 부분에만 지정하는 방법으로 한양 도성, 사천읍성과 언양읍성에서 조사되었다.

㉡ 성벽이 축조될 부분보다 넓게 지정한 것으로 창원읍성, 전기 동래읍성, 김해읍성, 홍주성 등에서 확인된다.

㉢ 다짐층을 절토한 후 지정하는 것으로 남해읍성과 창원읍성에서 확

창원읍성 남동벽 기저부   창원읍성 동남벽 기저부 조성 (○ : 말목지정)

한양 도성 기저부   김해읍성 성벽 및 기저부

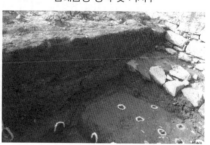

전기 동래읍성 성벽 단면 및 기저부   남해읍성 외벽부 토층 및 기저부

언양읍성 옹성 외벽 기저부   언양읍성 옹성 내벽 기저부

〈그림 7〉 성벽 및 옹성 기저부

인된다. 지정목을 이용한 기저부 보강방법은 연약지반일 경우 일반적으로 사용되지만 하부가 풍화암반인 사천읍성에서도 확인되었다. 따라서 목재를 이용한 지정은 성벽 기저부를 보강하기 위하여 설치한 것임은 분명하며, 연약지반인 곳을 중심으로 설치되었음을 알 수 있다. 사천읍성의 경우 기저부가 풍화암반임에도 불구하고 말목지정을 실시하였으나 일반적인 양상으로 보기 어렵다.(안성현 2009)

　② 원지형을 'L'자나 'ㄴ'자상으로 굴착한 뒤 내부에 할석을 채우는 형태로 인두대 크기의 할석을 1~2단이나 그 이상 쌓은 경우도 있으나 기능적인 차이는 없는 것으로 보이며, 창원읍성·영산읍성·웅천읍성·남해읍성, 거제 고현성 등과 이 이외 다수의 조선시대 읍성 및 영진보성에서 확인된다. 이 시설의 명칭은 기저부 보강석(경남발전연구원 역사문화센터 2001) 부석(동아대학교박물관 2006·경남문화재연구원 2009), 지대석 보축부(우리문화재연구원 2007), 판상형 기단보축(이일갑 2007), 퇴박석(동아세아문화재연구원 2008쪽), 기단보축(蔚山文化財研究院 2012) 등 다양한 명칭으로 불리는데, 성벽 하부의 할석층을 어떻게 보는가에 따라 조사자들이나 연구자마다 다른 용어를 사용한 것으로 생각된다. 즉, 기저부를 보강하는 시설물로 판단한 것은 기저부와 하부의 할석다짐층을 동일한 구조로 그 나머지는 별개로 보는 것 같다.

　필자는 부석과 부석하부의 할석을 동일한 구조물로 볼 수 없다고 생각한다. 이에 따라 부석 하부의 기단부를 보강하는 시설로 판단한 기저부 보강석·지대석 보축부·판상형 기단보축·기단보축 등의 용어는 적절하지 않은데, 그 이유는 현재까지 알려진 기단보축과 전혀 다른 양상을 보이기 때문이다. 기단보축은 주로 삼국시대 산성의 성벽에서 확인되는데, 외벽 기저부를 보강하기 위하여 단면 삼각형이나 사각형의 형태로 덧대어 쌓는 구조물을 지칭한다. 기단보축이 설치되는 시기는 경남지역의 경우 6세기 전반부터 확인되며, 8세기 전반을 전후한 시기부터 축성되는 성벽 기저부에 지대석이 설치되면서부터 소멸되는 방향으로 진행된다.(안성현 2007) 따라서 조선시대 읍성이나 영진보성에서 확인되는 기단보축과는 구조적으로 차이가 있으며, 성벽의 기저부를 조성하기 위한 것으로 보는 것이 타당하다.

③ 상기의 두 가지 방법을 혼용한 것으로 창원읍성과 언양읍성·전기 동래읍성·남해읍성 등에서 확인된다.

이상의 내용을 종합해보면 조선시대 읍성 및 영진보성의 성벽을 축성하기 이전 다양한 형태의 기저부조성이 이루어졌음을 알 수 있다. 특히 언양읍성의 남문지 옹성은 외벽부에 지대석 하부에 할석을 채운데 반해 내벽부는 박석을 하였다는 점이 주목된다. 이 글의 대상인 창원읍성은 성벽이 축조되는 곳의 지질적 요인에 따라 다른 방법이 적용되었다. 원지형을 굴착하거나 정지한 후 성벽보다 넓은 곳까지 할석을 깔아서 조성하였으며, 연약지반에는 말목지정도 병행하였다. 그리고 할석의 상면은 평평한 할석으로 부석하였다. 이러한 형태는 조선시대에 축조된 다른 읍성과 유사함을 알 수 있다.

2) 성벽

조선시대 축성된 읍성과 영진보성은 대부분 기저부 위에 지대석과 기단석을 두었으며, 성벽 그 위에 들여서 거의 수직에 가깝게 축조하였다. 그리고 성벽의 내벽부 단면은 계단상 및 협축으로 쌓은 후 내탁한 것으로 나누어진다. 창원읍성의 성벽 역시 지대석을 두고 성벽을 축조하였으며, 내벽부는 계단상으로 축조한 후 사질점토를 다져서 내탁하였다. 다만, 성문주변과 다른 곳의 구조가 동일하였는지는 알 수 없다.

(1) 기단부

성벽의 기단부는 크게 기단부의 형태와 수평 및 사직선기단으로 나누어서 접근할 수 있다.

① 기단부 형태

기단부의 형태는 크게 3가지 정도로 구분할 수 있다. ㉠ 지대석과 기단석을 모두 둔 것으로 경남지역에서는 김해읍성·전기 동래읍성·금단곶보성지, 경남지역이 아닌 곳은 홍성 홍주성, 부분적으로 확인되는 성곽은 합포성지와 강진 전라병영성 등이다.

㉡ 지대석만 두고 그 위에 성벽을 쌓은 것으로 조선시대에 축성된 읍성 및 영진보성의 대부분에서 확인되고 있으며, 시기적으로도 다양하다.

㉢ 지대석을 두지 않고 기저부 상부에 바로 성벽을 쌓는 형태로 안흥진성(충청남도 역사문화재연구원 2010)과 후기 동래읍성(복천박물관 2001), 통제영성 등 조선 후기에 축성된 성곽에서 주로 확인된다. 이들 성곽들의 기저부는 약간의 차이를 보인다. 즉, 안흥진성의 경우 성벽의 하부는 대형의 할석으로 면석을 쌓았다. 적심은 외벽 한단을 쌓아 올릴 때마다 안쪽으로 할석을 채워가면서 쌓았는데, 전체적인 형태는 단면 직각삼각형태이다. 이와 유사한 구조는 의령 미타산성 2차 성벽, 상단산성 조선시대 성벽, 오산 독산성 내성의 성벽에서 확인되었다. 이와 달리 후기 동래읍성은 토축부를 'L'자상으로 굴착한 뒤 외벽의 면석 한단 쌓아 올릴 때마다 안쪽으로 할석을 채워가면서 쌓았다.

이러한 형태로 축성된 성곽의 축조시기는 안흥진성(효종 6년 ; 1655), 후기 동래읍성이(영조 7년 ; 1731) 등으로 조선시대 후기에 축성되었다는 점이 주목되며, 조선시대 전기에 축조된 읍성 및 영진보성의 성벽과는 차이를 보인다.

이상에서 살펴본 바와 같이 조선시대의 읍성 및 영진보성의 성벽은 지대석 및 기단석을 둔 구조에서 지대석을 두지 않는 구조로 변하는 것은 확실한 것으로 생각된다. 이번 분석대상인 창원읍성의 지대석 1단을 두고 성벽을 쌓은 형태인데, 이 시기의 성곽들과 동일한 양상을 보인다.

② 사직선기단

　조선시대에 축성된 읍성의 성벽 기단부는 수평기단과 사직선기단으로 나누어지며, 이 중 수평기단은 조선시대에 축성된 대부분의 성곽에서 확인되므로 논의의 대상이 될 수 없다. 하지만, 사직선기단은 통일신라시대 및 고려시대에 축조된 기단석축형 판축토성의 영향으로 출현하였으며, 조선시대 전기읍성에 주로 확인된다는 점을 감안하여 시기성을 반영한다는 견해가 제시된바 있다.(이일갑 2011) 하지만, 필자는 이러한 견해에 대해서는 재검토가 필요하다고 본다. 이 절에서는 사직선기단의 기원과 축조목적으로 나누어 살펴보고자 한다.

　㉠ 사직선기단의 기원의 문제이다. 사직선기단이 확인되는 토성은 고구려의 축조된 아차산 3보루와 7세기에 축조된 직산 사산성과 9세기 전반경에 축조된 사천 선진리토성, 그리고 고려초에 축조된 마산 회원현성지 등이고(경남발전연구원 역사문화센터 2008), 수축성벽에서는 사천 선진리토성과 마산 회원현성지, 부산 당감동성지에서 확인되는데, 여기서 세 가지 사실이 주목 된다.

　ⓐ 주지하다시피 우리나라에는 정확한 수를 파악하기 힘들 정도로 많은 수의 토성이 축조되었다. 특히 통일신라시대 및 고려시대에는 강안이나 연안에 면한 낮은 구릉이나 평지에 다수의 토성이 축조되었지만 사직선 기단석렬이 설치된 토성은 극히 일부에 지나지 않는다. 물론 향후 조사 결과에 따라 그 수가 늘어나는 것을 쉽게 추정할 수 있다. 하지만 사직선기단석렬이 확인된 토성이 극소수임은 부정하기 어려우므로 특수한 형태의 축조수법을 일반화시킨 것은 아닌가 생각된다.

　ⓑ 사직선 기단이 확인되는 지역은 한강유역, 직산, 사천, 마산, 부산 등에 국한되지만 조선시대 사직선기단이 설치된 읍성 및 영진보성은 거의 전국에서 확인된다는 점에서 이전 시기의 축조수법이 이어졌다고 볼 수 없다.

ⓒ 하동읍성과 영산읍성의 입면도를 유심히 살펴보면 사직선기단이 확인되지만 부분적으로 수평기단을 설치하기 위하여 기저부를 단상으로 조성한 부분이 확인되며, 영산읍성의 북벽이 위치하는 평탄한 대지는 수평기단이 설치되었다. 특히 김해읍성과 금단곶보성지의 경우 경사지에서 사직선기단과 수평기단이 동시에 확인된다.

이상의 내용에서 사직선기단이 확인된 성곽은 소수이지만 우리나라 전역에서 확인되고 있을 뿐 아니라 시기적으로도 고구려에서 조선시대까지 다양하다. 그러므로 시기성을 반영한다고 보기 어렵다.

ⓛ 사직선기단의 축조 목적

앞에서 살펴본바와 같이 조선시대 읍성 및 영진보성에 설치된 사직선기단은 조선시대 전기에서 조선시대 후기까지 지속적으로 축조되었음을 알 수 있다. 따라서 성벽 하부에 사직선기단이 설치되는 것은 조선시대 성벽의 대표적인 축조수법 중 하나로 보아도 무방하다. 사직선기단은 해발고도가 가장 낮은 부분에서 성벽의 하중을 받게 되므로 이 부분의 붕괴 위험이 높다. 그렇다면 사직선기단을 설치하는 이유는 무엇일까? 그 정확한 이유는 알려진 바 없으나 3가지 정도의 가능성을 제시할 수 있다.

ⓐ 지형적인 여건이다. 사직선기단은 성곽 전체에서 확인되는 것이 아니라 경사가 진 곳에서만 확인되며, 평탄한 대지에는 수평기단이 설치된다. 사직선기단의 경우 주로 경사지에서 확인되고 있다는 점에서 사직선기단은 지형적인 여건에 의해서 설치된 것으로 보인다. 그 예로 사천 선진리토성과 파주 덕진산성 외성의 경우 경사면에는 사직선기단, 평지에는 수평기단을 축조하였음이 밝혀졌다.

ⓑ 성곽축조에 소요되는 시간을 절약하기 위한 불가피성이다. 수평기단은 원지형을 굴착한 후 기저부를 조성하는데 반해 사직선기단은 대부분 원지형을 정지한 후 성벽을 쌓으므로 수평기단보다는 적은 공력과 시간이 들었다는 점은 분명한 것 같다. 따라서 축성이 단기간에 이루어질 경우 경

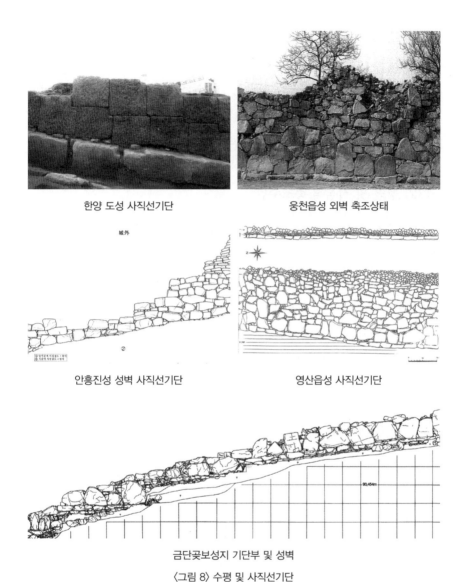

한양 도성 사직선기단

웅천읍성 외벽 축조상태

안흥진성 성벽 사직선기단

영산읍성 사직선기단

금단곶보성지 기단부 및 성벽

〈그림 8〉 수평 및 사직선기단

사면에는 사직선기단을 설치하였을 가능성도 있다.

ⓒ 조선 건국 이후 한양 도성을 축성한 학습효과이다. 조선 건국 이후 전국의 백성들로 하여금 한양 도성을 축조하였는데, 도성을 축조하면서

체득한 축성기술로 연해 및 연변의 읍성을 축조하였을 가능성이 높다. 즉 연해읍성이나 영진보성은 한양도성을 모범으로 축조하였다는 견해(차용걸 1998)가 있다. 한양도성에서도 사직선 기단이 확인된다. 다만, 필자는 어떠한 구조물이 설치될 경우 단하나의 이유만으로 설명하기 어려우므로 상기의 이유들이 복합적으로 작용하였다고 본다.

(2) 성벽 및 적심석 축조수법

창원읍성의 성벽은 외벽과 내벽으로 나누어서 살펴볼 수 있다. 외벽은 지대석에서 13~20cm정도 들여서 100~180cm내외인 대형의 할석으로 눕혀쌓기와 세워쌓기를 하였고, 지대석과의 사이, 최하단석간의 틈새를 크고 작은 할석으로 높이 맞추기, 틈새 채우기를 하고 있다. 그리고 외벽과 면하는 적심은 대형의 할석으로 쌓아 성벽의 붕괴를 방지하였다. 이와 달리 내벽은 잔존상태가 불량하여 정확한 양상은 알 수 없으나 최근 조사에서 계단식으로 조성한 후 점토를 다져서 마감한 내벽이 확인되었다.(화랑문화재연구원 2022) 조선시대 읍성 및 영진보성의 축조수법은 단면 형태에 따라 세 가지 정도로 나누어진다.

① 초축시 기저부에서 계단상을 이루게 내벽을 축조하는 것으로 창원읍성·영산읍성·진해 웅천읍성, 진해 완포현고산성, 경주읍성, 면천읍성, 해미읍성 등이다. 이 중 상부를 흙으로 덮어 마무리 한 것으로는 창원읍성·웅천읍성, 경주읍성[6], 면천읍성, 해미읍성을 비롯해 다수의 읍성에서 조사되었다. 특히 창원읍성의 경우 내탁부 상부에 계단식 등성시설이 확인된다는 점이 특이하다. 현재까지 이러한 양상이 확인된 예가 없으므로 추후 조사결과를 기대한다. 이에 반해 완포현고산성의 경우는 석축산성인데

---

6 경주읍성은 고려시대 토성이 축조된 이후 석성으로 개축한 것으로 알려져 있다. 하지만 현재 확인되는 성벽의 단면으로 보아 계단상으로 들여쌓은 것이 확실하므로 첫 번째 형태에 두었다.

성벽의 단면은 계단상을 이루는 상태로 노출되어 있으며, 붕괴된 성석이 성벽을 덮고 있는 것으로 보아 성벽 축조 후 흙으로 덮지 않았을 가능성이 높다.

문제는 축성신도와 이보흠의 상소문의 성벽과는 내벽부의 조성방식에서 차이가 있다는 점이다. 세부적으로 살펴보면 세종 11년 2월 병조판서 최윤덕의 '하삼도 각 고을의 성 중 방어가 가장 긴급한 연변 고을들은 산성을 없애고 모두 읍성을 쌓도록…' 한 상소문을 계기로 조선의 왜구 방어책은 큰 변화를 겪게 되었다. 또 세종 20년 '축성신도'가 반포되었으며, 세종 26년 즈음에는 연해읍성의 축조는 거의 완성을 보게 된다.

창원읍성 북벽 외벽   창원읍성 북동쪽 치 외벽

영산읍성 외벽   안흥진성 성벽

〈그림 9〉 성벽 외벽

특히 이보흠의 상소문은 조선 초기 성벽의 구조를 파악하는데 중요한

단서를 제공한다. 그 내용은 "성균주부 이보흠이 상소하기를 … 그 축성법이 내면에 돌로 16척을 메우고 그 위에는 계단을 만들되, 박석으로 펴게 하는 것은 오로지 진흙으로만 쌓으면 쉽게 무너질 것으로 염려한 것이요… 석성 1척을 쌓는데 사람을 6~7명까지 써도 1~2년에 축조를 끝내는 일이 없고, 비록 끝냈더라도 1년만 넘으면 무너지지 않는 것이 없어 만민이 이 때문에 살 곳을 잃고, 관리가 이 때문에 죄를 얻게 되니, 첫 번째 폐단이다. 또한 쌓아서 계단을 만들고 박석을 깔면 만일 적을 막을 경우 사람이 쉽게 오르내리며 수비할 수가 없으니, 두 번째 폐단이며, 도적이 틈을 타서 한·두개의 돌을 공격하면 내면의 잡석이 저절로 무너져서 도리어 적을 이롭게 하게 되니, 세 번째 폐단이다. 그 위에 흙을 덮지 않아 한 번만이라도 비가 오면 물이 성 바닥까지 스며들어 곧 무너지게 되니, 네 번째 폐단입니다.…성벽 외면의 6~7척은 큰 돌을 써서 쌓고, 내면의 7~8척은 흙을 섞어서 단단하게 쌓되, 다 쌓은 뒤에는 흙 2척을 덮게 하고 그 위에 떼를 입히되, 안으로 향해 경사하게 하여 물이 쉽게 빠지게 하기를 도성의 제도와 같이 한다면, 사람이 오르고 내리기에 편리하여 적을 제어하는 공을 이룰 수 있을 것입니다.… "라 하고 있다.(이수진 2019)

최윤덕의 상서에서 '축성신도' 반포 전후에 축조된 읍성은 내부에 잡석을 사용하여 뒤채움을 하고 그 뒤채움석은 계단상으로 축조하였으며, 그 위에는 박석시설을 하였음을 알 수 있다. 이보흠은 이러한 방법의 축성에 대한 문제점을 지적하고, 그 외면의 6~7척은 큰 돌로 쌓고, 내벽의 7~8척은 흙으로 단단하게 다져 쌓은 다음 그 위에는 흙 2척을 덮고, 다시 그 위에 안으로 향해 경사지게 떼를 입혀 물 빠짐이 좋게 하고, 사람이 오르내리는데 수월하게 할 것을 제안한 것이다.(이수진 2019)

다만, 축성신도의 반포와 이보흠의 상소와는 6년의 차이가 있으며, 축성신도에 따라 축조된 성벽을 이 후 흙으로 덮었을 가능성도 배제할 수 없다. 또 5년이라는 시간 차이를 고고학적 자료로서 밝혀 낼 수 있을지 의문

창원읍성 북벽 내벽 평면

창원읍성 북벽 내벽 등성시설

창원읍성 북벽 내벽 내탁부

웅천읍성 내탁부

광주읍성 내탁부

〈그림 10〉 읍성 내벽 및 내탁부

이다. 이와 더불어 하동읍성과 웅천읍성의 경우 '축성신도' 반포된 세종 20년 이전에 이미 '축성신도'에서 규식화한 체성부의 계단식 축조양상이 확인되고 있다는 점(나동욱 2022) 역시 고려해야 한다. 축성신도 반포 이전에도 이와 유사한 성벽이 축조되고 있었음이 분명하다.

② 내벽에서 외벽쪽으로 덧대어 계단상으로 쌓은 것으로 하동읍성, 마산 합포성지, 금단곶보성지 등이다. 이러한 형태의 성곽들은 선축된 석축성벽에 덧대어 쌓았다는 공통점이 있다. 시기적으로는 성종대 축조된 금단곶보성지를 제외하고는 고려 말이나 조선초에 축조되었다. 물론 조선시대에 수·개축이 이루어지면서 계단식으로 변하였을 가능성도 배제할 수 없다.

따라서 조선시대에 축조된 읍성 및 영진보성에서는 다양한 형태의 성벽이 축조되었으며, 세종 20년에 반포된 축성신도와 이보흠의 상소와 부합하지 않는 성벽이 다수 확인됨을 알 수 있다. 특히 창원읍성은 이보흠의 상소 이후에 축조되었으나 내벽은 계단식으로 쌓고 있으므로 일정 부분 '축성신도'의 축성법을 따르고 있다. 이러한 양상을 어떻게 해석해야 되는지 주저되는 바가 없지는 않다. 다만 필자의 생각으로는 두 가지 정도로 해석이 가능하다. 기단부는 수평으로 쌓은 것이 일반적이며, 사직선기단은 이전 시기 토성의 영향으로 축조되었다고 보기는 힘들므로 사직선기단의 기원은 다른 곳에서 찾아야 하며, 성벽 역시 동일한 관점으로 접근해야 한다고 본다. 조선 전기 성곽의 축성법을 이해하기 위해서는 전 백성들이 동원된 한양 도성의 축성을 주목할 필요가 있다.

4. 한양도성의 축성법

널리 알려진 것과 같이 조선이 개국된 이후 수도가 개성에서 한양으로 옮겨지고, 북방에는 명나라가 명확한 위치를 갖게 되면서, 이러한 변화에 맞추어 방어체제의 정비가 이루어지게 되었다.(유재춘 2003) 조선시대에는 서울이 도읍지로 경영되면서 한양도성을 축조하여 왕도의 면모를 새롭게 갖추었다. 그리고 한양도성에는 4대문과 4소문을 내어 사통팔달하는 도로망을 형성하여 전국으로 통하게 하였으며, 그 안에 명당수가 흐르고 좌청룡·우백호·남주작·북현무의 산세가 에워싼 명당자리에 5대 궁궐과 종묘·사직·원구단 등 나라를 상징하는 시설물과 더불어 관아·학교·주거·시전 등 도성 안팎의 시설 및 거주하는 백성들을 감싸 안은 한양도성의 축조는 유교적 정치이념인 애민과 민본의 정치적 표현으로 표출되었다고 할 수 있다.(나각순 2012)

조선시대 우리나라 성곽의 축조수법은 양난 이전과 이후가 확연한 차이를 보인다고 알려져 왔으며, 그에 따른 심도 깊은 연구가 이루어진 바 있다. 현재까지의 연구 성과를 종합해보면 도성은 태종대와 세종대, 숙종대 성벽으로 나누어서 설명하는 것이 일반적이다. 다만 한양 도성은 태조대에 초축된 이후 고종대까지 지속적으로 수·개축이 이루어질 뿐 아니라 그 시기의 연해읍성 축조의 기본이 되었다. 연해읍성의 축조수법과 관련이 있는 시기는 조선 전기로 태조와 세종연간 및 문종 원년에 대규모의 수축이 이루어졌다. 하지만 문종대에 축조된 성벽은 알려진 바 없으므로 태조와 세종대 성벽을 중심으로 분석할 수 있다. 또, 조선 후기의 숙종대 수축 성벽과 북한산성 및 탕춘대성·남한산성을 중심으로 살펴볼 수 있다.

1) 태조대 성벽

한양 도성은 널리 알려진 바와 같이 태조 4년(1395) 도성조축도감 설치를 시작으로 본격적으로 진행되어, 태조 5년에 경상·전라·강원도와 서북면의 안주 이남과 동북면의 함주 이남의 민정 118,070여 명을 징발하여 49일만에 완성되었다. 도성의 전체 둘레는 59,500척인데, 성터가 높고 험한 곳은 석성으로 높이가 15척(4.7m), 길이가 19,200척이었고, 평탄한 산에는 토성으로 아래 넓이 24척(7.5m), 높이가 25척(7.8m), 길이가 40,300척(12,616.3m)이었다. 최초의 성곽 축조는 49일이라는 짧은 기간 내에 마무리되었는데, 이는 공사를 농한기에 끝내려는 의도에 따른 것이었다.

〈표-3〉 태조 5년(1395) 초축 당시 축성 집단 및 구간

道 別	人 員	區間	區 數	尺 數	備考
東北面	10,953	天 - 日 백악정상 ~ 숙정문	9	5,400	1인당 평균 0.493척으로 할당 구간의 길이가 일정함
江原道	9,736	月 - 寒 숙정문 ~ 혜화문	8	4,800	
慶尙道	49,897	來 - 珍 혜화문 ~ 남산 잠두봉	41	24,600	
全羅道	18,255	李 - 龍 남산 잠두봉 ~ 돈의문	15	9,000	
西北面	29,208	師 - 弔	24	14,400	
計	118,049	天 - 弔	97	58,200	58,200척 = 97구간×600척

태종대의 성벽은 석성과 토성으로 나누어진다. 석축성벽에는 축성구간을 표시한 천자문이 각자되어 있다. 외벽의 성돌은 대부분 편마암 계통이지만 일부 화강암도 있는데, 화강암의 경우는 그 크기가 매우 큰 편이다. 또한 면석의 크기와 형태가 일정하지 않고 것의 자연석에 가까운 것이 특징이다. 이에 따라 허튼층쌓기를 하였으며, 면석 사이의 빈틈은 작은 석재나 쐐기돌을 끼워 견고성을 높였다. 발굴조사 결과 남산(회현구간) 한양도성 유적(박현욱 2018)과 서울타워호텔 유적(한울문화재연구원 2010), 송월동 유적(한울문화재연구원 2010), 아동광장 발굴조사·백범광장 발굴조사·중앙광장 발굴조사 등 주로 산지에 분포한다.

토성은 후대의 개축으로 인해 외벽부가 유실되어 정확한 양상을 파악할 수 없다. 다만 남산(회현지구) 서울성곽 유적과 종로 송월동 유적, 서울타

워호텔 유적, 동대문 운동장 부지에서 사질토와 점질토를 층층이 다진 토축부가 조사되었다는 점을 고려할 때 판축토성일 가능성이 높다.

'백범광장' 태조 연간 성벽   '종로 송월동 서울성곽' 태조 연간 성벽 판축부

〈그림 11〉 한양도성 태조대 성벽

2) 세종대 성벽

세종대 축성공사의 가장 큰 특징은 토성을 모두 석성으로 새롭게 쌓았다는 점이다. 이 이외 성벽의 높이는 산이 험준한 곳은 16척, 구릉지는 20척, 평지는 23척의 높이를 기준으로 하여 길이 60,892척이며, 성벽의 안쪽과 바깥으로 15척 너비의 순찰도로를 조성하였다. 또한 수문을 증설하였으며, 서대문과 남대문을 개수하였다.

세종연간 성벽은 태조연간의 성벽과 다르게 자연석에 가까운 석재를 그대로 사용하는 것이 아니라 석재 크기의 대소를 떠나서 최대한 방형 형태로 다듬어서 사용하였다. 하부에는 큰 방형의 석재를 경사면에 맞추어 쌓았으며, 상부는 비교적 비슷한 크기의 방형 석재로 바른층쌓기를 하였다. 성벽의 지대석 전면에는 비교적 평평한 석재를 외벽 기저부를 따라 부석하였다. 다만 세부적인 축조수법은 평지와 산지에서 약간의 차이가 있다.

산지는 앞선 태조 연간과 동일하게 자연 암반층까지 굴착한 후 경사지게 지반을 정리하고, 판축부를 조성한 후 전면에 석축부를 축조하였다. 태조 연간의 석축부는 판축부에서 1m정도 이격된 반면, 세종 연간은

2~4.5m 정도를 이격하여 외벽을 쌓고 판축부와 그 사이에는 작은 할석으로 뒤채움하였다.[7](최종규 2012·손설빈 2018)

〈표-4〉 세종 3년 축성 집단 및 구간

道別	人員	區間	區數	尺數	石城傾類	土城傾類	合計尺數
京畿道	20,188	天 － 辰	13	1,942	337	1,545	1,942
咸吉道	5,208	宿 － 列	2	530	144	386	530
江原道	21,200	張 － 來	3	1,840	110	1,730	1,840
忠淸道	56,112	暑 － 歲	10	5,256	867	4,389	5,256
全羅道	49,104	律 － 麗	15	4,472	570	3,902	4,472
慶尙道	87,368	水 － 海	22	7,354	260	7,094	7,354
平安道	33,392	醎 － 翔	7	4,017	626	3,391	3,076
黃海道	39,888	龍 － 弔	25	3,076	978	2,098	3,076
計	322,460	天 － 弔	97	28,487	3,952	24,535	3,076

평지는 자연 퇴적층까지 굴착한 후 풍화암반이 나오지 않는 동대문 일원은 성벽이 위치하는 지역에는 말뚝을 박아 기저부를 단단하게 조성하였고, 그 상부에 할석들을 깔아 평평하게 다시 지정하였으며, 외측 바깥쪽에 평평한 큰 석재를 지대석(기단석)을 놓았다. 외벽의 하부에는 큰 석재를, 상부로 올라가면서 점차적으로 작은 석재를 사용하였다. 내벽은 외벽에 비해 작은 석재를 이용해 계단식으로 2단을 쌓았고, 하단은 약 8.3m, 상단은 4.9m정도이다. 그 상부는 흙으로 경사지게 성토하여 성 내부에서 병사들이 성벽 상부로 올라갈 수 있도록 하였다.

한양 도성의 축성법은 정치사적 중요성 이외에도 네 가지 정도의 의미가 있다. ① 초축 성벽 중 토성은 후대의 개축으로 외벽 대부분이 유실되

---

7 석축부와 판축토를 동시기에 축조된 것으로 보고하였으나, 시기 차이일 가능성도 배제할 수 없다.

'종로 송월동' 세종 연간 성벽   '동대문 운동장 유적' 세종 연간 성벽

'동대문 운동장 유적' 2간 수문 주변 내벽   '동대문 운동장 유적' 1구역 외벽

'동대문 운동장 유적' 1구역 외벽 각자성석   '동대문 운동장 유적' 1구역 내벽

'동대문 운동장 유적' 1구역 내벽부 토층   동대문 운동장 유적' 1구역 내벽부 토층1

〈그림 12〉 한양 도성 세종대 성벽

어 정확한 축조수법은 알 수 없으나 잔존부의 양상으로 보아 판축토성이 분명해 보인다. 따라서 고려시대의 토성 축성법이 조선시대 전기까지 이어 졌음을 시사한다.

② 도성 축조에는 팔도의 백성이 동원되었다. 세종대 수축 성벽은 전형적인 내탁식이며, 외벽 역시 지대석을 두고 외벽은 대형의 할석으로 허튼층쌓기를 하였다. 이러한 축성법은 세종대 연해읍성 축성에 기준이 되었다.

③ 앞서 살펴본 것과 같이 최윤덕과 이보흠의 상소의 시기 차이는 6년에 지나지 않는다. 이정도 시간 차이에서 이루어지는 변화는 고고학적으로 파악할 수 없다. 다만 연해 읍성이 축조된 성벽에서 전형적인 내탁식 성벽이 확인됨으로써 연해 읍성 축조 이전 다양한 형태의 성벽이 축조되었음을 알 수 있다. 따라서 두 사람의 상소는 새로운 성벽의 축조를 주장한 것이 아니라 연해 읍성 축조 이전 다양하게 축조된 성벽 중 축성과 관리의 효율성, 방어력 제고를 위해 특정 형태의 성벽을 축조하고자 한 것으로 보는 것이 세종대에 축성된 한양도성의 성벽이 이러한 사실을 반증한다.

④ 조선시대의 성벽은 내·외벽을 쌓는 형태에서 외벽만 쌓고 내벽을 쌓지 않는 형태로 발전해가는 것은 분명하며, 이러한 형태의 성벽이 증가하는 것은 국가의 통제력 약화와 화약무기의 발전, 일본과 중국성제의 도입 따른 결과로 보인다.

3) 조선 후기 성벽

양란을 거치면서 조선은 화약무기의 위력을 체감하게 되었고,『기효신서(紀效新書)』를 통해 중국 성제의 도입, 임진왜란 당시 왜군과의 전투에서 확인된 왜성의 구조를 실감하게 되었다. 이시발은 「수성조약(守城條約)」을 저술하였고, 조선후기 축성에 많은 영향을 미치게 된다.

조선 후기의 축성법은 숙종 30년(1704)부터 6년간에 걸친 수축공사의 결과 잔존하는 성벽과 북한산성에서 전형을 찾을 수 있다. 한양도성의 성벽은 면석의 크기가 약 2척의 정방형에 가깝고, 벽면은 수직으로 고르게 마무리되어 있으며, 돌과 돌 사이가 간격이 없도록 잘 맞추어져 있다는 특징을 보인다.(서울특별시 2003·최종규 2012)

이에 반해 북한산성은 도성의 수축이 마무리 된 직후인 숙종 37년 (1711) 삼국문의 군사를 동원하여 6개월 만에 완료하였으므로 당대의 국가 역량과 신기술이 총동원되었다. 그러나 당시 삼군문은 이를 감당할 여력이 못되었다. 훈련도감은 매번 호조와 병조로부터 재정 지원을 받고 있었으며, 금위영과 어영청의 경우도 크게 다르지 않았다. 축성에 투입된 물자 상당수가 비변사와 호조, 병조, 진휼청 등에서 이전된 것이며, 여기에 삼군문의 물자 일부가 투입되어 공사가 진행된 것이다.

〈표-5〉 북한산성 축성시 삼군문의 재원 지출 (이근호 1998, 재인용)

구분	米 (石)	木 (同,疋)	錢文 (兩)	正鐵 (斤)	薪鐵 (斤)	石灰 (石)	炭 (石)	生葛 (同)	四升布 (同)	小帽子 (立)
훈련 도감	5,381	246.47	11,200	1,255	84,426	2,813	5,259	891	1	300
금위영	6,000	286.34	12,900	900	78,233	4,829	4,905	633	2	300
어영청	5,000	262.02	10,699	630	66,621	1,996	4,695	478	1	300
총계	16,381	767.12	34,799	2,785	229,180	9,638	14,859	2,002	5	900

성벽은 지형에 따라 고축과 반축·반반축·지축여장으로 나누어진다. 고축은 10~14尺(약 3~4.3m정도) 높이로 쌓은 것을 고축이라고 하며 북한산성의 서쪽 부근 서암문 – 대서문 일대에 많이 나타난다. 이 일대는 지형자체가 낮고 평평한 부근이어서 적의 침입이 가장 쉬운 곳이어서 성벽의 높이를 가장 높게 축성하였다. 또한 각각의 성문부근과 지형이 낮고 경사가 완만한 곳에 고축으로 성벽을 높게 쌓았다. 사용된 성돌의 크기는 대체로 규격화되지 않아 다양하다. 정방형의 석재가 많이 사용되었고 장방형의 석재

도 일부 사용된 것을 볼 수 있다. 삼군의 구간별 고축구간 성돌 규격이 일정하지 않는 것으로 보아 축성당시 규격화되지 않았으며 지형과 위치에 따라 안정적인 구조로 생각하여 축성한 것으로 보인다.

〈표-6〉 북한산성 축성시 삼군문 분담구역 및 축성현황

구분	담당구역	성문	축성(步)				여장
			고축	반축	반반축	지축여장	
훈련도감	수문북변~ 용암봉	수문, 북문, 서암문, 백운봉암문	1,752	771		469	740
금위영	용암남변~ 보현봉	용암암문, 소동문, 동암문, 대동문	474	1,836	511	988	1,107
어영청	수문남변~ 보현봉	대서문, 청수동암문, 부왕동암문, 가사당암문, 소남문	1,220	299		988	986
합계		13개	3,446	2,906	511	1,457	2,833

반축은 6~7척(약 1.8~2.1m정도)으로 쌓은 것을 지칭한다. 반축이 축성된 곳은 대부분 경사지 일대나 거리가 짧은 암반구간 중간에 축성되었다. 문헌에 의하면 반축은 훈련도감 771보, 금위영 1,836보, 어영청 299보로 축성했다고 나오며 삼군이 쌓은 총 구간은 총 2,906보이다. 북한산성 전체구간 7,620보중 약 38%로 상당 구간이 반축으로 체성을 쌓았다. 기록을 보면 반축은 주로 금위영에서 대부분 쌓았는데 금위영 축성구간 중 무려 65%나 반축으로 축성하였다. 반축이 많은 이유는 이 구간은 용암봉까지 큰 암벽이 없고 전부 산 능선을 따라 성벽이 끊어짐 없이 축성되었고, 성벽 바깥쪽의 지형은 급경사가 많다. 따라서 반축을 쌓은 구간이 많은 편이다. 반축 구간의 성돌은 고축과 같이 규격화되지 않고 다양하다. 대체로 정방형 석재의 비율이 많고, 장방형의 석재도 일부 사용되었다. 성벽의 높이가 1.5~2.5m이므로 퇴물림이 많이 사라지고, 고축보다 성돌의 크기가 줄어드는 것을 확인할 수 있다. 특히 경사를 따라 설치된 성벽은 일정한

높낮이를 맞추기 위하여 크고 작은 돌들이 다양하게 섞여있는 모습과 허튼 층쌓기처럼 줄눈이 제대로 연결되지 않는 부분도 확인된다.

반반축은 3~4척(약 0.9~1.2m정도)인 높이로 성벽을 쌓았다. 반반축으로 축성된 구역은 성벽이 아주 낮기 때문에 대부분 암반지역이거나 경사 60~70° 이상의 급경사지역에 축성되었다. 반반축으로 축성된 구간은 금위영에서 축성한 보현봉~용암봉 구간에서 511보만 축성됐다고 기록에 나온다. 아마 산능선 정상부 부근이나 성벽을 잇는 암반구간에 축성되었을 것이다. 훈련도감과 어영청 구간에서는 반반축의 기록이 보이지 않는데 아마도 북쪽으로는 원효봉, 염초봉, 백운대, 만경대와 남쪽의 의상봉, 나한봉, 나월봉, 용출봉, 용혈봉으로 이어지는 험준한 암벽구간이다. 반반축은 아주 낮은 성벽이기 때문에 특별한 축조수법은 보이지 않으며, 성내도 대부분 편축(산탁)으로 되어 있다. 반반축 구간의 성돌은 고축과 반축에 비해 조금 더 작은 것을 사용하였다.

성벽 상부에는 여장이 설치되었는데, 위치와 지형에 따라 약간의 차이가 있다. 대체적으로 통돌 평여장과 평여장, 층단여장, 지축여장으로 나누어지며, 전반적으로 평여장으로 축조되었지만 종류가 여러 가지가 있다. 일반적으로 알려진 바와 같이 한 타에 총안이 3개가 있고, 타와 타구가 구별되는 여장이 있으며 경사지에 축조된 중간마다 단이 있고 총안이 하나가 있는 층단여장이 있다. 그리고 성문루에 보이는 화강암 통돌로 가공된 총안이 하나 있는 여장과 타와 타구가 별도로 마련되지 않은 연결여장이 보인다. 또한 암벽구간에 짧게 쌓은 성벽위의 여장은 총안이 하나인 것과 두개인 것으로 나누어진다.(경기문화재단 2016)

한편, 외방산성의 축조수법은 한양도성과 북한산성, 탕춘대성 및 화성과 대체로 유사하다. 즉, 문수산성의 성벽 중 평탄지와 연결되는 서벽은 대체적으로 방형에 가까운 할석으로 쌓았다.(국토문화재연구원 2020) 이에 반해 동벽은 소형 및 대형의 할석으로 허튼층쌓기를 하였으며, 면석은 부분적으로 치석된 할석을 사용하였다.(고려문화재연구원 2007) 후자와 유사한 성벽은 오산 독산성과 포천 반월산성 조선시대 성벽에서도 나타난다.

조선 후기의 축조수법을 이러한 형태를 소성석 쌓기라고 지칭하기도 한다.(신영문 2019) 다만, 앞서 살펴본 바와 같이 북한산성의 축조수법은 다양한 석재가 사용되었으며, 탕춘대성에서도 유사한 양상이 나타난다.(민덕식, 2012) 수원 화성의 성벽은 대·중·소형의 성돌로 구분하여 규격화한 석재를 사용하였다. 소형 성돌도 크기가 1.5자 이상이었으며, 뒤뿌리의 길이가 3자 이상 되도록 하여 성벽의 안정성이 높아지도록 하였다. 화성 성돌은 북한산성 성돌에 크기가 커지고 정방형에 가깝게 가공한 성돌이 사용되는 특징을 보인다. 성벽의 경사각은 거의 80° 이상으로 수직에 가깝다. 성벽의 높이는 지형에 따라 차이가 있으나 평균 5m내외이다. 성벽의 아랫부분은 큰 돌을 쓰고 위에는 작은 돌을 사용하였으나 크기가 별로 차이가 없다. 성돌은 그랭이질을 하여 성벽이 쉽게 붕괴되지 않도록 하였다.(심광주, 2017)

기왕의 연구에서 조선시대 후기 성벽의 특징에 대해서 양난을 거치면서 축조된 성곽의 특징은 다음과 같다.

① 화포의 공격을 대비하기 위해 성벽의 높이가 낮아졌다.
② 성돌의 크기가 대형화되었으며, 면석을 잘 치석된 석재를 사용하였다.
③ 화포 공격의 충격을 완화 할 수 있도록 내탁부를 보강하였다.
④ 화약무기를 설치할 수 있는 포루와 치의 구축 및 적극적으로 활용되었다.
⑤ 성벽의 기울기가 완만해졌다.
⑥ 돈대라는 새로운 방어시설 등의 등장으로 요약할 수 있다.

다만, 이러한 축성법은 서울·경기지역 성곽에 동일하게 적용되었다고 보기는 어렵고, 다양한 이유에 의해 선별적으로 선택되어졌다. 연해읍성이나 산성에도 유사하게 적용되었다고 보는 것이 합리적이다.

흥인지문 남산구간 숙종대 성벽   북한산성(대서문–수문 사이)

탕춘대성 북벽   문수산성 동벽

〈그림 13〉 조선후기 성벽

Ⅳ. 창원읍성의 공간구조

창원읍성 내부의 공간구조를 고고학적으로 파악하기 위해서는 주요 건물에 대한 발굴조사가 이루어져야 하지만, 성 내부에 대한 조사 성과는 미비하여 정확한 공간 구조를 밝히기 어렵다. 이 장에서는 읍성 축조 이전 읍치의 위치와 창원읍성 내부의 공간구조를 중심으로 살펴보고자 한다.

1. 읍성 축조 이전 읍치

창원읍성이 축조되기 이전 읍치의 정확한 위치는 알려진 바 없다. 다만, 이 지역의 치소의 위치를 비정하기 위해서 창원이라는 지명이 등장하게 되는 배경부터 살펴보아야 한다. 창원은 1408년 의창과 회원 두 현을 병합한 군현으로 고려시대 합현(회원현)의 치소성이 회원현성지라는 점을 착안하여 의안군의 치소는 현재의 읍성 터로 비정하였다. 그리고 읍성의 북쪽이 돌출되어 있다는 점과 발굴조사에서 출토된 유물을 근거로 고려시대 토성의 존재 가능성도 제시하였다.(권순강 2018) 필자는 창원읍성 인근에 고려시대 읍치가 존재하였을 가능성에 대해서는 동의하지만 고읍성(토성)의 축조 여부는 신중하게 접근해야 한다고 본다. 이 문제는 창원지역 내 중심지의 이동과 연동되는 측면이 강하므로 이 지역 성곽 분석이 선행되어져야 한다.

창원지역의 중심 고분군은 4~5세기까지 도계동 고분군과 그 주변이었으나, 5세기 후반부터 가음정동고분군이 이 지역의 중심 고분군으로 부각된다.(김주용 2007) 이와 유사한 시기에 성산토성이 축조되는데 입지와 규모, 축조수법을 고려할 때 탁순국의 왕성으로 비정된다. 통일신라시대에 들어서 염산성Ⅱ와 성산토성을 주목할 필요가 있다. 염산성 Ⅱ는 창원읍성 북쪽의 구룡산(432.5m)에 입지하며, 규모는 1,300m정도이다. 성벽은 통일신라시대 축조된 성곽의 전형에 가까운 바른층쌓기를 하였으며, 능선을 따라 용도가 설치되었다. 이 산성은 남해-창원-북면-영산-창녕과 창원-김해를 잇는 교통로의 통제를 위해 축성된 것으로 판단된다. 이에 반해 성산토성이 석성으로 개축되었는데, 성벽은 허튼층쌓기에 가깝다. 토성을 석성으로 개축한 이유는 해로의 통제를 위한 방편으로 판단된다. 이와 약간의 차이는 있지만 낙동강과 남강을 통제하기 위해 석성으로 개축되는 의령 호미산성·유곡리산성과 합천 성산토성을 들 수 있다. 이 시기 창원지역의 중심지는 두 지역 중 한 곳으로 추정되며, 필자는 산성의 입지와 규모, 축조수법을 고려할 때, 전자가 타당하다고 판단된다.

창원지역의 고려시대 읍치는 합현의 치소성으로 비정되는 회원현성인데, 고려 초 남해와 인근한 곳에 새롭게 축성된다. 토성 내부에는 석두창이 설치됨으로써 조창의 기능도 수행하였다. 즉, 이전 시기 해로의 중심지였으나 마산만의 깊숙이 위치하였던 성산토성의 기능이 약화되고 남해에 가까운 곳으로 이동하게 된다. 이와 달리 의안군(의창현)의 치소지역에는 현재까지 조사결과 토성의 흔적이 확인된 바 없다. 그 이유는 인근에 토성이 위치할 뿐 아니라 창원읍성의 입지가 바다와 이격되어 있었기 때문으로 여겨진다. 다만, 창원시 북동 165-2번지 발굴조사 결과 읍성의 북벽 하부에서 고려시대 건축유구가 확인되었고(동아세아문화재연구원, 2016.), 북동 165-1번지 유적(한국문화재단 2016)과 북동 165-5번지(화랑문화재연구원 2022)·북동 165-10번지 유적(두류문화재연구원 2011)에서는 나말여초와 고려시대의 유물이 출토되었는데, 주로 창원읍성이 북벽 및 그 인근에 해당한다. 남벽과 동남벽 일원에서는 조선시대 유물만 출토되었다는 점을 고려할 때 고려시대의 읍치는 창원읍성의 중앙에서 북쪽에 위치하였을 것으로 판단된다. 고려와 조선시대 창원지역 읍치는 동일한 곳에 위치하였음을 시사한다.

지역은 달리하지만 고려시대 대읍을 중심으로 조선시대 읍치는 대부분 고려시대 읍치가 위치하였던 지역임을 밝힌 견해가 제시되었다.(정요근 2019b) 이에 반해 동래현의 경우는 고려시대의 동래고읍성에서 조선시대에는 자리를 옮겨 조선시대 읍성이 축조되었다.(김광철 2018) 그러므로 고려시대와 조선시대의 읍치는 동일한 것과 이동하는 것으로 나누어짐을 알 수 있다.

이상의 내용을 종합하면 4세기에서 5세기 중반까지 창원지역의 중심지는 창원 도계동과 그 주변이었다. 5세기 후반을 기점으로 마산만의 동쪽에 치우친 가음정동 쪽으로 이동하게 된다. 이 시기 성산에는 성토토성이 축조되었으며, 탁순국의 왕성으로 비정할 수 있다. 탁순국이 복속된 이후의 정확한 치소 위치는 알 수 없으나 통일신라시대에는 현 창원읍성 인근으로 이동하였고 이후 고려 및 조선시대까지 치소가 위치한 것으로 판단된다.

2. 읍성 공간 구조

창원읍성은 다른 시·군의 읍성과 달리 공해나 성벽에 대한 학술조사가 전무하기 때문에 현재까지의 조사와 연구만으로 성 내부의 공간구조를 논하는 것은 시기상조라고 생각한다. 다행이 지적원도를 중심으로 공간구조를 파악한 보고서(우리문화재연구원 2007)와 논문(권순강 2018)이 있으며, 이후에 발간된 조사보고서 역시 상기의 논문을 별다른 비판 없이 인용하고 있다. 이 절에서는 논문과 보고서의 내용을 중심으로 살펴보고자 한다.

1) 고지도에 나타난 창원읍성

고지도는 문헌기록을 보충해 주는 자료 중 하나이며, 문헌기록과는 달리 지도가 제작된 시기의 성곽과 부속시설을 시각적으로 이해할 수 있다는 점에서 사료로서의 효용성이 크다. 하지만, 고지도는 조선시대, 특히 조선시대 후기에 제작된 것이 다수이기 때문에 특정 시기의 사실만을 제공한다는 한계가 있다. 이와 더불어 고지도는 제작자의 의도를 반영한다는 점과 특정 시기의 성곽을 그림으로 표한 것이므로 고지도와 실제 조사에서 확인되는 유구가 다를 수 있다. 다만, 창원읍성의 경우 1738년 아사의 이동 여부를 파악할 수 있다.

이러한 관점에서 창원읍성의 형태와 내부 구조를 파악할 수 있는 고지도는 『해동지도(1736~1760)』, 『여지도(1743~1767)』, 『지승(1776 이후)』, 『창원읍지(1899)』 등이 있다. 『해동지도』는 평지에 원형으로 두른 형태이며, 창원부(昌原府)라고 명기하였다. 사방 4곳에 문을 두었는데, 모두 개거식으로 그렸다. 성벽은 2줄로 표현하였고, 그 위에 여장을 묘사하여 놓았다. 아마 흙으로 덮은 내벽부를 부각시키기 위한 것이 아닌가 생각된다. 객사의 왼편에는 도랑을 남북으로 그려 놓았다. 읍성의 중앙에는 객사를, 남쪽에는 회산루를 표시하였다. 객사의 지붕모양은 '산(山)'자형을 하고 있으며, 회산루는 2간의 중층으로 묘사하였다. 아사는 객사의 동편에 위치하고 있으며, 그 앞에는 사각형의 연당 중앙에 연정을 두었다. 회산루와 연지 사이에는 사미당(四美堂)이라고 표현된 작은 건물이 위치한다. 성 내부의 도로는 표시되어 있지 않지만 읍성 주변의 교통로는 비교적 자세히 그려 놓았다.

『여지도』는 『해동지도』와 유사하지만 건물의 크기가 작아 성 내부의 공간이 넓어 보인다. 읍성의 평면은 원형으로 그려 놓았으며, 성벽은 별도의 여장 표시 없이 2줄로 표현하였다. 성문은 사방 4곳에 문을 두었다. 북문과 서문·동문은 개거식인데 반해 남문은 다른 문들과 달리 아치형의 성문에 3간의 문루를 둔 형식이므로 홍예문을 표현한 것으로 판단된다. 객사의 외편에는 남북방향의 도랑을 표시하였으며, 입수부와 출수부에는 'ㄷ'자 형태의 수문을 묘사해 놓았다. 수문의 형태는 평거식으로 판단된다. 객사는 북문 남서쪽에 객사가 있는데, 지붕의 모양은 '산(山)'자형이다. 객사의 앞에도 건물 1동을 묘사해 놓았다. 객사의 동쪽에 아사가 위치하며, 아사의 북쪽에도 작은 건물 1동을 표시하였다. 동문과 서문 중앙에는 사각형의 연당(蓮塘)을 두었고, 연당 중앙에는 사각형의 섬을 조성한 후 사미정(四美亭)을 두었다.

『지승』은 『여지도』와 유사하다. 읍성의 평면은 원형으로 그려 놓았으며, 성 내부의 공간은 비교적 넓게 표현하였다. 성벽은 2줄로 표현하였고, 그 위 평여장을 그려 놓았다. 성문은 사방 4곳에 문을 두었는데, 모두 개거식으로 표현하였다. 다만, 남문은 중층으로 3간의 문루를 축조하였으며, 지붕의 형태는 다른 문과 동일하다 객사의 서쪽에는 남북방향의 도랑을 표시

해동지도(1736~1760)

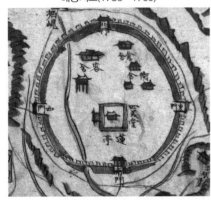

여지도(1743~1767)

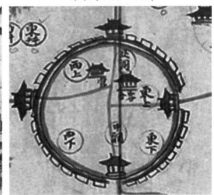

지승(1776 이후)

창원읍지(1899)

동래부 순절도 1

동래부 순절도 2

〈그림 14〉 창원읍성 고지도 및 동래부 순절도

하였으며, 입수부와 출수부에는 아치형의 수문을 묘사해 놓았다. 객사는 북문의 남서쪽에 위치하며, 지붕의 형태는 '산(山)'자형으로 묘사되어 있다. 객사의 정면에는 중층의 누각이 그려져 있다. 아사는 객사의 동쪽 있으며, 전면에 2동, 후면에는 창사(倉舍) 1동이 배치되어 있다. 남문의 북쪽에는 연정(蓮亭)이라는 사각형의 연지를 조성하였고, 연지의 중앙에는 방형의 섬을 그렸다. 섬 중앙에는 사미당(四美堂)이라는 정자가 있고, 연지의 서쪽 가장자리에는 작은 건물이 묘사되었다. 『지승』의 아사는 북문과 동문 사이에 자리하고 있으므로 아사의 이건 전의 모습을 잘 묘사하고 있다.

『창원읍지』는 평지에 원형으로 두른 형태이다. 사방 4곳에 성문을 두었는데, 북문을 제외하고 3칸으로 그렸다. 다만, 다른 지도들과는 문루의 양 가장자리에 기둥의 흔적이 확인되지 않는 것으로 보아 평거식 성문을 표현한 것으로 보인다. 읍지의 가장 큰 특징은 도로가 표시되어 있다는 점인데, 남문과 북문을 잇는 남북대로를 중심으로 서문로와 동문로가 각각 어긋난 'T'자 형태로 교차되게 그려 놓았다. 그리고 객사는 다른 지도와 달리 북문과 동문 사이에 위치하고 있어 객사와 아사는 북문과 동문 사이에 위치하고 있어, 공해 시설의 이건 전후의 배치 상황을 알 수 있다. 그리고 읍성 내 위치에 따라 방리제를 알 수 있게 북동, 동상, 동하, 서상, 서하, 중동 등을 한자로 표시하였다.

이상이 고지도에 나타나는 고지도 마다 약간의 차이를 보이며, 두 가지 정도의 사실을 알 수 있다.

① 모든 고지도에서 치와 옹성·해자는 표시되어 있지 않아 동시기 여부를 알 수 없다. 최근 남문지 동쪽의 치에 대한 조사에서 치가 확인되었다. 치는 사질점토를 다져서 기저부를 조성하였으며, 그 위에 축조하였다. 외벽 기저부에서 퇴박석은 확인되지 않았다. 특히 치 내부에서 출토된 유물은 성벽에 비해 2세기 정도 늦다. 성벽과 치성이 동시기에 축조되지 않

앉음을 시사한다.(해동문화재연구원 2021) 이와 달리 동문지의 경우 옹성의 지대석 상면에 성벽의 지대석이 놓여 있고, 옹성의 내벽부가 추정 문지 방향으로 연속적으로 이어지고 있어 성벽은 옹성 축조 이후 어느 시점에 부가된 것으로 추정된다.(동아세아문화재연구원 2017) 따라서 창원읍성의 성벽과 부속시설은 지속적인 수·개축이 이루어졌으며, 동시기에 축조된 것이 아님을 알 수 있다. 다만, 이러한 양상을 모든 치나 옹성에 적용할 수 있는지는 단언하기 어렵다.

②『해동지도』와 『여지도』·『지승』·『창원읍지』는 소축적 지도에 해당하므로 창원읍성과 그 주변 지형을 표시하고 있으므로 창원읍성을 세부적으로 표현하는데 한계가 있다. 그럼에도 불구하고 객사와 아사의 위치를 정확하게 표현하고 있다. 특히『창원읍지』의 경우 성 내부의 도로와 아사의 이건, 방리제까지 비교적 자세히 표현하였다. 이러한 양상은 동래부순절도와 차이가 있다. 순절도는 현재 두 종류가 잔존하는데 각 순절도의 성벽과 성 내부 건물들은 전혀 다르게 표현되어 있다. 그 이유는 순절도의 제작 목적에 있다고 생각된다. 즉 동래부순절도는 동래부사 송상현의 충절과 동래성에서 도망가는 이각의 행위를 표현하는데 중점을 두었기 때문에 그 당시 읍성의 구조는 중요하지 않았다. 실제 동래부순절도에서 그려진 동래읍성은 임진왜란과 관련이 있는 전기읍성이 아니라 후기읍성을 표현하고 있다. 따라서 동래부순절도를 작성한 인물은 동래읍성을 잘 파악하지 못하는데 반해 창원읍성의 경우 지도 제작 당시 읍성의 공해시설에 대한 비교적 자세한 내용을 숙지하였을 것으로 판단된다.

2) 창원읍성의 공간구조

지적원도에서 확인된 창원읍성의 평면 형태는 북쪽이 돌출된 5각형인데, 북문과 동문사이의 성벽은 조금 돌출되어 있다. 지적원도에서 계측되는 읍성의 규모는 동서길이 약 454m, 남북 길이 약 536m, 둘레 약 1,698m, 면적은 약 205,422㎡(약 62,140.2평)이다. 그리고 옹성 4개소와 치성 14개소로 문헌기록과 일치한다. 치간 이격 거리는 최대 약 130m, 최소 30m정도이다.

　창원읍성 내 도로는 읍성에서 가장 위계가 높은 객사를 읍성 중앙 후면부에 두고, 전면에 남문(진남루)과 연결되는 남문로를 두었다. 남문로의 규모는 지적원도상 직선거리 약 325m, 도로의 폭은 객상에서 약 230m정도까지 10~15m, 그 남쪽은 5~6m정도이다. 서문로는 추정 객사지 앞에서 약 85m 이격된 곳에서 서문(망미루)과 연결되는 폭은 2.5~3m정도이다. 동문로는 객사에서 동쪽으로 약 135m 이격된 동문(향양루)과 직선으로 연결되며, 폭은 서문로와 유사하다. 북문로는 남문로와 객사를 위회하여 연결된다. 도로는 굴곡이 심하며, 폭은 동·서문로와 유사하다. 따라서 창원읍성의 도로계획은 남문로는 넓고 직선으로 설치하여 객사의 노단경(路端景 : Terminal Vista)을 형성하여 중심축을 동문로와 서문로를 'T'자형으로 교차시켰다. 그리고 공해와 성내 민가에 진입하기 위해 우회로와 막힌 도로가 사용되기도 하였다.(권순강 2017)

　창원읍성의 내부에는 〈표-7〉에서 보는 것과 같이 다양한 시설물이 설치되었다. 이중 객사는 현 소답동 북동시장(구 창원시장, 일명 소답시장) A·B 건물이 있는 곳으로 249번지 일대로 추정된다. 객사 앞에는 정문인 중층 문루가 있으며, 문루 앞에는 연못이 지당으로 조성하였고, 내부의 섬에는 사미당을 배치하였다. 사미당 앞에는 육각정(六閣亭)이 이었다. 그리고 객관의 동쪽에는 벽허루(碧虛樓)가 위치하였다. 아사는 처음에는 동문내에 있었지만, 1738년에 서문내로 이건하였는데, 현재의 창원 초등학교가 있는 576번지로 추정된다. 아사에는 여러 부속건물이 있는데, 동헌은 내동헌과 외동헌으로 나누어진다. 내동원은 매실헌(梅實軒), 외동원은 창원초등학교에 보관된 편액의 '평근당(平近堂)'으로 추정된다. 그 외 다양한 공해시설이 있었으나 정확한 위치는 알 수 없다.

성외시설로는 향교(鄕校)와 단묘(壇廟)가 있다. 향교는 동쪽 1리에 있는데, 여기에 문묘가 있다. 원래 서쪽 10리의 내상리(현 마산시 합성동)에 있었지만, 1748년에 현재의 자리로 이건하였다. 단묘로는 사직단, 성황단, 여제단이 있다. 사직단은 읍성의 서쪽에 배치했고, 성황단과 여제단은 북쪽에 위치하였다.

〈그림 15〉 1914년 지적원도를 기초로 작성한 체성의 범위와 중요 공해시설 추정위치도

<표-7> 창원읍성 내 주요 건축물 및 시설(우리문화재연구원 2007. <표-3> 전제)

구분	시설명	추정위치	비고
객사 관련 건물	客舍	在府衙東 249번지	
	문루(檜山樓)	在府舍前	
	四美堂	在客舍前淵塘邊	1738년 건립
	六閣亭(蓮亭)	在四美堂前 501번지	
	碧寒樓 碧虛樓	在客館西 249번지 在客館東 249번지	
아사 관련 건물	衙舍(平近堂)	在西門內舊東門內 576번지	1738년 이건, 외동헌으로 추정
	梅實軒(內東軒)		내동헌으로 추정
	燕賓樓	卽東軒小樓	1470~1497년 건립
公廨	鄕射堂	在府衙東	좌수 1명, 별감 1명
	悅武亭	在北門西	
	軍官廳		별장 1명, 把摠 명
	人吏廳		향리 52명, 暇吏 30명
	通引房		1832년 건립, 향사통인 9명, 가이통인 11명
	使令房		사령 22명
	軍牢房		군뢰 13명
	官奴房		1832년 건립, 관노 23명
	官婢房		1832년 건립, 妓 10명, 婢 6명
	校奴婢房		奴 7명, 婢 3명
倉庫	司倉	在府衙東	
	賑倉	在府衙東	
	迎送倉	在府衙東	
	差役倉	在府衙東	
	陸軍器庫	在府衙東	
	迎送廳	在府衙東	
	均齊庫	今廢	
	大同庫	在府衙東	
	官需庫	在府衙東	
學校	鄕校	在府東一里	1748년 이건, 문묘

구분	시설명	추정위치	비고
壇廟	社稷壇	在府東一里	
	城隍堂	在府北劍山一里	
	厲祭壇	在府東一里	
城門	鎭南樓(남문)	53번지 일원	1649년 改築, 처음 四大門의 命名
	向陽樓(동문)	437번지 일원	
	望美樓(서문)	565번지 일원	
	拱北門(북문)	184번지 일원	
	始有樓(북수문)	586번지 일원	
우물	淵塘(연못)	501번지	1621년 築
	우물	512번지, 207번지	

이상의 내용을 종합해 보면 창원읍성의 도로망과 공해시설은 조선시대
읍성의 배치 원리와 유사함을 알 수 있다. 다만, 도로망의 경우 초축 시기
부터 북문이 축조되었다는 점과 창녕지역으로 연결되는 굴현과 인접하다
는 점에서 초축 및 활용 당시 의 모습이라기보다 폐성될 때의 경관으로 보
는 것이 합리적이다. 따라서 내부의 공해시설 역시 나주읍성(이수진 2010)과
울산읍성(울산발전연구원 문화재센터 2017) 내부 공해시설의 변화를 고려할 때,
도로망과 동일한 관점으로 보는 것이 타당하다.

Ⅴ. 창원읍성 성격 규명을 위한 과제

창원읍성은 널리 알려진 바와 같이 조선시대에 존재한 5개의 대도호부
중 하나로 행정 및 국방상 중요성을 부정하기 어렵지만, 그 중요성에도 불
구하고 학술조사는 거의 이루어지지 않았다. 자료의 한계를 고려하여 이
글에서는 평지 치소성(읍성)의 기원을 밝힌 후 창원읍성의 특징과 읍성 축조
이전의 읍치와 창원읍성 공간구조에 대해서 살펴보았다.

읍성의 기원은 치소성의 위치 변화와 연동되며, 대체적으로 평지나 야트막한 구릉에 토성이 축조된 이후부터로 보는 것이 합리적이다. 이러한 관점에서 삼국시대에는 산성이 치소성의 기능을 수행하였다. 통일신라시대에는 다양한 형태의 치소성이 확인되지만, 평지 토성과 도시유적이 본격적으로 운용되기 시작한다는 점에서 읍성-치소성 및 거점성-의 기원으로 볼 수 있다. 또 창원지역 중심지는 시기에 따라 달라지지만 적어도 통일신라시대부터는 창원읍성과 그 주변지역이었을 것으로 판단하였다.

한편, 창원읍성의 입지와 형태, 성벽 및 적심석 축조수법, 내부의 공간 구조는 조선시대 읍성과 유사한 점도 있으나 차이점 역시 분명하다. 조선은 건국 이후 전국의 백성들로 하여금 한양 도성을 축조하였는데, 도성을 쌓으면서 체득한 축성기술이 연해 및 연변의 읍성 축조에 적용되었다.

읍성 내부의 공간의 활용 문제는 현재까지의 고고학적 조사 결과만으로 적절한 설명이 어려우므로 문헌기록이나 고지도, 지적원도를 중심으로 진행되었다. 따라서 창원읍성의 종합정비계획을 세운 후 그에 따른 성벽 및 부속시설과 공해시설 및 읍성의 부속시설-이를테면 성황당, 사직단, 여단-에 대한 고고학적 조사가 이루어진다면 읍성의 시기별 경관과 변천, 그리고 읍격에 대한 설명이 가능할 것으로 기대할 뿐이다.

[참고문헌]

〈논문 및 단행본〉

구산우, 「고려시기 金海의 治所城과 새로운 面 자료의 소개」, 『역사와 경계』 85, 부산경
  남사학회, 2012.
권순강, 「경남지역 읍성 축조 배경과 보존방안」, 『경남의 성곽과 봉수』, 선인, 2017.
_____, 『경상도 남부지역 읍성의 축조양상과 공간구조에 관한 연구』, 부산대학교 대학
  원 건축학과 박사학위논문, 2018.
_____, 「창원의 읍성」, 『창원의 성곽유적 현황과 보존활용 방안』, 창원대학교 박물관,
  2022.
김기민, 「慶南地方 高麗기와 成立期의 樣相과 그 特徵」, 『文物研究』 제35호, 동아시아
  문물연구학술재단, 2008.
김광철, 「고려시대 동래현의 치소(治所)와 치소성」, 『한국중세고고학』 3호, 한국중세고
  고학회, 2018.
김성구, 「중원기와의 전개와 주요유적의 기능전환」, 『한국기와학회 제9회 국제학술대
  회자료집』, 한국기와학회, 2012.
김재현, 「고지형으로 본 창원지역의 가야유적분포와 정치체의 형성」, 『창원의 고대사
  회, 가야' -창원시·창원대 경남학연구센터 가야사 학술심포지엄-』, 창원대 경
  남학연구센터, 2019.
김주용, 「창원지역 고분의 추이와 성격」, 부산대학교 석사학위논문, 2007.
나각순, 「서울 한양도성의 기능과 방위체계」, 『鄕土서울』 제80호, 서울역사편찬위원회,
  2012.
나동욱, 「정안산성의 고고학적 고찰」, 『석당논총』 제65집, 동아대학교 석당학술원,
  2016.
_____, 「양산 신기리산성의 성격」, 『신기리산성과 고대양산』, 양산시립박물관, 2019.
_____, 「남해안지역 읍성의 축조 수법 -체성내벽의 축조수법을 중심으로-」, 『서천읍성
  국제학술대회』, 서천군, 2022.
남재우·안성현, 「창녕 영산읍성의 축성의미와 그 구조」, 『석당논총』 66, 석당전통문화
  연구원, 2016.
都라지, 「삼국시대 벼루(硯) 연구」, 高麗大學校 碩士學位論文, 2017.

문경호, 「고려시대 유성현과 대전 상대동 유적」, 『한국중세사연구』 제36호, 한국중세사
　　　학회, 2013.

민덕식, 「서울 蕩春臺城의 축조과정」, 『鄕土서울』 제80호, 서울역사편찬원, 2012.

박성현, 「하남 이성산성의 역사적 성격」, 『한국성곽학회 2018년도 추계학술대회』, 한국
　　　성곽학회, 2018.

박세원, 「진주성 외성벽의 복원 −1914년 지적원도를 통한 접근−」, 『진주성지』, 경상문
　　　화재연구원, 2014.

박현욱, 「조선 숙종대 수축된 산성 간 비교연구 −북한산성을 중심으로−」, 『북한산성과
　　　동아시아 城制 발달사 연구』, 경기문화재단, 2018.

배상현, 「고려시대 金州 治所城과 공간적 성격」, 『한국중세사연구』 제59호, 한국중세사
　　　학회, 2018.

서정석, 「산성에서 발견된 石壁建物의 성격에 대한 試考」, 『백제연구』 42, 공주대학교
　　　백제문화연구소, 2010.

손설빈, 「고찰−태조·세종연간 한양도성 유적에 대한 기초적 검토−」, 『서울 혜화동 한
　　　양도성 유적』, 한강문화재연구원, 2018.

신영문, 「축성술을 통해 본 북한산성의 유산가치」, 『白山學報』 제115호, 2019.

심광주, 「중부 내륙지역 고대산성의 성격과 특징」, 『한반도 중부내륙 옛 산성군
　　　NESCO 세계문화유산 등재대상 선정 학술대회 발표집』, 한국성곽학회, 2007.

＿＿＿, 「북한산성·남한산성·화성 축성법 비교연구」, 『북산산성의 가치 재조명 −2017
　　　북한산성 학술심포지엄−』, 경기문화재단, 2017.

심봉근, 『韓國南海沿岸城址의 考古學的 研究』, 學研文化社, 1995.

＿＿＿, 「하동군 치소 이동과 정안봉산성」, 『석당논총』 제70집, 동아대학교 석당학술원,
　　　2018.

심정보, 「읍성」, 『韓國考古學專門事典−城郭·烽燧篇−』, 國立文化財研究 所, 2012a.

＿＿＿, 「평산성」, 『韓國考古學專門事典−城郭·烽燧篇−』, 國立文化財研 究所, 2012b.

＿＿＿, 「읍성축조에 있어서 '築城新圖'의 반포 목적과 고고학적 검토」, 『文物研究』 第22輯,
　　　동아시아문물연구학술재단, 2012c.

안성현, 「慶南地域 古代 石築山城 築造技法에 관한 연구−基壇補築을 중심으로−」, 『韓
　　　國城郭學報』 第11輯, 2007.

안성현, 「고찰」, 『김해읍성 북문지』, 경남문화재연구원, 2009.
_____, 「방어시설 성벽–석성–」, 『한국성곽조사방법론』, 한국문화재조사연구기관협회, 2013.
_____, 「경남지역 통일신라시대 토성에 대한 재검토」, 『경남연구』 11, 경남발전연구원 역사문화센터, 2017.
_____, 「경남지역 고대 성곽의 고고학적 연구」, 창원대학교 대학원 박사학위논문, 2020.
_____, 「사적으로 본 경기도·서울·인천지역 성곽」, 『한국의 성곽유산 I』, 경기문화재 연구원, 2021.
유재춘, 「조선성곽」, 『京畿道의 城郭』, 경기문화재단, 2003.
윤성호, 「아차산성 출토 명문기와와 신라의 북한산성 운영」, 『아차산성 발굴 성과와 출토 기와』, 한국기와학회, 2018.
윤으뜸, 「종합고찰」, 『창원 중동 427번지 창원읍성 해자 유적』, 한화문물연구원, 2021.
이수진, 「발굴조사를 통해 본 나주객사 유적의 구조변화」, 『고문화』 75, 한국대학박물 관협회, 2010.
이수진, 「조선 초 읍성 축조에 대한 일고찰」, 『호남고고학보』 제62집, 호남고고학회, 2019.
이일갑, 「경남지역 연해읍성에 대한 연구」, 동아대학교 대학원 박사학위논문, 2007.
_____, 「남해안 연해읍성의 평면형태에 관한 연구」, 동아시아문물연구학술재단, 2008.
_____, 「진해 웅천읍성의 고고학적 검토–체성부 축조수법과 구조를 중심으로–」, 『고고 학지』, 한국고고미술연구소, 2011.
이재명, 「경남지역 삼국~고려시대 평기와 연구」, 경상대학교 대학원 석사학위논문, 2016.
정요근, 「전통 대읍의 고려 시대 읍치 입지와 읍치 경관」, 『한국중세고고학회 2019년 추계학술대회』, 한국중세고고학회, 2019a.
정요근, 「고려시대 전통 대읍 읍치 공간의 실증적 검토와 산성읍치설 비판 –충청도와 경기도, 강원도 대읍의 분석을 중심으로–」, 『한국중세고고학』 6호, 한국중세 고고학회, 2019b.
조원창·방기영, 「통일신라기 석벽건물의 건축고고학적 검토」, 『한국성곽학보』 제10집, 한국성곽학회, 2006.
차순철, 「한국과 일본의 명문와 생산과 공급방법에 대한 검토」, 『한일문화재논문집 I』, 국립문화재연구소, 2007.
차용걸, 『高麗末·朝鮮前期 對倭 關防史 硏究』 충남대학교 박사학위논문, 1998.
최종규, 「서울 한양도성 축성시기별 성벽 형태 및 구조 고찰」, 『서울학연구』 47, 서울시 립대학교 서울학연구소, 2012.

최종석, 「조선초기 '읍성' 용어 출현의 배경과 읍성의 유형」, 『동방학지』 138, 연세대학교 국학연구원, 2007.

황보경, 「용인 할미산성과 주변 신라 유적과의 관계 검토」, 『先史와 古代』 62, 韓國古代學會, 2020.

황인호, 「新羅 9州5小京의 都市構造구조 硏究」, 『중앙고고연구』 제15호, 중앙문화재연구원, 2014.

〈보고서〉

嶺南文化財硏究院, 『尙州 伏龍洞遺蹟』, 2008.

우리문화재연구원, 『居昌 居列山城-복원계획 수립을 위한 시굴조사-』, 2006.

우리문화재연구원, 『昌原邑城』, 2007.

울산발전연구원 문화재센터, 『울산읍성 객사-울산시립미술관 건립예정부지 내 문화재 정밀발굴조사 보고서-』, 2017.

忠北大學校 博物館, 『淸原 南城谷 高句麗遺蹟』, 2004.

忠淸南道 歷史文化財硏究院, 『안흥진성』, 2010.

충북대학교 중원문화연구소, 『용인의 옛성터』, 1999.

한국문화재단, 「창원 의창구 북동 165-1번지 외 1필지 단독주택 신축부지 내 문화유적 국비지원 발굴조사」, 2016.

한국문물연구원, 「진주대첩 기념광장 조성사업 부지 내 유적 발굴(정밀)조사결과약보고」, 2019.

韓國文化遺産硏究院, 『龍仁 할미山城(Ⅴ)』, 2018.

화랑문화재연구원, 「창원 북동 165-5번지 단독주택 신축부지 내(국비) 유적 발굴조사 약식보고서」, 2022.

한울문화재연구원, 『서울타워호텔 서울 성곽 유적』, 2010a.

한울문화재연구원, 『서울타워호텔 서울 성곽 유적』, 2010a.

漢陽大學校, 『二城山城-三次發掘調査報告書-』, 1991.

한양문화재연구원, 『안성 도기동산성-안성 도기동 산성(산57번지 일원) 유적 긴급발굴조사-』, 2021.

해동문화재연구원, 「창원 중동 440번지 근생시설 신축부지 내 문화재 발굴조사약보고서」, 2021.

창원대도호부의 문화유산 보전과 활용

남재우 | 창원대 사학과 교수

Ⅰ. 창원대도호부의 권역과 변천

1. 조선시대의 창원권역과 변천

고려말까지 합포(회원)와 의안(의창), 웅신으로 분리되어 독자적 행정체계를 유지해 왔던 창원지역은 조선건국 후 웅신을 제외하고 하나의 권역으로 통합되었다. 태종 8년(1408)에 의창(義昌)·회원(會原) 두 현을 병합하여 창원부(昌原府)를 출범시킨 것이 그것이다. 두 현을 병합하여 부로 승격시킨 조치는 조선건국 후 군현 통폐합 정책과 연관이 있다.

고려후기에 이미 주읍으로 승격했던 의창과 회원은 군현병합의 대상이 되었다. 두 고을이 인접해 있어 역사적 동질성을 지니는 곳이었기 때문이다. 의창과 회원을 병합하면서 창원부로 삼은 것은 병합한 두 지역이 면적이나 인구규모에 있어서 일반 군현으로 삼기에는 격이 맞지 않았기 때문이다. 더욱이 이 지역은 국방의 요새가 된다는 점도 고려되었다.

창원부는 병합 출범한지 7년만인 태종 15년에 창원도호부로 다시 승격된다. 1,000호 이상의 인구를 보유하고 있는 지역의 경우, 현은 군으로,

군은 도호부로 승격시키는 조치에 따른 것이었다.

이처럼 고려시대까지만 해도 합포(회원)와 의안(의창)으로 각각 독립적인 행정단위로 자리잡아왔던 창원지역사회는 조선건국 후 창원부–창원도호부로 통합되어 규모와 읍격이 신장된 단일 행정단위가 되었다. 이제 두 지역의 주민은 동일한 행정편제 아래 사회경제생활을 영위하고 또 다른 지역문화를 만들어내면서 창원도호부의 시대를 열어갔다.

반면에 진해지역은 1452년에 웅신현과 완포현과 천읍부곡을 통합하여 웅천현이라는 독자적인 행정구역으로 편제되었다. 1510년에는 삼포왜란과 함께 웅천도호부로 일시 승격되기도 했지만 1512년에 웅천현으로 복귀했다.

현종 2년(1661) 12월에 문묘(文廟)의 전패(殿牌)를 도둑맞아 잃어버리는 불상사가 발생하여, 대도호부에서 현(縣)으로 강등되기도 하였다. 그러나 현종 11년(1670)에 가서 다시 대도호부로 승격되어 조선말기까지 대도호부로서의 읍격을 유지하였다. 고종 32년(1895) 23부제의 실시에 따라 창원군으로 설정되어 진주부에 속하였으며, 웅천현은 웅천군으로 개편되어 진주부에 소속되었다. 고종 36년(1899)에는 창원부로 승격하였다. 순종 2년(1908)에는 웅천군, 진해군, 김해 대산면, 진주 양전면, 칠원 구산면이 창원부의 소속으로 되어 그 권역이 넓혀졌다. 1910년 일제 강점기에 들어서 창원부는 마산부로 개칭되었다가, 1914년 행정구역 개편에 따라 외서면 지역만 마산부로 하고, 그외 지역은 창원군이 되었다. 웅천군은 1910년에 마산부의 관할이었다가, 1914년에 창원군 관할로 변경되었다.(김광철, 2009 : 김정대 2014)

〈표 1〉 창원의 권역변천

시기		창원	마산	진해	비고
삼국시대	삼한시기 (3세기까지)	骨浦國	骨浦國		
	가야시기	卓淳國	卓淳國		
통일신라시대		屈自郡	骨浦縣	熊只縣	· 골포와 칠제는 굴자군에 포함
	경덕왕16년 (757년)	義安郡	合浦縣 (의안군의 영현)	熊神縣 (의안군의 영현)	·통합시기 ·칠제현(지금의 칠원)도 의안군의 영현
고려시대	현종9년 (1018)	義安郡	合浦縣	熊神縣	·의안군과 합포현은 칠원·웅신·함안 지역과 함께 금주의 속읍으로 귀속
	충렬왕 (1282)	義昌縣	會原縣	熊神縣, 莞浦縣	· 분리시기 ·완포현은 합포현 소속의 완포향에서 승격(고려 후기)
조선시대	태종8년 (1408)	창원부(의창+회원), 창원도호부(태종 15년), 창원대도호부(선조34년,1601)		熊川縣 (熊神縣과 莞浦縣통합, 문종2년, 1452년)	
	고종32년 (1895)	창원군(진주부에 소속)		熊川郡	
	고종36년 (1899)	창원부로 승격			
	순종2년 (1908)	창원부(통합창원부의 탄생)		웅천군(창원부에 소속)	· 통합시기 ·웅천군, 진해군, 김해 대산면, 진주 양전면, 칠원 구산면이 창원부에 소속
일제시기	1910	마산부			
	1914	창원군	마산부	창원군 진해면	·1912년 진해면으로 개편 ·1931년 진해읍으로 승격
해방이후		1976 창원지구출장소(1980 창원시출범 1995 창원군 북면.동면,대산면이 창원시도 통합	1949 마산시 1973 창원군의 창원·상남·웅남의 3개면과 내서면, 구산면 일부 편입 1995 창원군 내서면,구산면,진동면,진북면,진전면이 마산시로 통합	1955 진해시 1973 웅천편입 1983 웅동편입	· 2010년 7월 1일 통합 창원시 출범

2. 창원특례시권역

지금의 통합 창원시에 해당하는 당시의 군·현 단위 행정구역으로는,
창원대도호부를 비롯하여 진해현·웅천현 전 지역과 칠원현(구산면)·진주목
(양전면)·김해도호부(대산면) 각 일부 지역이다. 창원대도호부에는 부내면(府內
面)·동면(東面)·서면(西面)·남면(南面)·북면(北面) 등 5개 면이 있었고, 진해현
에는 동면(東面)·서면(西面)·북면(北面) 등 3개 면이 있었으며, 웅천현에는 읍
내면(邑內面)·동면(東面)·중면(中面)·상서면(上西面)·하서면(下西面)등 5개 면이
있었다. 거기에 더하여 칠원현의 구산면, 진주목의 양전면, 김해도호부의
대산면 등 3개 면을 더하면, 조선시대 후기에 통합 창원시 지역에는 모두
16개의 면이 있었음을 알 수 있다. 이런 구도는 대한제국 초기에 이를 때
까지 변함이 없었다.(김정대, 176~177)

〈그림1〉 조선시대 후기 창원도호부와 그 인근 지역의 면 단위 행정구역
(김정대, 177,〈그림-4〉)

1906년 이후에 면 단위 행정구역이 변화되었다. 1906년 9월 24일 반
포된 칙령 49호인 '지방구역정리건'에 따라 진주군 양전면은 진해군으로,

칠원군 구산면과 김해군 대산면은 창원부로 편입되었다.

　1908년 통합창원부가 탄생되었다. 진해군과 웅천군이 창원부에 통합되었다. 1988년 이후 부산에 편입된 가덕도의 가덕면과 천성면이 당시에는 창원부 소속이었다.

〈그림2〉 1906년 당시 창원부와 그 인근 지역의 행정구역(김정대,177,〈그림-6〉)

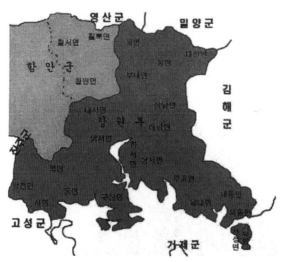

〈그림3〉 1908년 창원부와 그 인근 지역지도(김정대,177,〈그림-7〉)

3. 조선시대의 창원

조선시대의 창원은 왜구문제와 임란으로 인한 상처가 컸다.(최정용 2009
: 신은제 2009). 해변에 위치한 창원지역에는 조선 건국 이후에도 왜구문제가
끊이지 않았다. 1423년(세종 5)에 부산포와 내이포(제포), 1426년(세종 8)에 염
포를 개항하여 왜인들이 거주할 수 있게 하였다. 세종 때 내이포에는 장사
하는 왜인 600여 명이 거주하고 있었으며, 창원은 내이포에서 서울로 가
는 주된 교통로였다.

문종 당시에는 내이포와 부산포, 염포 등지에 와서 사는 왜인들이 2천
여 명이었고, 세조연간에도 제포에는 92호수에 416명의 왜인이 거주하고
있었다. 이들 중 늙고 약한 자를 제외하면 건장한 자가 114명이었다. 그리
고 여러 곳에서 사명을 띠고 와서는 제포에 머물러 있는 자가 2011명이었
으며 장사치도 많아서 이런 것을 다 계산하면 늘 있는 왜인이 수천명이었
다. 성종 12년경에는 제포에 308호수에 남녀 1722명의 왜인들이 거주하
고 있었다.

조선의 관료를 붙잡아 도망가는 왜적과 내이포 등지에 상주하고 있는
왜인들의 숫자적인 규모와 위협적인 형세 때문에 이들이 혹시 변란을 일으
키지는 않을지, 또는 만약 뜻밖의 일이 생겨 이들이 해상과 육지에서 함께
들고 일어나면 어떻게 해야 할지를 우려하고 있었다.

왜구 방어책의 일환으로 태종 10년에는 창원부의 염산산성(簾山山城)을
수축하였고, 창원읍성은 성종 8년 10월에 완공되었다. 축성은 본 고을에
살고 있는 백성으로 하여금 쌓게 했는데 주민들의 고역과 부담은 컸을 것
이다. 중종 5년에 일어난 삼포왜란은 창원지역 주민들을 공포의 도가니로
내몰았다. 왜변(倭變)때에 살해된 사람이 2백 72명이고, 소실된 가옥이 7백
96구(區)로서, 많은 백성들이 살해되었다. 3포 중 왜인들의 거점이었던 내
이포(제포)와 인근 창원부의 주민들은 이 왜변의 중심부에 있었다.

창원부의 생산물은 다음과 같다. 특산물은 미역·우무(牛毛)·세모(細毛)·대구어(大口魚)·굴조개(石花)·해삼(海蔘)과 사철(沙鐵) · 연동석(鉛銅石) 등이었다. 소금 굽는 곳이 3곳 이었고, 염창(鹽倉)이 있고, 염장관(鹽場官)이 감독하였다. 자기소(磁器所)가 1개였으며, 부(府)의 북쪽 산북촌리(山北村里)에 있었다. 창원부에서 정부에 바치는 공물은 꿀·밀(黃蠟)·모래무지(沙魚)·건합(乾蛤)·죽순(竹笋)·죽피방석(竹皮方席)·왕대(簜)·어교(魚膠)·돼지털·사슴가죽·여우가죽·삵가죽·노루가죽·수달피(水獺皮)·칠(漆) 등이었다.

세종 7년에는 창원 북배동에서 군정 30명이 15일 동안에 57냥중의 구리를 제련해 냈으며, 세종 8년부터는 창원부에서 100근씩을 해마다 제련하여 바치도록 하여 이듬해까지 200근을 제련하고 있었다. 이 일은 적어도 세종 20년경까지 지속되었던 것 같다. 세종 21년에, 창원에서 나는 동철(銅鐵)은 노력이 많이 들고 힘들기 때문에 캐기가 어렵다는 경상도 관찰사의 보고가 있었고 현지 조사 확인 결과 앞으로 구리를 캐는 일을 중단시키고 있었다.

임진왜란때에는 일본군대가 주둔하기도 하였다. 웅천왜성, 명동왜성, 안골왜성 등이 그것을 잘 보여준다. 일본과 지리적으로 가까웠으며, 군사적 요충지였기 때문에 임진왜란을 거치면서 창원은 적잖은 피해를 입었다. 특히 두 차례에 걸쳐 일본군의 수중에 떨어지면서 전란의 피해는 막대했다. 임진왜란으로 창원도호부가 입은 구체적인 피해상황을 확인시켜 주는 자료가 남아 있지 않아 그 자세한 사항을 확인할 수 없다. 다만 몇몇 단편적인 문헌들만이 그 상황을 추정하게 해 준다. 인조 때 청송부사를 지냈던 정언굉(鄭彦宏)이 합포를 지나면서 남긴 시이다. 인조 때 청송부사를 지냈던 정언굉(鄭彦宏)이 합포를 지나면서 남긴 시이다.

바닷가 쓸쓸하고 수많은 고을 허물어져 / 걱정거리 수도 없이 출정할 말 모으네 / 누가 옛날에 변방의 빼어난 요새인 것을 알겠는가? / 허물

어진 빈 성에는 달빛만 차네 / --중략 -- / 백만의 충성된 군사들 용
명을 다하였고 / 수군의 함선은 곧장 포구로 나가네 / 임진왜란 때의 장
수를 헤어보면 / 상락공(上洛公) 만한 이 뉘 있을까?

전란을 거치면서 허물어진 성만이 덩그러니 남아, 누구도 과거의 웅장
한 합포성을 알 수 없음을 노래했다. 전란이 합포성을 파괴시켜 버린 것
이다.

우병영은 1603년 진주로 이전되었다. 우병영의 이전은 우병영과 인근
의 고을들이 전란의 피해가 막심해 군인을 징발해 방어가 용이하지 않았을
뿐 아니라, 병영성인 합포성의 훼손이 컸기 때문이라 추정된다.

병영의 이전과 관련하여 주목되는 것이 창원의 대도호부 승격이다. 선
조 34년 1601년 도체찰사 이원익으로부터 장계가 조선조정에 도착했는
데, 1595년 창원부사와 경상도 우병마사를 겸임하고 있던 김응서(金應瑞)와
창원부민들이 힘을 모아 왜적을 막아내었으므로 이를 포상해야 한다는 내
용이었다. 김응서는 1594년부터 1597년까지 창원부사와 경상우도 병마사
를 겸임하였는데, 수복한 창원을 지키다가 1597년 창원부민들과 함께 의
령으로 들어가 왜적을 방어하였다. 이때 창원부민들은 단 한사람도 적에게
항복하지 않고 왜적에 맞섰고 대도호부로의 승격은 그에 대한 치하였다.

그런데 대도호부로의 승격은 창원부민들의 항전에 대한 포상이기도 했
지만, 다른 한편으로는 합포의 병영이 이전할 경우 방어의 중심지이자 요
해처인 창원지역을 강화할 필요성이 작용한 결과이기도 했다. 병영이 이전
하면 요해처인 창원의 방어는 자연 창원도호부를 중심으로 이루어져야 하
므로, 이를 강화하기 위해 대도호부로 창원을 승격하였던 것이다.

한편 병영 이전과 창원도호부의 대도호부로의 승격은 조선후기 창원도
호부 읍치의 중심지로서 창원부성이 보다 강화되었음을 의미했다. 고려시
대 일본원정의 중심지였던 회원현은 이제 황폐한 성곽만 남고 조선 성종대

새롭게 축성된 창원부성이 창원대도호부의 읍치의 중심지가 된 것이다. 이후 병마영이 있던 회원현 지역은 영조 17년(1760)에 마산포에 좌창이 설치되어 다시금 활기를 띠게 될 때까지 번성하지 못하였다. 좌창이 설치된 후 마산포는 조운의 중심지로 거듭나기 시작했으며 개항과 더불어 본격적으로 변화하기 시작했다.

II. 창원역사의 정체성

1. 정의로운 고장, 창원

창원은 해방이후 한국사회의 민주화 과정에서 그 중심에 있었다. 전근대사회에서도 창원지역은 불의와 항상 싸우고 저항했다. 고려시대에도 창원지역은 원나라의 침략에 적극적으로 저항하였다. 원과의 전쟁이 끝나고 원의 정치적 간섭이 시작될 무렵 창원지역사회는 이에 저항하는 삼별초 항쟁의 진원지였다. 1271년(고려 원종12) 3월에 삼별초가 합포에 들어와 감무를 생포해 갔으며, 1272년 11월에는 다시 합포를 공격하여 전함 22척을 불사르고 원나라의 병졸 4명을 생포하여 돌아갔다. 1273년 1월에 다시 합포를 공략한 삼별초는 전함 32척을 소각하고 원나라 병사 10여 명을 잡아 죽였다. 이같이 삼별초가 세 차례나 합포를 공략할 수 있었던 것은 당시 남해안 연안고을이 그 영향권에 들어갔고 주민의 협조가 있었기 때문에 가능한 것이었다. 즉 합포(옛 마산)를 비롯하여 김해, 밀양, 동래 등 지역주민들이 이에 호응하였기 때문에 확산될 수 있었던 것이다.

조선시대에도 창원은 의로운 지역이었다. 1425년에 간행된 『경상도지리지』총설에는 창원지역에 대해 "성격이 과격하고 난폭하며, 송사를 다툰다(鬪暴爭訟)"라고 기록되어있다. 창원의 기질을 이렇게 표현한 이유는 무엇이었을까? 인근 밀양지역의 경우 그 풍속을 '투쟁을 좋아 한다'라고 하였다. 밀양지역이 고려 무인집권기의 농민항쟁과 원간섭기 삼별초항쟁에 적극적으로 동참하였기 때문이다. 밀양은 무인집권기 정부에 저항했던 김사미항쟁의 진원지였으며, 밀양지역의 방보와 계년은 반원나라 기치를 높이 들었던 삼별초 항쟁에 호응하여 봉기를 일으킨 주도세력이었다. 그만큼 밀양지역은 당시 사회모순에 저항하면서 올바른 사회를 만들고 국가가 자주성을 상실할 위기에 처했을 때 이를 지키기 위해 봉기하였던 것이다. 그러므로 이 지역이 투쟁을 좋아한다는 것은 주민들끼리 다투는 속성을 말하는 것은 아니었다.

창원의 경우도 마찬가지였을 것이다. 『경상도지리지』가 찬술된 시기가 15세기초라는 점을 고려해 보면, 고려말의 창원지역과 연관되어 서술되었을 가능성이 높다. 고려후기 창원지역사회는 삼별초항쟁, 여원연합군의 일본정벌, 왜구침탈의 한복판에 놓여있었다. 삼별초항쟁에서 반원나라의 대열에 동참하였으며, 여원연합군의 일본정벌때는 그 전진기지가 됨으로써 군량의 확보와 전함을 건조하는데 동원되는 등 지역 전체가 고통을 겪고 있었다. 일본정벌이 끝난 뒤에는 왜구가 밀어닥쳤다. 고려말까지 왜구침탈을 당한 경남 연안지역 가운데 창원지역이 그 횟수에 있어서 가장 많았고, 피해도 극심하였다. 합포의 경우 합포영이 잿더미가 되고, 회원창이 습격당하는 등 왜구의 노략질로 남아있는 사람이 없을 정도였다.

이처럼 삼별초항쟁, 일본정벌, 왜구침탈의 소용돌이 속에서 창원지역사회는 고려의 자주성을 지키기 위해 반원전선에 동참하는 한편 일본정벌로 말미암아 지역주민이 회복할 수 없는 고통으로 몸부리 속에 놓이고 왜구침탈로 지역사회가 잿더미로 변하는 처참한 조건 속에서 생업을 지켜내고 지역사회를 회복하기 위해 '굳세고 끈질긴' 모습을 보일 수밖에 없었다. 그러므로 결코 지역주민 개개인의 성품이 '거칠고 모질다'는 의미로 해석될 것이 아니라 나라의 위기를 극복하고 지역사회와 생업을 회복하려는 강인함으로 재해석되어야 한다.

'송사를 다툰다', '송사를 즐긴다'는 기록에서 송사의 대상이 누구일까? 주민 상호간의 송사를 염두에 둔 것은 아닌 것 같다. 주로 지방관이나 재지 유력세력이 송사의 대상이었던 것으로 보인다. 조선건국후 창원지역사회는 고려말의 전란에 따른 피해를 치유하고 생업을 안정시키는 것이 과제였을 것인데, 지방 수령은 "민간인이 수령을 고소할 수 없다는 법"에 기대어 지역주민의 기대와 여망에 역행하고 있었다. 그래서 다른 지역에 비해 수령이나 재지세력의 횡포에 저항하는 사례가 빈발할 소지를 갖고 있었다. 이 때문에 왕은 창원지역에 수령을 파견하면서 각별히 주의할 것을 요구하기도 했다. 즉 가혹한 수탈과 지나친 형벌을 삼가라고 했던 것이다. 이러한 상황으로 보아 조선건국후 창원의 지역민들은 수령을 대상으로 고소하는 사례가 자주 발생했던 것으로 추정된다. 수령을 고소한다는 것이 일반 주민들에게는 모험이었을 것이다. 하지만 더 이상 어쩔 수 없는 사정 때문에 감행하는 것이었다. 수령의 가혹한 수탈에 맞서 생명과 생업을 지키고 지역사회의 안전을 꾀하려는 몸부림이었던 것이다.

이렇게 볼 때 창원의 풍속이라는 '쟁송(爭訟)'은 주민 상호간에 일어난 것이 아니며, 까닭없이 일삼은 행위도 아니었다. 지역주민들이 횡포한 수령과 재지세력에 맞서 생명과 재산을 지키고 지역사회를 올곧게 만들려는 집단적, 적극적 저항으로서 '스스로를 지키려는' 모습으로 해석해야 할 것이다.

이러한 움직임은 조선후기 사회에서도 마찬가지였다. 조선후기 사회는 중앙정치세력의 부패와 지방수령의 지나친 조세수탈 등의 이유로 전국적으로 농민항쟁이 일어나고 있었다. 창원지역도 예외는 아니었다. 1862년에 이웃에 있는 진주지역에서 농민항쟁이 일어났다. 창원지역에서도 두 차례에 걸친 농민항쟁이 발생했다. 환곡의 폐단과 지방 수령의 수탈 등이 그 이유였다. 1862년 12월 17일의 경우 참여한 농민이 수천에 이르렀다. 수탈자에 대한 본격적인 공격을 시작했다. 이전에 지방재지세력의 집을 불질렀다. 창원읍의 남쪽에 있는 산에 불을 지르고, 이 불을 신호로 농민들이 성안으로 몰려가 이서배의 집 두 곳을 불지르고 다시 성밖으로 나와 향임을 지낸 자의 집을 불질렀다. 밤이 되자 농민들이 남산으로 올라갔다. 1993년 10월 15일에도 농민항쟁이 일어났다. "읍내 대소민 수만명이 일제히 소란을 피웠다"는 기록이 보이기도 한다.

2. 교역과 전쟁의 도시, 창원

창원지역은 이른 시기부터 한반도 인근 지역과 교류가 활발했다. 가야의 한 나라였던 골포국과 탁순국은 해상왕국이었다. 창원지역에서 일본과 서북한지역, 한반도 내륙지역과의 교류를 보여주는 유적과 유물이 확인되었다. 탁순국의 경우 일본과 백제의 교류를 중계하하였다. 중국의 선진문화도 일찍 유입되었다. 창원 동읍 다호리유적에서는 한나라의 문화적 영향을 보여주는 다양한 유물이 조사되었다. 대표적인 것이 칠기류, 오수전 등이다. 창원의 성산패총에서도 중국과의 교류를 보여주는 유물이 조사되었다.

조선시대에는 일본과의 교역항인 3포 중의 하나인 제포가 설치되었다. 개항으로 인한 근대도시화도 다른 지역에 비해 앞섰다. 마산과 진해지역은 일찍부터 근대문화가 유입된 곳이었다. 1899년 마산은 일본에 의해 강제적으로 개항되어 근대도시로 발전하였다. 이에 따라 다양한 근대적인 시설이 들어섰으며, 일본인의 유입도 늘어나, 근대로 진입하는 시기의 도시발전을 이해할 수 있는 곳이다. 진해는 1904년 러·일 전쟁이후로 일본의 관심이 높았던 지역이었다. 이에 1910년에 군항설치공사가 시작되었으며,

진해는 일본에 의해 근대적인 계획도시로 발전하였다. 따라서 진해우체국 등 근대적인 시설과 일본인의 생활상을 보여주는 많은 물질적 자료들이 남아있다.

이러한 외래문화 유입의 창구였던 창원지역은 외세와의 전쟁도 여러 차례 겪을 수 밖에 없었다. 해안가에 위치해 있어 외세의 침략과 방어에 대한 경험을 가지고 있는 지역이다. 고려시대에는 일본원정을 위한 제1·2차 여몽연합군의 전진기지가 합포였다. 합포만은 전략적 요충지였고, 마산의 배후에 있는 창원,함안,고성 등지에서의 농업발전은 군수물자 제공에 유리한 지역이었다. 임진왜란의 격전지이기도 했다. 7년간의 임진왜란과 관련된 많은 유적을 가지고 있다. 특히 창원은 임진왜란때 어느 누구도 왜에 항복하지 않아 창원대도호부로 승격되기도 하였다. 왜는 일본군 주둔을 위해 왜성을 축조하였다. 웅천왜성, 안골왜성 등이다. 근대 이후 러·일 전쟁과정에서 진해가 군사적 요충지로 떠 올랐다. 전쟁이후 진해는 일본에 의해 근대적 계획도시로 변모했다.

III. 문화유산의 보존과 활용

1. 문화유산의 중요성과 활용

1) 문화유산의 의미와 중요성

역사문화자원은 미래사회를 준비하기 위한 공동체의 중요한 자산이다.

첫째, 역사학·역사교육적 자산이다. 역사문화자원은 계승되어 온 소중한 문화유산으로서 과거의 역사와 문화를 연구할 수 있는 학문적 공공자산이다.

둘째, 문화콘텐츠산업의 원천이다. 고유한 역사문화자원은 원천 소재를 제공하는 가장 기본적인 역할을 하는데 그 중요성이 있다.

셋째, 관광자원이 된다. 역사문화자원의 관광으로 인해 나타나는 경제적 효과 외에도 다양한 사회·문화적 효과를 나타난다. 즉, 지역 이미지 제고로서, 역사문화관광자원은 지역의 특성을 반영하고 있으며 상징적인 의미를 지니고 있다. 따라서 지속적인 역사문화자원 보존 및 활성화는 지역의 가치를 창출하고 전통성 있는 지역 이미지 창출을 통해 문화도시로서의 이미지를 강화할 수 있다.

넷째, 지역민의 자긍심 고취 및 문화수준 향상이다. 최근 생활수준이 높아지고 여가활동이 증대함에 따라 물질적인 풍요로움에서 나아가 삶의 질을 중요시 하는 경향이 나타나고 있다. 지역주민들에게는 이미 일상적 삶의 일부인 주변의 역사문화자원들을 활용 및 개발하는 과정에서 지역에 대한 애착심과 자긍심이 향상될 수 있으며, 일상 속에서 역사문화적 향취를 느낄 수 있음에 따라 문화적 관심 또한 높아질 수 있다.

다섯째, 역사문화 교류에 따른 지역의 국제화 및 경쟁력 강화이다. 서로 공통되거나 관련이 있는 역사문화자원은 지역과 지역 혹은 국가와 국가 간의 교류를 촉진하는 매개체 역할을 할 수 있다. 역사문화의 교류는 서로의 문화에 대한 이해를 넓히고 우의 증진을 도모할 수 있으며, 다양한 협력사업 및 인적·물적 교류 프로그램을 운영할 경우 서로 간의 정보 교환과 지역의 인지도 제고에 따른 지역홍보 효과를 기대할 수 있다.

2) 문화유산보존을 위한 올바른 방향

(1) 문화유산 관련 행정조직의 확대와 전문성 확보가 필요하다.

문화유산 보존과 관리를 위한 행정조직의 확대와 전문가의 육성 및 확보가 필요하다. 첫째, 창원특례시의 경우 창원,마산,진해 지역이 통합된

도시로서 다양한 문화유산과 유물이 있다. 지정문화재가 143개소, 전체 문화유산이 2451개소이다.(창원대박물관 지표조사보고) 박물관 및 다양한 문화시설이 위치해 있다. 그리고 창원을 대표하는 (가칭)노동·산업·역사박물관이 건립과정에 있다.

둘째, 문화유산 전담 전문직이 필요하다. 효율적인 문화유산의 보존관리를 위해서는 문화유산 담당직원의 전문화와 업무의 연속성이 보장되어야 하기 때문이다. 따라서 문화재 보존과 관리를 위하여 계약직 학예연구사를 정규직으로 전환해야 하며, 그 수도 더 늘어나야 한다. 또한 다양한 전문성을 지닌 학예연구사가 확보되어야 한다.

(2) 공립박물관의 기능을 강화해야 한다.

지역의 정체성이 드러나는 박물관이어야 한다. 박물관은 창원지역의 정체성을 드러내는 박물관이어야 한다. 창원지역의 경우 한국사회의 발전과정과 동궤적으로 발전해 왔다. 현재 추진하고 있는 노동·산업·역사박물관은 창원의 산업발전과정과 창원사람들의 삶과 노동, 이를 통해 표현된 역사를 드러내기 위한 박물관으로 기획되고 있다. 건립된 박물관은 창원지역 다양한 박물관과 연계되는 플랫폼의 역할을 담당해야 한다. 창원의 각 지역에 있는 이미 존재하고 있는 박물관은 건립과정에 있는 박물관을 보완하는 전문적인 분야의 전시와 유물보존을 위한 공간이 되어야 한다.

(3) 자치단체가 시행하는 문화유산에 대한 복원사업은 신중해야 한다.

최근 도성에 대한 발굴과 연구 확대로 인하여 궁성지나 도성에 대한 복원에 대한 관심이 높아지고 있다. 성급한 복원계획 등은 지양되어야 한다. 오히려 훼손된 유적, 특히 창원읍성의 경우 현재 남아있는 부분이라도 보존대책을 마련해야 한다. 그리고 현존하는 문화유산에 대한 관리를 철저히

해야 한다. 지역민으로부터 중요한 문화유산이라는 인식을 심어주려면, 그 문화유산의 성격에 부합되게 주변에 대한 정비도 이루어져야 한다.

(4) 문화유산 보존과 관리 과정에서 주민들의 적극적 참여를 이끌어 내야 한다.

문화유산을 영구적으로 보존하기 위해서는 지속적인 정비와 관리가 필요하다. 따라서 장기계획을 수립하고 일관된 정책을 추진해야 한다. 성공적인 문화유산관리를 위해서는 시민의식의 성장과 시민참여가 전제되어야 한다. 정책결정단계에서부터 지역주민이 동참할 수 있는 시민참여기회를 제공하고, 문화유산지킴이 운동이나 문화유산가꾸기 운동 등 시민단체의 활동을 유도하여 문화재에 대한 의식을 고양하는 것도 실천과제이다.

3) 문화유산의 활용

문화유산 활용은 "문화유산에 담긴 가치를 찾아내어 새롭게 생명을 불어넣거나 변용과정을 거쳐 새로운 가치를 만들어내는 것"이다.(장호수 2006, 157쪽) 문화유산 보존에 대한 다양한 논란이 제기되기도 하지만 보존의 당위성을 담보할 수 있는 문화유산의 사회적 효용성과 가치 재창조에 대한 논의가 진행되고 있으며, 문화유산 활용은 새로운 과제가 되고 있다.

역사유산을 보존하고 활용하는 목적은 문화유산보호, 지역경제 활성화, 지역공동체 활성화, 쾌적한 생활환경, 도시와 마을의 정체성 확보, 환경보존과 관리 등이다. 문화유산을 보호하고 특성에 맞게 활용하는 것은 지역성을 확보하면서 지역경제를 발전시키는 차원에서 논의되고 있다. 아울러 지역공동체를 되살리고 생활환경을 개선하는 효과도 있으므로 오늘날 여러 나라에서 역사유산은 도시계획에서 경관자원으로 중요한 고려대상이 되고 있다. 역사유산을 중심으로 도시와 마을들을 새롭게 만들어가는 수법으로 지속가능한 발전전략을 수립하는 것이다.

문화유산은 역사성, 학술성, 예술성과 함께 상징으로서의 의미도 갖고 있다. 문화유산에 깃들어있는 상징성은 사회에서 중요한 의미를 가지고 있으므로 상징가치를 잘 활용하면 보다 많은 사람들이 문화유산을 찾게 할 수 있다.

문화유산 활용의 범위는 교육적 활용으로서 학교교육과 사회교육분야, 경제적 활용으로서 자원화 및 상품개발, 사회적 활용으로서 전통역사와 문화의 고유성 확립수단, 그리고 역사적 재창조 과정을 통한 전통만들기 등이다.

활용을 위한 원칙은 오용과 남용이 아닌 지속가능성을 위한 조화의 원칙, 문화다양성을 보호하고 증진하는 방향이어야 하며, 시장경제 원리를 지키면서 국가는 최소한의 개입에 그쳐야 하고, 상품가치 확보를 위한 전략적 접근으로서 '옛스러움과 뉴미디어의 만남'을 통한 새로운 가치를 만들어내야 한다. 일상생활 문화 속으로 들어가 자리잡을 수 있어야 하고, 마지막으로 일자리 창출을 위한 블루오션 전략으로서 새로운 직업생산을 모색야 한다.(장호수 2006,159쪽)

문화유산활용은 우리 시대의 새로운 과제이다. 활용보다 우선인 것은 조사와 보존이라는 사실을 잊어서는 안된다.

2. 창원의 문화유산 보전과 활용

조선시대 창원부 설치 이후의 문화유산은 창원지역의 역사적 성격을 이해하는데 도움이 된다. 대표적 유적은 창원지역의 통치, 교육 등을 담당한 공공기관이 대표적이다. 치소인 창원읍성과 웅천읍성, 제사와 교육적 기능을 담당하는 창원향교, 마산향교 등이다. 전쟁과 관련된 유적도 있다.

왜구의 침입에 대비하기 위한 합포성, 일본이 조성한 웅천왜성, 안골왜성 등이다. 불교사찰과 불상 등도 다양하게 남아있다. 조선시대의 창원의 대표적 사찰은 성주사, 성흥사, 광산사 등이며, 불교와 관련된 문화유산이 남아있다.

문화유산을 보존하고 활용하는 목적은 문화유산보호, 지역경제 활성화, 지역공동체 활성화, 쾌적한 생활환경, 도시와 마을의 정체성 확보, 환경보존과 관리 등이다. 문화유산을 활용하기 위해서는 무엇보다 먼저 문화유산을 조사하고 보존하는 것이 우선이다. 연구와 활용은 그 다음이다.

창원특례시에 걸맞는 문화유산 보존정책이 필요하고, 정책을 만들고 집행하는 전문가와 행정기구가 필요하다. 창원시의 시정목표가 '동북아중심도시 창원'이다. 전략은 '문화환경 품격도시 창출', '통합도시 공간구조 재편' 등이다. 창원대도호부 시기의 창원지역의 공간과 역사가 지금 현재의 창원특례시의 재구성에 도움되어야 한다.

1) 조선시대 전통경관의 복원

창원시는 부산시와 함께 한반도의 동남단에 위치하고 있다. 지금의 창원은 동쪽은 김해시, 서쪽은 고성군과 함안군, 남쪽은 부산시와 접하고, 북쪽은 낙동강을 사이에 두고 창녕군·밀양시와 마주하고 있다.

자연지리적인 환경을 기준으로 하여 창원을 구분하면 크게 5개 지역으로 나눌 수가 있다. 마산만을 낀 마산시내와 창원분지, 낙동강 유역의 충적평야를 포함하는 동읍과 대산면 일대, 또 다른 하나의 포구를 형성하는 진동과 진전지역, 광려천을 끼고 형성된 내서와 칠원지역, 진해만을 끼고 형성된 진해가 그것이다. 고대로부터 창원으로 부를 수 있는 지역의 범주는 이들을 모두 포함하거나 또는 상호 밀접한 관련이 있었다고 여겨진다.

〈표 2〉 창원의 자연지리적 구분

구분	현황
마산만을 낀 창원분지와 마산시내지역	– 창원과 마산은 마산만을 길게 감싸고 있는 해안가의 평지에 자리잡고 있으면서, 그 주변은 불모산, 대암산, 정병산, 천주산, 두척산(무학산) 등 해발고도 500m 이상의 높은 산으로 둘러싸여 자연적인 경계를 형성하고 있다. 진영 쪽으로 난 용추고개, 진해 방향의 안민고개, 동읍 쪽으로 향하는 신풍고개, 마산–내서 사이의 마재고개, 그리고 마산에서 진동으로 넘어가는 길목의 밤밭고개 등이 그 경계에 해당되는 통로들임 – 창원분지의 동남쪽에 자리잡은 불교문화 : 봉림사지(鳳林寺址), 불곡사, 성주사, 삼정자동마애불 등 – 가음정동, 외동, 내동 등의 평지에 솟은 구릉에 자리잡은 생활문화 : 선사시대 이래의 생활유적, 남산 환호취락, 상남동지석묘, 성산패총, 내동패총, 가음정동패총 등
낙동강유역과 그 주변–동읍, 대산지역	– 창원시의 북쪽은 낙동강이 동읍과 북면·대산면을 감싸고 흐르며 남쪽이 높고 북쪽이 낮다.천주산에서 시작된 능선이 구룡산(434m), 백월산(400m), 천마산(312m)을 거쳐 낙동강으로 연결됨 – 습지의 문화유적 : 습지의 가장자리에 해당하는 동읍의 덕천리, 용잠리, 신방리 일대에는 대규모의 지석묘군, 다호리 삼한~삼국시대의 분묘군 – 정치집단형성의 가능성 : 낙동강을 통한 교역이나 습지를 통한 농업용수와 식량자원의 확보가 가능했기 때문
마산의 삼진지역	– 진동만을 끼고 있는 진북, 진전, 진동은 동으로 마산, 북으로 함안과 접해 있는 독립된 포구로, 조선시대에는 이곳 진동면이 진해현(鎭海縣) 치소(治所)였음 – 독립된 항구인 진동 : 아라가야(함안)의 대외 창구 역할 수행 – 청동기시대부터 대규모 유적 분포 : 진동유적 등
광려천변 내서와 칠원지역	– 내서와 칠원은 낙동강의 한 지류인 광려천 주변 충적지에 위치해 있어서 지리적으로, 역사·문화적으로 서로 연결되고, 광려산에서 발원하여 북쪽으로 흘러 낙동강으로 유입되는 광려천을 매개로 하여 서로 동질성을 가지고 있음 – 정치집단형성 : 칠원의 오곡리와 예곡리, 내서 평성동 등의 청동기시대 유적을 비롯하여 가야시기에 이르는 많은 유적들, 『삼국사기(三國史記)』에 등장하는 포상팔국(浦上八國) 중의 칠포국(柒浦國)
진해만을 낀 진해지역	– 세개의 소지역권 : ①중심권은 창원시 삼귀동과 경계를 이루는 북서외곽으로로부터 불모산–웅산–천자봉–합포해안으로 이어지는 능선까지이며, 현재의 진해 중심가에 해당함. ②웅천권은 구 웅천현 치소가 있는 웅천지역, 진해의 중앙에 위치하며, 동쪽으로는 불모산–웅산–자마산–흰돌매–웅포해안을 경계로 웅동권과 경계를 이룸. ③웅동권은 소사, 마천, 두동, 안골, 용원까지 포함 – 거주지역 : 석동에서 자은동일대, 웅천의 서중동과 남문동일대, 웅동의 소사에서 마천 일대 등 – 안골포 신석기시대 패총, 수도동 신석기유적, 청동기시대의 유적은 진해의 중심권, 웅동권에 다수 확인됨. 가야시기의 고분군(석동유적) 등

창원의 이러한 자연환경 속에서 역사의 흔적들이 남아있다. 즉 마산향교, 창원향교, 창원읍성, 웅천읍성, 성주사, 성흥사 등의 전통경관이다. 창

원시는 관광도시로서 성장을 위해 마산 창원지역의 산업경관, 마산지역의 수변경관 그리고 오랜 전통의 전통 경관들을 잘 연계하여 활용한다면 많은 파급효과가 있을 것이다. 국가산업단지로 조성되었던 창원에 수많은 관광객 유입으로 이어져 지역경제가 활성화 되어 큰 발전기회를 가질 수 있다.(강창환외 2017, 52쪽)

고지도를 통하여 조선시대의 경관을 파악할 수 있다.

〈표 3〉 창원부 고지도 유형별 목록(신삼호·우신구 2017)

유형 / 구분	지도명	제작연대	제작기법
군현지도	해동지도	1750년초	필사본/회화식
	비변사지도	1745–60	필사본/방안식
	여지도	1767	필사본/회화식
	조선지도	1750–68	필사본/방안식
	지승(地乘)	1776년 이후	필사본/회화식
	광여도	19세기 전반	필사본/회화식
읍지부도	여지도서	1765	필사본/회화식
	경상도읍지	1832	필사본/회화식
	여재촬요	1885	필사본/회화식
	경상도읍지	1899	필사본/회화식
광역지도	청구도	1834	필사본/방안식
	대동여지도	1861	필사본/방안식

고지도상의 창원부 지역은 구 마산지역(삼진 지역 제외)과 구 창원지역 일대를 말하며, 1425년 창원도호부 제정이후 1895년 창원군으로 행정개편될 때까지 약450여 년간 존재한 지역이다. 지도의 제작 시기는 군현지도가 제작된 18세기 중반에서 19세기 말, 조선후기에 해당된다. 지도에 표시된 전통도시의 촌락적 특성을 고려하여 자연경관요소와 인문경관요소로 분류하여 세부항목별 변화과정을 파악할 수 있다. 당시의 창원경관을 확인하고 이를 도시개발에 활용한다면, 전통과 현대가 어우러진 도시이미지를

형성할 수 있다.

고지도에 나타난 조선후기 창원부 역사경관의 특성을 요약하면 다음과 같다. 첫째, 창원부 읍성은 천주산 진산으로 하여 좌우로 무학산과 정병산에 의해 둘러싸여있는 분지에 입지 하였다. 둘째, 읍성은 주산을 배경으로 한 자연경관과 읍성에 의한 인문경관을 배치함으로써 전통적 자연관에 사회적 권위를 상징하고 있다. 셋째, 인문경관의 주된 요소인 공공건물로 국가기관의 중추시설인 관아건물, 제례공간, 교육공간, 역원 및 사찰 등이 주요 요소로 자리매김하고 있다. 넷째, 창원부는 조선후기 150년간 행정구역 및 도시경관상의 큰 변화는 나타나지 않았다. 지역의 역사경관을 고지도만을 통해 파악하기에는 한계가 있지만, 군현 지리지를 통하여 보완하고, 개항 이후 근대기의 도시 변천과정을 통해 현재에 이르는 창원의 모습을 파악할 수 있을 것이다.(신삼호·우신구, 330쪽)

2) 개발 이전 창원의 옛 마을 확인

1974년 4월 1일 창원지역은 산업기지개발 촉진지역으로 확정고시된다. 산업기지개발구역은 두 대동, 덕정동, 삼동동, 반송동, 연덕동, 용지동, 목동, 토월동, 외동, 정동, 가음정동, 나만동 전역과 서상동 외 27개동의 각 일부지역으로 1,300여만평에 이르렀다. 이중 남부 평탄부에 종합기계공업기지를 조성하고 동북부 평탄부 및 경사지에 계획인구 약 20만명 규모의 산업도시를 건설하는 주요개발계획이 수립되었다.(백시출 2009,59쪽) 공단조성과 함께 원주민들은 옮겨살아야 했다. 이들의 흔적을 보여주는 것이 유허비의 건립이다. 창원분지내의 곳곳에 유허비가 들어서 있다.

용지공원에 위치한 '신기마을옛터'표석 (옛 창원군 상남면 신기마을)

경남도청이 자리잡은 '신리마을옛터'표석 (옛 창원군 상남면 신리마을)

조선시대 비석군(창원용지공원)

분지내에 있었던 비석들도 한곳에 모여있다. 용지호수 옆 용지공원내에 26기의 비석군이 위치해 있다. 창원대도호부사, 관찰사 등의 선정비가 주종을 이루며, 신도비, 송덕비도 있다.

3) 역사문화탐방로 개설

창원지역은 다양한 문화유산이 즐비해 있다. 이러한 문화유산을 성격과 위치에 따라 구분하여 역사문화탐방로를 만들어 보는 것도 문화유산 보전과 관광자원의 활용에 기여할 수 있다.

〈표 4〉 문화유산탐방경로와 문화유산

탐방로	해당 문화유산
바다(마산만)에서 본 창원 : 진해만–마산산–진동만	용원가야유적, 진해만, 웅천왜성, 안골왜성, 안골포 굴강, 마산만, 수정만, 진동만

탐방로	해당 문화유산
창원 근대의 문화유산	헌병분견대, 완월동 성요셉성당, 봉암수원지, 마산시립박물관, 진해시립박물관, 진해우체국, 일본식 주택, 제황산공원, 해군사관학교 내의 해군요항부건물, 일제시기의 계획도시 진해시 거리 등
성으로 본 창원의 역사	합포성, 창원읍성, 진례산성, 웅천읍성, 웅천왜성, 안골왜성, 제포성지 등
가야의 해상왕국, 골포국과 탁순국을 만나다	다호리유적, 도계동고분군, 삼동동고분군, 반계동고분군, 가음정동고분군, 천선동고분군, 성산패총, 창원대 박물관,경남대박물관
창원지역엔 언제부터 사람들이 살았을까?–창원의 선사유적	진동유적, 경남대 박물관, 남산유적, 합산패총, 덕천리유적, 봉산리지석묘군, 상남동지석묘군 등
창원의 인물과 그 현장	8의사묘역, 월영대(최치원), 달천구천(허목), 최윤덕장군묘, 해군사관학교박물관(이순신),주기철목사(주기철목사기념관)
자연환경과 인간의 만남, 역사의 현장	마산만(봉암갯벌), 다호리유적과 주남저수지, 창원남천과 그 유적
유적으로 본 창원지역의 종교	진해향교, 합성동성당, 창원향교, 봉림사지, 성주사, 불곡사, 노힐부득·달달박박과 백월산 남사, 성흥사, 세르페데스 신부 도착지(사도마을), 세스페데스공원
낙동강과 창원의 역사	합산패총, 다호리유적, 덕천리유적, 주물연진 등의 옛 포구

4) 창원시민을 위한 창원역사 교육

역사·문화·생태 관련 전문가를 육성할 필요가 있다. 창원문화유산해설사 양성과정 등이다. 창원문화유산해설사 양성이 창원지역에 미치는 영향은 적지 않다.

① 창원문화유산해설사를 육성하고 활용함으로써 지역의 역사문화에 대한 전문가를 양성할 수 있으며, 지역의 학생들이나 지역민에게 지역의 역사와 문화를 소개함으로써 지역민의 지역에 대한 자긍심을 고양시킬 수 있다. ② 해당지역을 찾아오는 관광객들에게 창원의 역사와 문화를 지역의 문화가이드들이 직접 소개함으로써 관광객들로 하여금 지역에 대한 친밀감을 이끌어 낼 수 있고, 이것으로 인해 지역을 널리 알릴 수 있는 계기

가 되며, 관광객 유치 뿐만 아니라 지역의 특산품을 홍보하고 판매하는 효과를 얻을 수 있다. ③ 관련학과 졸업생 등을 창원문화유산해설사로 활용함으로써 청년실업문제를 해소할 소 있다. 그리고 퇴임자나 주부들을 해설사로 양성함으로써 지역을 활성화하는 계기가 마련될 수 있다. ④ 문화유산해설사제도가 활성화되면 지역의 역사에 대한 관심을 가지게 될 것이고, 지역의 역사를 지역민 스스로가 서술하게 되는 계기가 될 것이다. ⑤ 인력이 부족한 문화원이나 박물관에 문화유산해설사를 상주시키게 되면 박물관이나 창원지역을 찾는 사람들에게 실질적인 도움을 주게 될 것이므로 박물관 및 창원지역의 문화유산을 탐방하는 시민이 늘어날 가능성이 높다.

청소년에 대한 지역사 교육도 필요하다. 우리의 역사교육은 전체사 중심의 한국사교육이다. 따라서 지역에 살고 있는 청소년들이 지역 역사에 대한 이해가 부족하다. 이로 인해 지역에 대한 자긍심도 지닐 수 없다. 따라서 지역사 관련도서를 발간해야 한다. 『읽기쉬운 창원의 역사』, 『만화로 보는 창원의 역사』, 『문화유산으로 본 창원의 역사』, 『걸으면서 알아가는 창원의 역사』, 『창원특례시와 창원대도호부』 등이다.

일반 시민에 대한 지역사교육도 이루어져야 한다. 다문화가정이나 외국인노동자에 대한 교육도 필요하다.

쉽게 다가가는 역사교육을 위해 문화유산별 유튜브제작도 필요하다.

[참고문헌]

남재우 외, 『마산창원역사읽기』, 불휘, 2003.

민긍기, 『역주창원부읍지』, 창원문화원, 2005.

장호수, 「문화재활용론-활용의 개념과 범주에 대하여-」, 『인문콘텐츠』 7, 인문콘텐츠
　　학회, 2006.

『창원600년사-창원의 어제』, 창원문화원, 2009.

『창원600년사-창원의 오늘 그리고 내일』, 창원문화원, 2009.

김광철, 「창원의 군·현명, 그리고 그 권역의 변천」, 『창원600년사-창원의 어제』, 창원
　　문화원, 2009.

백시출, 「기계공업의 요람,창원국가산업단지」, 『창원600년사-창원의 오늘 그리고 내
　　일』, 창원문화원, 2009,

최정용, 「조선전기의 창원, 창원부의 탄생」, 『창원600년사-창원의 어제』, 창원문화
　　원,2009.

신은제, 「임진왜란의 상처를 넘어 대도호부로 거듭나다」, 『창원600년사-창원의 어제』,
　　창원문화원, 2009.

남재우 외, 『청소년을 위한 창원의역사』, 창원문화원, 2011

김정대, 「통합 창원시 권역 행정구역 이름의 역사」, 『가라문화』 26, 2014.

신삼호·우신구, 「고지도를 통한 창원지역의 역사경관연구」, 『2017대한건축학회 춘계
　　학술발표대회논문집』 제37권 제1호(통권 제67집), 2017.

창원대학교 박물관, 『창원시 문화유적분포지도』 Ⅰ·Ⅱ·Ⅲ, 2021.

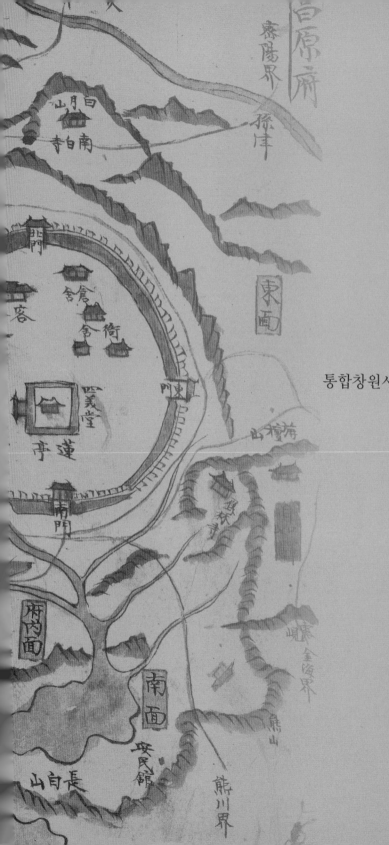

부록

창원부사

통합창원시 지정문화재

창원부사

이름	생몰년	임용시기	기타 관련 내용
윤자당(尹子當)	?-1422	1408	본관 칠원
정절(鄭節)			『경상도속찬지리지』, 「창원, 수령명현」조에 등장
조비형(曹備衡)		1412.8	태종 12년 임진(1412, 영락 10) 10월 10일(임술)
이추(李推)	?-1425	1412.10	
안종약(安從約)	1355-1424	1425.3	본관 순흥
장우인(張友仁)		1425.12	
양활(梁活)		1430.12	
윤충신(尹忠信)		1435.5	
이희장(李希張)		1450.10	
유종식(柳宗植)		1451.9	
유사지(柳士枝)			『경상도속찬지리지』, 「창원,수령명현」조에 등장
권유순(權有順)		1463.6	
이수생(李壽生)		1466.11	
윤연년(尹延年)		세조 말경	
홍계용(洪繼庸)		1470.1	
김활(金活)		1470.10	
홍성강(洪性綱)		1472.10	
박숭질(朴嵩質)	?-1507	1477.1	본관 반남, 좌의정 역임, 시호는 공순(恭順)
홍임(洪任)		1478.1	
한충인(韓忠仁)		1480.7	
허혼(許混)	?-1491	1480.8	
신말주(申末舟)	1439-?	1483.8	사간원 대사간 역임
박형문(朴衡文)		1487.5	
이장손(李長孫)		1488.8	
이영분(李永蕡)	1448-1513	1488	본관 성주
조지서(趙之瑞)	1454-1504	1492.5 이후	
유혼(柳渾)		1494.4	
이성달(李成達)		1503.8	
정옥형(鄭玉衡)		1506.6	
김세희(金世熙)		1510.6	
이귀진(李龜珍)		1511.5	
김협(金協)		1511.5	
문계창(文繼昌)	?-1522	1511.5	

이름	생몰년	임용시기	기타 관련 내용
신공제(申公濟)	1469-1536	1515.6	본관 고령, 이조판서 역임, 시호는 정민(貞敏)
채소권(蔡紹權)	1480-1548	1520.7	본관 인천, 형조판서 역임
허연(許硏)	?-1545	1535.11	
원송수(元松壽)		1536.6	
우사범(禹賜範)		1543.2	
이현충(李顯忠)		1543.2	
이문성(李文誠)		1546.4	
김자양(金自陽)			본관 개성
홍보(洪溥)		1565 여름	
이선(李選)		1566.2	본관 영천
권이평(權以平)		1569.8	
정응규(鄭應奎)	1531-?	1571	본관 온양
홍연(洪淵)		1571.10	전라감사 역임
김한경(金漢卿)		1572.10	본관 개성
이양진(李陽震)		1574.9	
조구(趙球)		1576.2	
윤우신(尹又新)		1577.8	본관 남원
최윤호(崔潤湖)		1581.4	
황정식(黃廷式)		1581.10	본관 장수
허봉(許葑)		1583.9	본관 양천
박승임(朴承任)		1583.10	본관 나주, 대사간 역임
신익(申翌)		1585.3	본관 평산
이공좌(李公佐)		1586.4	
김복일(金復一)	1541-1591	1586.10	본관 의성
장의국(張義國)	1537-?	1587.7	본관 진천
박명현(朴名賢)	?-1608	1593.7	본관 죽산
최한(崔漢)		1593.10	
허응상(許應祥)		1595.2	본관 양천
정언충(鄭彦忠)		1595.3	
김응서(金應瑞)	1564-1624	1595.9	본관 김해, 경상도우병사를 겸함, 영의정 추증
정기룡(鄭起龍)	1562-1622	197.9	곤양 정씨의 시조
김대허(金大虛)	1555-1620	1601.2	본관 경주
문여(文勵)	1533-1605	1601.5	본관 남평

이름	생몰년	임용시기	기타 관련 내용
이순신(李純臣)	1554-1611	1602.3	본관 전주, 좌찬승 추증
김질간(金質幹)	1564-1621	1602.4	본관 광산, 대사간 역임
이빈(李蘋)		1603.8	경상병사 역임
이수일(李守一)	1554-1632	1603.9	본관 경주, 형조판서 역임
이정(李瀞)		1603.9	본관 재령, 조식의 문인
유대기(俞大祺)		1606.2	
홍창세(洪昌世)		1608.9	
이광길(李光吉)	1557-?	1608.12	본관 광주
손기양(孫起陽)	1559-1617	1610.12	본관 밀양
황여일(黃汝一)	1556-1622	1612.4	본관 평해, 동래부사 역임
신지제(申之悌)	1562-1624	1613.8	본관 아주, 사헌부지평 역임
정문부(鄭文孚)	1565-1624	1618.9	본관 해주
금변(琴忭)	1557-1638	1621.4	본관 봉화
박홍미(朴弘美)	1571-1642	1623.12	본관 경주, 경주부윤 역임
황경중(黃敬中)	1569-1630	1629.12	본관 창원, 강원감사 역임
오여발(吳汝撥)	1575-1645	1631.2	본관 고창, 예조좌랑 역임
이영식(李永式)	1579-?	1635.9	본관 전주, 진주목사 역임
백선남(白善男)	?-1636	1636.2	
조정생(曺挺生)	1589-?	1637.1	본관 창녕, 예조좌랑 역임
양응개(梁應漑)		1637.3	
이응명(李應明)		1638.1	
○○○		1639	역적으로 삭제됨
백대진(白大璡)		1641.8	본관 수원
이정규(李廷圭)	1587-1643	1643.3	본관 전주, 동부승지 역임
허수(許邃)		1643.7	
조정생(曺挺生)		1644.4	
유신로(柳莘老)	1581-?	1645.3	본관 전주
이동성(李東成)		1648.3	
이지화(李之華)	1588-1666	1650.2	본관 전의, 병조참의 역임
김중일(金重鎰)	1602-1667	1653.3	본관 안동, 동부승지 역임
성이성(成以性)	1595-1664	1653.5	본관 창녕
곽홍지(郭弘址)	1600-1656	1654.11	본관 현풍, 예조정랑 역임
최욱(崔煜)	1594-?	1655.12	본관 수원, 사헌부장령 역임
홍우익(洪宇翼)		1658.10	초계군수역임
김여량(金汝亮)	1603-1683	1659.10	본관 개성

이름	생몰년	임용시기	기타 관련 내용
박항진(朴亢震)		1662.3	
조정우(曺挺宇)	1629-?	1664.7	본관 창녕, 예조정랑 역임
한여윤(韓汝尹)		1667.2	
윤세웅(尹世雄)		1668.2	
오상훈(吳尙勳)		1669.6	
김익후(金益厚)		1670.3	
배상도(裵尙度)		1670.7	
박이장(朴以樟)		1671.10	
이동영(李東榮)		1673.3	
나만엽(羅萬葉)	1611-?	1674.8	본관 안정, 여주목사 역임
이정래(李鼎來)		1675.8	
민성(閔晟)		1676.9	
이정연(李鼎然)		1678.9	
이팽수(李彭壽)		1679.3	
한석량(韓碩良)		1680.2	이천부사 역임
이태망(李台望)		1682.7	
홍우협(洪禹協)		1685.2	
유성한(柳星漢)		1686.12	
한공준(韓公俊)		1687.6	명천부사 역임
이사익(李四翼)	1626-?	1689.1	본관 전의
최위(崔瑋)		1690.8	
조세웅(趙世雄)		1691.12	
홍시형(洪時亨)		1692.12	본관 남양, 강계부사 역임
신광협(申光浹)		1695.8	
이창조(李昌肇)		1696.4	본관 전의
장만리(張萬里)		1696.7	본관 예산
홍하신(洪夏臣)		1699.3	
백세전(白世傳)		1700.3	
박종발(朴宗發)	1654-1704	1700.11	본관 함양
이기(李岐)		1701.9	
장붕익(張鵬翼)	1646-1735	1702.3	본관 인동, 공조판서 역임
곽기지(郭基之)		1703.8	
이현징(李顯徵)	1671-?	1704.5	본관 전의
신명식(申命式)	1671-?	1705.2	
이삼(李森)	1677-1735	1707.9	본관 함평, 병조판서 역임

이름	생몰년	임용시기	기타 관련 내용
박수강(朴守剛)		1708.8	영광군수 역임
민원중(閔遠重)		1710.3	경상좌수사 역임
홍시구(洪時九)		1712.7	본관 남양, 충청병사 역임
최원서(崔元緖)		1713.9	
이시번(李時蕃)		1714.11	
○찬신(○纘新)		1718.3	역모로 죽음
○태징(○泰徵)		1719.1	역모로 죽음
이수신(李守身)		1719.1	경상좌수사 역임
○내익(○來翼)		1723.10	
구칙(具侙)		1723.10	전라병사 역임
양빈(梁彬)		1725.3	경상좌수사 역임
우홍귀(禹洪龜)		1726.2	순천군수 역임
김정하(金鼎夏)	1608-?	1727.9	본관 김해, 구성부사 역임
구간(具侃)		1728.6	
이희하(李希夏)		1730.10	황해병사 역임
김상기(金相箕)		1733.2	여산부사 역임
홍태두(洪泰斗)		1733.10	본관 남양, 전라우수사 역임
전일상(田日祥)	1700-1753	1735.4	본관 담양, 전라우수사·경상좌수사 역임
이국형(李國馨)		1735.6	
○태신(○泰新)		1736.8 교체	역모로 죽음
서행진(徐行進)		1736.8	온성부사 역임
성윤혁(成胤爀)		1737.9	자산부사 역임
정여직(鄭汝稷)	1713-1776	1738.8	본관 초계, 어영대장·좌포도대장·훈련대장 역임
홍하상(洪夏相)		1740.3	
윤구연(尹九淵)	?-1762	1742.12	충청병사 역임
전일상(田日祥)		1745.2	창원부사 재임
이윤덕(李潤德)		1747.3	창원향교를 이건
이백령(李栢齡)		1749.9	백령진첨사 역임
조완(趙完)		1751.9	포도대장 역임
정익제(鄭翼濟)		1752.9	
남익상(南益祥)		1755.3	본관 의령, 전라좌수사 역임
정숙량(鄭肅良)		1755.12	강무정(講武亭)을 세움
임익창(任益昌)		1760.2	풍화루를 1761년에 세움
전광훈(田光勳)	1722-1776	1762.7	본관 담양, 경상우병사 역임
이한오(李漢五)		1765.6	전라우도수군절도사 역임

이름	생몰년	임용시기	기타 관련 내용
박유(朴鏐)		1770.1	태안군수 역임
최경악(崔景岳)	1727-?	1771.7	본관 전주, 함북병마절도사 역임
김치준(金致晙)		1774.1	
이주혁(李周爀)		1774.10	전라도병마절도사 역임
오재중(吳裁重)		1777.1	충청도병마절도사 역임
장현좌(張鉉佐)		1777.7	하동부사 역임
최병교(崔秉敎)		1779.1	본관 삭녕
조승현(趙升鉉)		1781.7	
이상눌(李尙訥)		1783.6	영암군수 역임
정언형(鄭彦衡)	1713-1790	1784.5	본관 동래, 균제(均濟)라는 창고설치
이원겸(李元謙)		1786.7	
이동식(李東植)		1787.6	전라도병마절도사 역임
정준변(鄭駿采)		1787.10	
김명우(金明遇)		1788.10	충청도수군절도사 역임
양훈(梁塤)		1789.4	
유문식(柳文植)		1791.6	함남절도사·회령부사 역임
임태원(林泰遠)		1792.5	
이여절(李汝節)		1792.10	전라좌도수군절도사 역임
조몽석(趙蒙錫)		1795.6	
조택진(趙宅鎭)		1796.8	경상좌도수군절도사 역임
서영보(徐榮輔)	1759-1816	1798.1	본관 달성, 대사간·홍문관대제학·병조판서역임, 「대도호부사서후영보영세불망비」가 1814년 세워짐
이상도(李尙度)	1738-?	1798.8	본관 광주, 사간원대사간 역임
조계(趙계)		1799.6	평안병사 역임
이문철(李文喆)		1801.8	경상우도병마절도사 역임
박효진(朴孝晉)		1802.7	전라도병마절도사 역임
구종(具綜)		1803.10	장단부사 역임
성정진(成鼎鎭)	1738-?	1804.7	본관 창녕, 사간원대사간 역임
홍용건(洪龍健)		1806.7	운산군수 역임
정주성(鄭周誠)		1808.1	평안도절도사 역임
구강(具絳)		1810.7	
박명훈(朴明勳)		1813.6	「대도호부사박후명훈영세불망비」가 1814년 세워짐
백홍진(白泓鎭)		1816.3	전라우도수군절도사 역임
이유수(李儒秀)		1818.4	전라좌도수군절도사 역임
심능준(沈能俊)		1820.6	황해도병마절도사 역임
신서(申緖)		1822.7	경상좌도병마절도사 역임

이름	생몰년	임용시기	기타 관련 내용
민시영(閔時榮)		1823.7	
안광질(安光質)	?-1832	1825.1	평안도절도사 역임
윤재건(尹載鍵)		1825.8	경상좌도병마절도사 역임
김택기(金宅基)		1826.7	본관 안동, 경기수군절도사 역임
이규남(李圭男)		1827.5	
이재형(李載亨)		1829.7	경상우도병마절도사 역임
이은회(李殷會)		1830.1	광양현감 역임
김이종(金彝鍾)		1830.3	향교에 있는 문묘를 고쳐 지음(1831), 재임시 『창원부읍지』 저술됨
안성연(安性淵)	?-1834	1832.7	
허계(許棨)	1798-1866	1834.3	본관 양천, 공조판서·형조판서 역임
이의식(李宜植)		1835.4	경기수군절도사 역임
구재철(具載哲)		1836.9	충청병사 역임
심낙신(沈樂臣)		1838.4	삼도수군통제사 역임
김일(金鎰)		1839.4	경상우병사 역임
유면검(柳勉儉)		1840.1	
이정현(李定鉉)		1840.9	평안도병마절도사 역임
심창규(沈昌圭)		1842.8	함남병마절도사 역임
이현대(李玄大)		1844.6	함안군수 역임
이동식(李東植)		1845.10	경상좌도병마절도사 역임
채학영(蔡學永)		1848.1	전라도병마절도사 역임
양선수(梁宣洙)		1849.10	「행대도호부사양후선수휼민영세불망비」가 1857년 3월 세워짐
구재선(具載善)		1852.5	영광부사 역임
정주응(鄭周應)		1854.5	한성부좌윤·병조참판 역임, 「행대도호부사정공주응불망비」가 1874년 3월에 세워짐
홍길모(洪吉謨)		1857.3	「대도호부사홍길모선정비」가 1859년 7월에 세워졌다가 다시 세워짐
구성희(具性喜)		1859.7	전라좌도수군절도사 역임
서상악(徐相岳)		1860.8	
구주원(具冑元)		1862.7	경상좌도병마절도사 역임
이명석(李明錫)		1864.12	회령부사 역임
윤영하(尹永夏)		1867.4	경상좌도수군절도사 역임
윤석오(尹錫五)		1870.8	경상좌도병마절도사 역임
민종호(閔宗鎬)		1874.4	본관 여흥, 경상우도병마절도사 역임
이용익(李容益)		1876.8	중추원1등의관 역임
이종관(李鍾觀)		1878.2	

이름	생몰년	임용시기	기타 관련 내용
양주현(梁柱顯)		1880.9	전라도병마절도사 역임
김태린(金泰麟)	?-1881	1881.6	
최치영(崔致永)		1882.4	경상좌도병마절도사 역임
이규대(李奎大)		1883.11	
상직현(尙稷鉉)		1885.4	중추원의관 역임
권용철(權用哲)		1886.6	중추원1등의관 역임
이규회(李奎會)		1887.4	중추원1등의관 역임
이기혁(李基赫)		1888.12	한성부판윤 역임
이교창(李敎昌)		1890.5	한성부판윤 역임
조희연(趙羲淵)	1856-1915	1891.6	일제로부터 남작 직위 받음
홍남주(洪南周)		1893.10	
이종서(李鐘緖)		1894.10	전라우도수군절도사 역임
김철규(金澈圭)		1895.12	전라좌도수군절도사 역임
권봉규(權鳳圭)		1896.9	전라우도수군절도사 역임
이용교(李瑢敎)		1897.4	진주군수역임
안길수(安吉壽)		1899.4	창원감리, 창원항재판소판사. 안길수부터 부윤이 됨
한창수(韓昌洙)		1990.4	정3품 외부 참서관, 창원감리, 창원항재판소판사, 중추원 의관
박승봉(朴勝鳳)		1901.5	덕원감리 겸 덕원부윤(德源監理兼德源府尹)
한창수(韓昌洙)		1901.6	
권익상(權益相)		1903.(윤)5	중추원 의관
윤태흥(尹泰興)		1904.12	영희전 제조, 증산 군수(甑山郡守)
이기(李琦)		1906.8	창원항재판소 판사, 慶尙南道鎭海灣軍港地調査委員
昌原府尹 申 錫 麟		1907.12	熊川郡守
昌原郡守 朴 尙 鎰		1909.1	재직 중

통합창원시 지정문화재(문화재청 국가문화유산포털)

연번	종목	명칭	명칭(한자)	지정일	분류	수량/면적
1	보물	창원 불곡사 석조비로자나불좌상	昌原 佛谷寺 石造毘盧遮那佛坐像	1966-02-28	유물/불교조각/석조/불상	1구
2	보물	안중근의사 유묵 – 청초당	安重根義士 遺墨 – 靑草塘	1972-08-16	기록유산/서간류/서예/	1점
3	보물	안중근의사 유묵 – 임적선진위장의무	安重根義士 遺墨 – 臨敵先進爲將義務	2007-10-24	기록유산/서간류/서예/	1점
4	보물	중완구(1986-2)	中碗口(1986-2)	1986-03-14	유물/과학기술/무기병기류/병장기류	1점
5	보물	유한지 예서 기원첩	俞漢芝 隷書 綺園帖	2010-10-25	기록유산/서간류/서예/	1첩
6	보물	창원 성주사 목조석가여래삼불좌상	昌原 聖住寺 木造釋迦如來三佛坐像	2011-12-23	유물/불교조각/목조/불상	3구
7	보물	창원 성주사 감로왕도	昌原 聖住寺 甘露王圖	2011-12-23	유물/불교회화/탱화/기타	1폭
8	보물	몽산화상육도보설	蒙山和尙六道普說	2011-12-23		1책
9	사적	창원 성산 패총	昌原 城山 貝塚	1974-11-02	유적건조물/유물산포지유적산포지/육상유물산포지/선사유물	54,230㎡
10	사적	창원 진해우체국	昌原 鎭海郵遞局	1981-09-25	유적건조물/교통통신/근대교통·통신시설/우정	10,899㎡
11	사적	창원 다호리 고분군	昌原 茶戶里 古墳群	1988-09-03	유적건조물/무덤/무덤/고분군	104,676㎡
12	사적	창원 진동리 유적	昌原 鎭東里 遺蹟	2006-08-29	유적건조물/유물산포지유적산포지/유적분포지/유적분포지	103,761㎡
13	천연기념물	창원 신방리 음나무 군	昌原 新方里 음나무 群	1964-01-31	자연유산/천연기념물/문화역사기념물/민속	4주
14	천연기념물	창원 북부리 팽나무	昌原 北部里 팽나무	2022-10-07	자연유산/천연기념물/생물과학기념물/생물상	
15	국가무형문화재	아랫녘 수륙재	아랫녘 水陸齋	2014-03-18	무형문화재/의례·의식/종교의례	
16	경상남도유형문화재	창원 성주사 삼층석탑	昌原 聖住寺 三層石塔	1972-02-12	유적건조물/종교신앙/불교/탑	1기
17	경상남도유형문화재	창원 봉림사지 삼층석탑	昌原 鳳林寺址 三層石塔	1972-02-12	유적건조물/종교신앙/불교/탑	1기
18	경상남도유형문화재	창원 용화전 석조여래좌상	昌原 龍華殿 石造如來坐像	1972-02-12	유물/불교조각/석조/불상	1기

연번	종목	명칭	명칭(한자)	지정일	분류	수량/면적
19	경상남도 유형문화재	창원 의림사 삼층석탑	昌原 義林寺 三層石塔	1974-02-16	유적건조물/종교 신앙/불교/탑	1기
20	경상남도 유형문화재	창원 삼정자동 마애 여래좌상	昌原 三亭子洞 磨崖 如來坐像	1979-05-02	유물/불교조각/석 조/불상	1좌
21	경상남도 유형문화재	창원 불곡사 일주문	昌原 佛谷寺 一株門	1974-12-28	유적건조물/종교 신앙/불교/문	1동
22	경상남도 유형문화재	창원 성주사 대웅전	昌原 聖住寺 大雄殿	1974-12-28	유적건조물/종교 신앙/불교/불전	1동
23	경상남도 유형문화재	창원향교 대성전	昌原鄉校 大成殿	1974-12-28	유적건조물/교육문 화/교육기관/향교	1동
24	경상남도 유형문화재	창원 진해현 호적	昌原 鎭海縣 戶籍	1976-04-15	기록유산/문서류/ 관부문서/단자류	1장
25	경상남도 유형문화재	창원 성흥사 대웅전	昌原 聖興寺 大雄殿	1976-12-20	유적건조물/종교 신앙/불교/불전	1동
26	경상남도 유형문화재	합포성지	合浦城址	1976-12-20	유적건조물/정치 국방/성/성지	50m
27	경상남도 유형문화재	창원 진해현 관아 및 객사유지	昌原 鎭海縣 官衙 및 客舍遺止	1985-01-14	유적건조물/정치 국방/궁궐·관아/ 관아	1동
28	경상남도 유형문화재	창원 이승만 전대통 령 별장 및 정자	昌原 李承晩 前大統 領 別莊 및 亭子	1990-01-16	유적건조물/주거생 활/주거건축/가옥	별장2동, 정자1동
29	경상남도 유형문화재	창원 성주사 석조관 음보살입상	昌原 聖住寺 石造觀 音菩薩立像	1997-01-30	유물/불교조각/석 조/보살상	1구
30	경상남도 유형문화재	창원봉림사불교전적류	昌原鳳林寺佛敎典籍類	2005-07-21	기록유산/문서류/ 사찰문서/기타류	식
31	경상남도 유형문화재	묘법연화경 권제일		2005-07-21	기록유산/전적류/ 목판본/사찰본	식
32	경상남도 유형문화재	묘법연화경 권제삼~사		2005-07-21	기록유산/전적류/ 목판본/사찰본	식
33	경상남도 유형문화재	묘법연화경 권제사~칠		2005-07-21	기록유산/전적류/ 목판본/사찰본	식
34	경상남도 유형문화재	금강반야바라밀경 (상)		2005-07-21	기록유산/전적류/ 목판본/사찰본	식
35	경상남도 유형문화재	약사유리광여래 본원 공덕경		2005-07-21	기록유산/전적류/ 목판본/사찰본	식
36	경상남도 유형문화재	불정심관세음보살 대 다라니경		2005-07-21	기록유산/전적류/ 목판본/사찰본	식
37	경상남도 유형문화재	월인석보 제이십일 (상)		2005-07-21	기록유산/전적류/ 목판본/사찰본	식
38	경상남도 유형문화재	불설대보부모은중경		2005-07-21	기록유산/전적류/ 목판본/사찰본	식

연번	종목	명칭	명칭(한자)	지정일	분류	수량/면적
39	경상남도 유형문화재	창원 정암사 아미타 불회도 및 초본	昌原 淨岩寺 阿彌陀 佛會圖 및 草本	2005-10-13	유물/불교회화/탱화/불도	2
40	경상남도 유형문화재	창원 정암사 신중도 및 초본	昌原 淨岩寺 神衆圖 및 草本	2005-10-13	유물/불교회화/탱화/불도	2
41	경상남도 유형문화재	창원 광산사 목조보살좌상	昌原 匡山寺 木造菩薩坐像	2006-04-06	유물/불교조각/목조/보살상	1구
42	경상남도 유형문화재	창원 법성사 목조보살좌상	昌原 法成寺 木造菩薩坐像	2008-05-22	유물/불교조각/목조/보살상	1구
43	경상남도 유형문화재	창원 봉림사 목조관음 대세지보살좌상	昌原 鳳林寺 木造觀音 大勢至菩薩坐像	2008-05-22	유물/불교조각/목조/보살상	2구
44	경상남도 유형문화재	창원 순흥안씨 동안 관련 자료	昌原 順興安氏 洞案 關聯 資料	2009-12-03	기록유산/문서류/문서류	19책
45	경상남도 유형문화재	창원 성주사 석조석가삼존십육나한상	昌原 聖住寺 石造釋迦三尊十六羅漢像	2010-03-11	유물/불교조각	25구
46	경상남도 유형문화재	창원 성주사 석조지장시왕상	昌原 聖住寺 石造地藏十王像	2010-03-11	유물/불교조각	31구
47	경상남도 유형문화재	창원 성주사 지장보살상 복장물 전적류	昌原 聖住寺 地藏菩薩像 腹藏物 典籍類	2010-03-11	유물	11점
48	경상남도 유형문화재	조성원문		2010-03-11	기록유산	11점
49	경상남도 유형문화재	계초심학인문		2010-03-11	기록유산	11점
50	경상남도 유형문화재	묘법연화경 권제1		2010-03-11	기록유산	11점
51	경상남도 유형문화재	묘법연화경 권제1		2010-03-11	기록유산	11점
52	경상남도 유형문화재	묘법연화경 권제1		2010-03-11	기록유산	11점
53	경상남도 유형문화재	묘법연화경 권제1		2010-03-11	기록유산	11점
54	경상남도 유형문화재	묘법연화경 권제1,2		2010-03-11	기록유산	11점
55	경상남도 유형문화재	예수천왕통의		2010-03-11	기록유산	11점
56	경상남도 유형문화재	모자이혹론 미성책		2010-03-11	기록유산	11점
57	경상남도 유형문화재	달마산사적 미성책		2010-03-11	기록유산	11점
58	경상남도 유형문화재	불정관세음보살대다라니경 권상		2010-03-11	기록유산	11점
59	경상남도 유형문화재	데라우치 기증 고서화 일괄	寺內文庫 寄贈 古書畫 一括	2010-10-14	기록유산/서간류/서예/서예	135건

연번	종목	명칭	명칭(한자)	지정일	분류	수량/면적
60	경상남도 유형문화재	별장첩 I		2010-10-14	기록유산	135건
61	경상남도 유형문화재	강표암선생유묵(경산 이한진전서첩)		2010-10-14	기록유산	135건
62	경상남도 유형문화재	무진조천별장첩 천		2010-10-14	기록유산	135건
63	경상남도 유형문화재	무진조천별장첩 지		2010-10-14	기록유산	135건
64	경상남도 유형문화재	무진조천별장첩 인		2010-10-14	기록유산	135건
65	경상남도 유형문화재	조천유묵		2010-10-14	기록유산	135건
66	경상남도 유형문화재	별장첩 II		2010-10-14	기록유산	135건
67	경상남도 유형문화재	정축입학도첩		2010-10-14	기록유산	135건
68	경상남도 유형문화재	정해부연장첩 건		2010-10-14		135건
69	경상남도 유형문화재	정해부연장첩 곤		2010-10-14	기록유산	135건
70	경상남도 유형문화재	조선진필		2010-10-14	기록유산	135건
71	경상남도 유형문화재	조선명가진필		2010-10-14	기록유산	135건
72	경상남도 유형문화재	조선명가친필		2010-10-14	기록유산	135건
73	경상남도 유형문화재	사찬첩		2010-10-14	기록유산	135건
74	경상남도 유형문화재	청송선생진필		2010-10-14	기록유산	135건
75	경상남도 유형문화재	동춘간첩		2010-10-14	기록유산	135건
76	경상남도 유형문화재	동당첩(제사첩)		2010-10-14	기록유산	135건
77	경상남도 유형문화재	익재월락첩		2010-10-14	기록유산	135건
78	경상남도 유형문화재	완당법첩조놀인병서		2010-10-14	기록유산	135건
79	경상남도 유형문화재	어제제명첩		2010-10-14	기록유산	135건
80	경상남도 유형문화재	옥동서첩		2010-10-14	기록유산	135건
81	경상남도 유형문화재	백하첩 I		2010-10-14	기록유산	135건
82	경상남도 유형문화재	백하첩 II		2010-10-14	기록유산	135건
83	경상남도 유형문화재	백사수적		2010-10-14	기록유산	135건

연번	종목	명칭	명칭(한자)	지정일	분류	수량/면적
84	경상남도 유형문화재	백월선사비		2010-10-14	기록유산	135
85	경상남도 유형문화재	백화유묵 Ⅰ		2010-10-14	기록유산	135건
86	경상남도 유형문화재	백화유묵 Ⅱ		2010-10-14	기록유산	135건
87	경상남도 유형문화재	필총		2010-10-14	기록유산	135건
88	경상남도 유형문화재	봉산별첩		2010-10-14	기록유산	135건
89	경상남도 유형문화재	조태억 유고		2010-10-14	기록유산	135건
90	경상남도 유형문화재	수북첩		2010-10-14	기록유산	135건
91	경상남도 유형문화재	유근첩 건		2010-10-14	기록유산	135건
92	경상남도 유형문화재	유근첩 곤		2010-10-14	기록유산	135건
93	경상남도 유형문화재	유근첩 둔		2010-10-14	기록유산	135건
94	경상남도 유형문화재	해동고간독		2010-10-14	기록유산	135건
95	경상남도 유형문화재	해동명필		2010-10-14	기록유산	135건
96	경상남도 유형문화재	해동명필-김생		2010-10-14	기록유산	135건
97	경상남도 유형문화재	해동명적		2010-10-14	기록유산	135건
98	경상남도 유형문화재	해동필수		2010-10-14	기록유산	135건
99	경상남도 유형문화재	한묵청완 건		2010-10-14	기록유산	135건
100	경상남도 유형문화재	한묵청완 곤		2010-10-14	기록유산	135건
101	경상남도 유형문화재	한묵림 천		2010-10-14	기록유산	135건
102	경상남도 유형문화재	한묵림 지		2010-10-14	기록유산	135건
103	경상남도 유형문화재	한묵림 인		2010-10-14	기록유산	135건
104	경상남도 유형문화재	감모첩(제2첩)		2010-10-14	기록유산	135건
105	경상남도 유형문화재	간첩		2010-10-14	기록유산	135건
106	경상남도 유형문화재	함영별장첩		2010-10-14	기록유산	135건
107	경상남도 유형문화재	한호씨법첩		2010-10-14	기록유산	135건

연번	종목	명칭	명칭(한자)	지정일	분류	수량/면적
108	경상남도 유형문화재	간독 I		2010-10-14	기록유산	135건
109	경상남도 유형문화재	간독 II		2010-10-14	기록유산	135건
110	경상남도 유형문화재	간독첩 1		2010-10-14	기록유산	135건
111	경상남도 유형문화재	간독첩 2		2010-10-14	기록유산	135건
112	경상남도 유형문화재	간독첩 3		2010-10-14	기록유산	135건
113	경상남도 유형문화재	간독소집 1		2010-10-14	기록유산	135건
114	경상남도 유형문화재	간독소집 2		2010-10-14	기록유산	135건
115	경상남도 유형문화재	금제농한		2010-10-14	기록유산	135건
116	경상남도 유형문화재	근유첩 1		2010-10-14	기록유산	135건
117	경상남도 유형문화재	근유첩 2		2010-10-14	기록유산	135건
118	경상남도 유형문화재	근유첩 3		2010-10-14	기록유산	135건
119	경상남도 유형문화재	근유첩 5		2010-10-14	기록유산	135건
120	경상남도 유형문화재	홍진첩		2010-10-14	기록유산	135건
121	경상남도 유형문화재	간첩 (계묘사마동방계회첩)		2010-10-14	기록유산	135건
122	경상남도 유형문화재	고간첩 I 제1		2010-10-14	기록유산	135건
123	경상남도 유형문화재	고간첩 I 제2		2010-10-14	기록유산	135건
124	경상남도 유형문화재	고간첩 I 제3		2010-10-14	기록유산	135건
125	경상남도 유형문화재	고간첩 II		2010-10-14	기록유산	135건
126	경상남도 유형문화재	고간첩 III		2010-10-14	기록유산	135건
127	경상남도 유형문화재	고간첩 IV		2010-10-14	기록유산	135건
128	경상남도 유형문화재	고려자등탑비		2010-10-14	기록유산	135건
129	경상남도 유형문화재	갱재첩		2010-10-14	기록유산	135건
130	경상남도 유형문화재	고독		2010-10-14	기록유산	135건

연번	종목	명칭	명칭(한자)	지정일	분류	수량/면적
131	경상남도 유형문화재	명현간독 I 자		2010-10-14	기록유산	135건
132	경상남도 유형문화재	명현간독 I 축		2010-10-14	기록유산	135건
133	경상남도 유형문화재	명현간독 I 인		2010-10-14	기록유산	135건
134	경상남도 유형문화재	명현간독 I 묘		2010-10-14	기록유산	135건
135	경상남도 유형문화재	명현간독 I 진		2010-10-14	기록유산	135건
136	경상남도 유형문화재	명현간독 I 사		2010-10-14	기록유산	135건
137	경상남도 유형문화재	명현간독 I 오		2010-10-14	기록유산	135건
138	경상남도 유형문화재	명현간독 I 미		2010-10-14	기록유산	135건
139	경상남도 유형문화재	명현간독 I 신		2010-10-14	기록유산	135건
140	경상남도 유형문화재	명현간독 I 유		2010-10-14	기록유산	135건
141	경상남도 유형문화재	명현간독 I 술		2010-10-14	기록유산	135건
142	경상남도 유형문화재	명현간독 I 해		2010-10-14	기록유산	135건
143	경상남도 유형문화재	명현간독 II 1		2010-10-14	기록유산	135건
144	경상남도 유형문화재	명현간독 II 2		2010-10-14	기록유산	135건
145	경상남도 유형문화재	명현간독 II 3		2010-10-14	기록유산	135건
146	경상남도 유형문화재	명현간독 II 4		2010-10-14	기록유산	135건
147	경상남도 유형문화재	명현간독 II 5		2010-10-14	기록유산	135건
148	경상남도 유형문화재	명현간독 II 6		2010-10-14	기록유산	135건
149	경상남도 유형문화재	명현간독 II 7		2010-10-14	기록유산	135건
150	경상남도 유형문화재	명현간독 II 8		2010-10-14	기록유산	135건
151	경상남도 유형문화재	명현간독 II 9		2010-10-14	기록유산	135건
152	경상남도 유형문화재	명현간독 II 10		2010-10-14	기록유산	135건
153	경상남도 유형문화재	명현간독 II 11		2010-10-14	기록유산	135건
154	경상남도 유형문화재	홍운당첩		2010-10-14	기록유산	135건

연번	종목	명칭	명칭(한자)	지정일	분류	수량/면적
155	경상남도 유형문화재	구온팔진		2010-10-14	기록유산	135건
156	경상남도 유형문화재	파사시		2010-10-14	기록유산	135건
157	경상남도 유형문화재	서화첩		2010-10-14	기록유산	135건
158	경상남도 유형문화재	창원 순흥안씨 고문서 및 성책류 일괄	昌原 順興安氏 古文書 및 成册類 一刮	2011-12-29	기록유산/문서류/문서류/문서류	91건
159	경상남도 유형문화재	창원 성덕암 예념미타도량참법	昌原 成德庵 禮念彌陀道場懺法	2014-03-20	기록유산/전적류/목판본/사찰본	1책
160	경상남도 유형문화재	창원 금룡사 입능가경	昌原 金龍寺 入楞伽經	2015-01-15	기록유산/전적류/활자본	
161	경상남도 유형문화재	박필리·박사눌 교지첩	朴弼理·朴師訥 敎旨帖	2015-06-11	기록유산/문서류	2책
162	경상남도 유형문화재	창원 성흥사 목조아미타여래삼존좌상	昌原 聖興寺 木造阿彌陀如來三尊坐像	2015-06-11	유물/불교조각/목조/불상	3구
163	경상남도 유형문화재	창원 금룡사 목조보살입상	昌原 金龍寺 木造菩薩立像	2015-06-11	유물/불교조각/목조/불상	
164	경상남도 유형문화재	창원 성흥사 목조석가여래삼존좌상 및 십육나한상 일괄	昌原 聖興寺 木造釋迦如來三尊坐像 및 十六羅漢像 一括	2015-10-29	유물/불교조각/목조/불상	21구
165	경상남도 유형문화재	창원 대광사 석문홍각범임간록	昌原 大廣寺 石門洪覺範林間錄	2015-10-29		2권1책
166	경상남도 유형문화재	창원 내광사 지장보살본원경	昌原 內光寺 地藏菩薩本願經	2017-01-05	기록유산/문서류/사찰문서/기타류	3권 1책
167	경상남도 유형문화재	창원향교 향안 및 고문서 일괄	昌原鄕校 鄕案 및 古文書 一括	2017-04-13	기록유산/문서류/서원향교문서/기타류	향안 3종, 고문서 107점
168	경상남도 유형문화재	창원 봉림사 자치통감강목		2020-05-21	기록유산/전적류/활자본/금속활자본	2권2책
169	경상남도 유형문화재	창원 봉림사 증도가		2020-05-21	기록유산/전적류/목판본/사찰본	1책
170	경상남도 유형문화재	창원 봉림사 함허당득통화상현정론		2020-05-21	기록유산/전적류/목판본/사찰본	1책
171	경상남도 유형문화재	창원 무량사 법어		2021-10-21	기록유산/전적류/목판본/사찰본	1
172	경상남도 유형문화재	창원 성주사 무염국사 진영	昌原 聖住寺 無染國師 眞影	2022-04-21	유물/불교회화/탱화/기타	1
173	경상남도 유형문화재	창원 정법사 목조관음보살좌상	昌原 正法寺 木造觀音菩薩坐像	2022-04-21	유물/불교조각/목조/보살상	1점
174	경상남도 유형문화재	창원 보은사 목조여래좌상		2022-08-18	유물/불교조각/목조/불상	1
175	경상남도 유형문화재	창원 길상사 몽산화상육도보설		2022-08-18	기록유산/전적류/전적류/전적류	1책
176	경상남도 무형문화재	문창제놀이	文昌祭놀이	1980-12-26	무형문화재	
177	경상남도 무형문화재	마산농청놀이	馬山農廳놀이	1983-08-06	무형문화재	

연번	종목	명칭	명칭(한자)	지정일	분류	수량/면적
178	경상남도 무형문화재	매듭장	매듭장	2007-01-11	무형문화재	
179	경상남도 무형문화재	마산성신대제	馬山星神大祭	2016-05-04		
180	경상남도 무형문화재	불모산영산재	佛母山靈山齋	2016-12-15	무형문화재/의례·의식/종교의례	
181	경상남도 무형문화재	광려산숯일소리		2017-12-21	무형문화재	
182	경상남도 기념물	창원 외동지석묘	昌原 外洞支石墓	1974-02-16	유적건조물/무덤/무덤/지석묘	일원
183	경상남도 기념물	창원 웅천읍성	昌原 熊川邑城	1974-12-28	유적건조물/정치국방/성/성지	일곽
184	경상남도 기념물	창원 달천구천	昌原 達川龜泉	1975-02-12	유적건조물/주거생활/주거건축/주거시설	일원
185	경상남도 기념물	창원 내동패총	昌原 內洞貝塚	1979-05-02	유적건조물/유물산포지유적산포지/육상유물산포지/선사유물	일원
186	경상남도 기념물	창원 이산성지	昌原 鯉山城址	1981-12-21	유적건조물/정치국방/성/성지	일원
187	경상남도 기념물	창원 구산성지	昌原 龜山城址	1985-01-14	유적건조물/정치국방/성/성지	99,000㎡
188	경상남도 기념물	창원 인곡리 모과나무	昌原 仁谷里 모과나무	1985-01-14	자연유산/천연기념물/생물과학기념물/진귀성	1주
189	경상남도 기념물	창원 웅천왜성	昌原 熊川倭城	1998-09-09	유적건조물/정치국방/성/성곽	일원
190	경상남도 기념물	창원 회원현성지	昌原 會原縣城址	1988-12-23	유적건조물/정치국방/성/성지	660㎡
191	경상남도 기념물	창원 유주비각	昌原 維舟碑閣	1988-12-23	유적건조물/인물사건/역사사건/역사사건	일원
192	경상남도 기념물	창원 고현리 공룡발자국 화석	昌原 古縣里 恐龍발자국 化石	1990-12-20	자연유산/천연기념물/지구과학기념물/고생물	540㎡
193	경상남도 기념물	창원 최윤덕 묘역	昌原 崔潤德 墓域	1992-10-21	유적건조물/무덤/무덤/봉토묘	1기
194	경상남도 기념물	창원 월영대	昌原 月影臺	1993-01-08	유적건조물/인물사건/인물기념/생활유적	1기
195	경상남도 기념물	창원 가음정동 고분군	昌原 加音丁洞 古墳群	1993-12-27	유적건조물/무덤/무덤/고분군	11,207㎡
196	경상남도 기념물	창원 봉림사지	昌原 鳳林寺址	1993-12-27	유적건조물/종교신앙/불교/사찰	6,978㎡(5필)
197	경상남도 기념물	창원 진례산성	昌原 進禮山城	1993-12-27	유적건조물/정치국방/성/성곽	806,234㎡(3필)

연번	종목	명칭	명칭(한자)	지정일	분류	수량/면적
198	경상남도 기념물	창원 안골포굴강	昌原 安骨浦掘江	1994-07-04	유적건조물/산업 생산/제조업/조선소	1,022㎡
199	경상남도 기념물	창원 최윤덕 유허지	昌原 崔潤德 遺墟址	1995-05-02	유적건조물/인물 사건/인물기념/탄생지	2,840㎡
200	경상남도 기념물	창원 봉화산 봉수대	昌原 烽火山 烽燧臺	1997-01-30	유적건조물/교통 통신/통신/봉수	1기
201	경상남도 기념물	창원 웅천도요지	昌原 熊川陶窯址	1997-01-30	유적건조물/산업 생산/요업/도자기 가마	1,001㎡
202	경상남도 기념물	창원 가을포 봉수대	昌原 가을포 烽燧臺	1997-12-31	유적건조물/교통 통신/통신/봉수	1기
203	경상남도 기념물	창원 호계리 공룡발자국 화석	昌原 互溪里 恐龍발자국 化石	1997-12-31	자연유산/천연기 념물/지구과학기 념물/고생물	900㎡
204	경상남도 기념물	창원 제포성지	昌原 薺浦城址	1997-12-31	유적건조물/정치 국방/성/성지	8,916㎡
205	경상남도 기념물	창원 웅천빙고지	昌原 熊川氷庫址	1997-12-31	유적건조물/인물 사건/역사사건/역 사사건	165㎡
206	경상남도 기념물	창원 사화랑산 봉수대	昌原 沙火郎山 烽燧臺	1997-12-31	유적건조물/교통 통신/통신/봉수	1기
207	경상남도 기념물	창원 완포현 고산성	昌原 莞浦懸 古山城	1997-12-31	유적건조물/정치 국방/성/성곽	3,804㎡
208	경상남도 기념물	창원 청룡대 각석	昌原 靑龍臺 刻石	1997-12-31	유물/일반조각/암 벽조각/각석	25㎡
209	경상남도 기념물	창원 남산 유적	昌原 南山 遺跡	1997-12-31	유적건조물/유물 산포지 유적산포 지/유적분포지/유 적분포지	5,081㎡
210	경상남도 기념물	창원 상남지석묘	昌原 上南支石墓	2000-01-31	유적건조물/무덤/ 무덤/지석묘	2기
211	경상남도 기념물	4.3삼진의거 발상지 성구사일원	4.3三鎭義擧 發祥地 誠久祠一圓	2002-12-27	유적건조물/인물 사건/역사사건/역 사사건	902㎡
212	경상남도 기념물	창원 김주열 열사 시신 인양지	昌原 金朱烈 烈士 屍 身 引揚地	2011-09-22	유적건조물/인물 사건/인물기념/순 절지	2,003.9㎡
213	경상남도 문화재자료	창원 관해정	昌原 觀海亭	1983-07-20	유적건조물/주거생 활/조경건축/누정	1동
214	경상남도 문화재자료	창원 몽고정	昌原 蒙古井	1983-12-20	유적건조물/주거 생활/주거건축/주 거시설	일원
215	경상남도 문화재자료	창원 관술정	昌原 觀述亭	1985-01-23	유적건조물/주거생 활/조경건축/누정	2동
216	경상남도 문화재자료	창원 경행재	昌原 景行齋	1985-11-14	유적건조물/주거생 활/주거건축/가옥	1동
217	경상남도 문화재자료	창원 어사옥비	昌原 御賜玉碑	1987-05-19	기록유산/서각류/ 금석각류/비	1기

연번	종목	명칭	명칭(한자)	지정일	분류	수량/면적
218	경상남도 문화재자료	창원 덕천리 유적	昌原 德川里 遺蹟	1993-12-27	유적건조물/유물 산포지유적산포지/유적분포지/유적분포지	12필지 6,290㎡
219	경상남도 문화재자료	창원 주남돌다리	昌原 注南돌다리	1996-03-11	유적건조물/교통통신/교통/교량	1기
220	경상남도 문화재자료	창원 제말 묘	昌原 諸沫 墓	1996-03-11	유적건조물/무덤/무덤/봉토묘	1기
221	경상남도 문화재자료	창원 성주사 동종	昌原 聖住寺 銅鐘	1998-11-13	유물/불교공예/의식법구/의식법구	1점
222	경상남도 문화재자료	창원 안골왜성	昌原 安骨倭城	1998-11-13	유적건조물/정치국방/성/성곽	19,208㎡ (31필)
223	경상남도 문화재자료	창원 성요셉 성당	昌原 성요셉 聖堂	2000-01-31	유적건조물/종교신앙/천주교/성당	1동
224	경상남도 문화재자료	창원 천지사 석조여래좌상	昌原 天地寺 石造如來坐像	2007-06-28	유물/불교조각/석조/불상	1구
225	경상남도 문화재자료	창원 천지사 독성탱	昌原 天地寺 獨聖幀	2008-01-10	유물/불교회화/탱화/기타	1폭
226	경상남도 문화재자료	창원 법성사 신중도	昌原 法成寺 神衆圖	2008-05-22	유물/불교회화/탱화/기타	1폭
227	경상남도 문화재자료	창원 봉림사 석조여래좌상	昌原 鳳林寺 石造來坐像	2008-08-22	유물/불교조각/석조	1구
228	경상남도 문화재자료	창원 주의수 묘	昌原 朱義壽 墓	2010-10-21	유적건조물	1기(1,097 ㎡)
229	경상남도 문화재자료	창원 마산합포구 내포리 삼효각	昌原 馬山合浦區 內浦里 三孝閣	2010-12-09	유적건조물/인물사건/인물기념/사우	1동
230	경상남도 문화재자료	창원 오서리 구천정사	昌原 龜川精舍	2012-11-29	유적건조물/교육문화/교육기관/서원	1동/125.7 ㎡
231	경상남도 문화재자료	창원 길상사 승가예의문	昌原 吉祥寺 僧家禮儀文	2014-01-23	기록유산/전적류/전적류/전적류	1책
232	경상남도 문화재자료	창원 길상사 선원제전집도서	昌原 吉祥寺 禪源諸詮集都序	2014-01-23		1책
233	경상남도 문화재자료	창원 길상사 법집별행록절요병입사기	昌原 吉祥寺 法集別行錄節要并入私記	2014-01-23		3책
234	경상남도 문화재자료	창원 길상사 법집별행록절요병입사기(용장사본)		2014-01-23	기록유산	3책
235	경상남도 문화재자료	창원 길상사 법집별행록절요병입사기(운흥사본)		2014-01-23	기록유산	3책
236	경상남도 문화재자료	창원 대광사묘법연화경	昌原 大廣寺 妙法蓮華經	2015-10-29		3권1책
237	경상남도 문화재자료	창원 대광사 조상경	昌原 大廣寺 造像經	2015-10-29		1책
238	경상남도 문화재자료	창원 대광사 주화엄법계관문	昌原 大廣寺 注華嚴法界觀門	2015-10-29		1책
239	경상남도 문화재자료	창원 대광사경덕전등록	昌原 大廣寺 景德傳燈錄	2015-10-29		3권1책

연번	종목	명칭	명칭(한자)	지정일	분류	수량/면적
240	경상남도 문화재자료	창원 대광사 수능엄경	昌原 大廣寺 首능嚴經	2015-10-29		2권 1책
241	경상남도 문화재자료	창원 대광사 십지경론	昌原 大廣寺 十地經論	2015-10-29		10권5책
242	경상남도 문화재자료	창원 대광사 대불정다라니	昌原 大廣寺 大佛頂 다羅尼	2015-10-29		1책
243	경상남도 문화재자료	창원 대광사 치문경훈	昌原 大廣寺 緇門警訓	2015-10-29		3권3책
244	경상남도 문화재자료	창원 대광사 대방광불화엄경소초	昌原 大廣寺 大方廣 佛華嚴經疏鈔	2015-10-29		16권13책
245	경상남도 문화재자료	창원 김가행 묘역	昌原 金可行 墓域	2016-01-21	유적건조물/무덤/무덤/봉토묘	2기
246	경상남도 문화재자료	창원 신불사 대혜보각선사서	昌原 神佛寺 大慧報覺禪師書	2016-02-04	기록유산/전적류/목판본/사찰본	1
247	경상남도 문화재자료	창원 신불사묘법연화경	昌原 神佛寺 妙法蓮華經	2016-02-04		1책3권
248	경상남도 문화재자료	진해향교 공자 위패 매안지 비석	鎭海鄉校 孔子 位牌 埋安地 碑石	2016-10-13	기록유산/서각류/금석각류/비	1기(7㎡)
249	경상남도 문화재자료	창원향교 전적류	昌原鄉校 典籍類	2017-04-13	기록유산/전적류/전적류/전적류	7종 9책
250	경상남도 문화재자료	박홍정 선무원종공신녹권	朴弘貞 宣武原從功臣錄券	2018-06-21	기록유산/문서류/국왕문서/교령류	1책
251	경상남도 문화재자료	창원봉림사원돈성불론	昌原 鳳林寺 圓頓成佛論	2020-07-02	기록유산/전적류/활자본/목활자본	2권 1책
252	경상남도 문화재자료	창원 봉서사 석조여래좌상	昌原 鳳棲寺 石造如來坐像	2020-07-02	유물/불교조각/석조/불상	1구
253	경상남도 문화재자료	창원 봉림사 묘법연화경(언해)		2021-02-04	기록유산/전적류/전적류/전적류	1
254	경상남도 문화재자료	창원 성주사 신중도	昌原 聖住寺 神衆圖	2022-04-21	유물/불교회화/탱화/불도	1점
255	국가등록 문화재	진해역	鎭海驛	2005-09-14	등록문화재/기타/공공용시설	역사 1동, 광장 일곽
256	국가등록 문화재	구 진해해군통제부 병원장 사택	舊 鎭海海軍統制府 病院長 舍宅	2005-09-14	등록문화재/기타/주거숙박시설	1동, 1층 − 연면적 99.93㎡
257	국가등록 문화재	구 진해요항부 사령부	舊 鎭海要港部 司令部	2005-09-14	등록문화재/기타/업무시설/업무시설	1동, 3층 − 연면적 1,566.38㎡
258	국가등록 문화재	구 진해방비대 사령부	舊 鎭海防備隊 司令部	2005-09-14	등록문화재/기타/업무시설	1동, 3층 − 연면적 1,869.1㎡
259	국가등록 문화재	구 진해방비대 사령부 별관	舊 鎭海防備隊 司令部 別館	2005-09-14	등록문화재/기타/업무시설	1동, 2층 − 연면적 1,928.33㎡
260	국가등록 문화재	구 진해요항부 병원	舊 鎭海要港部 病院	2005-09-14	등록문화재/기타/의료시설/의료시설	1동, 1층 − 연면적 723.4㎡
261	국가등록 문화재	구 마산헌병 분견대	舊 馬山憲兵 分遣隊	2005-09-14	등록문화재/기타/업무시설	1동, 지상 1층, 지하1층 − 연면적 175.21㎡

연번	종목	명칭	명칭(한자)	지정일	분류	수량/면적
262	국가등록문화재	마산 봉암수원지	馬山 鳳岩水源池	2005-09-14	등록문화재/기타/공공용시설	저수량 600,000t, 제방높이 23m, 제방길이 73m
263	국가등록문화재	창원 소답동 김종영 생가	昌原 召畓洞 金鍾瑛 生家	2005-09-14	등록문화재/기타/인물기념시설/인물기념시설	3동, 1층 – 연면적 208.03 ㎡
264	국가등록문화재	백두산함 돛대	白頭山艦 돛대	2010-06-25	등록문화재/기타/동산	1건
265	국가등록문화재	대한민국임시정부 이교재 위임장 및 상해 격발		2020-02-06	등록문화재/기타/동산	2건 2점
266	국가등록문화재	진해 근대역사문화공간		2021-11-04	등록문화재/기타/기타 시설물	71,531.6㎡ (103필지)
267	국가등록문화재	진해 구 태백여인숙		2021-11-04	등록문화재/기타/주거숙박시설	2동/지상1층, 연면적 94.91㎡
268	국가등록문화재	진해 보태가		2021-11-04	등록문화재/기타/공공용시설	지상2층 1동, 연면적 249.19㎡
269	국가등록문화재	진해 화천동 근대상가주택		2021-11-04	등록문화재/기타/공공용시설	지상2층 1동, 395.8㎡
270	국가등록문화재	진해 송학동 근대상가주택		2021-11-04	등록문화재/기타/상업시설	지상2층 1동, 지상 1층 1동, 연면적 321.29㎡
271	국가등록문화재	진해 대흥동 근대상가주택		2021-11-04	등록문화재/기타/상업시설	지상1층 1동, 연면적 425.66㎡
272	국가등록문화재	진해 흑백다방		2021-11-04	등록문화재/기타/상업시설	지상2층 1동, 연면적 211.44㎡
273	국가등록문화재	진해 일광세탁		2021-11-04	등록문화재/기타/상업시설	지상2층 1동, 연면적 372.04㎡
274	국가등록문화재	진해 육각집		2021-11-04	등록문화재/기타/상업시설	지상3층 1동, 연면적 164.82㎡
275	국가등록문화재	진해 창선동 근대상가주택		2021-11-04	등록문화재/기타/상업시설	지상2층 1동, 연면적 373.34㎡
276	국가등록문화재	진해 황해당인판사		2021-11-04	등록문화재/기타/상업시설	지상2층 1동, 연면적 191.77㎡